Les Disparues de l'A9

Du même auteur :

- Trilogie Les uniformes bleus (Les 2Encres réédition Noir'Edition)
Prix de la meilleure trilogie policière au Festival Pôle Art de Plaine Haute en 2018
1 - *Un bon Flicard* (2012) - *Flics* (2020)
2 - *Flics et frères d'armes* (2014) – *Frères d'armes* (2021)
3 - *Tueurs de flics* (2015) – *Matricule de sang* (2023)

- Triptyque dans la collection Polars en Nord (Ravet-Anceau/Aubane Editions)
4 - *Aussi noir que le charbon* (2016), Prix Sang pour sang polar à Franqueville-Saint-Pierre 2016
5 - *Devoir de Mémoire* (2017)
6 - *Tu ne dormiras plus* (2018), Prix Pol'Nord à Raimbeaucourt 2020.

- 3 **Polars chez Cairn éditions**
7 - *Des larmes d'or et de sang* (2019)
9 - *Le Clan* (2021)
12 - *La Catalane* (2023)

- « Hors-série »
8 - *Apaches* (2020) chez Les Presses du Midi, Prix Méditerranée Roussillon 2021.
10 - *Petit manuel de la Criminalistique* (2022) Essai scientifique chez AFITT éditions
11 - *Mi-démon* (2022) Recueil de nouvelles chez Decoster éditions

ISBN : 978-2-36652-511-3

Couverture : @ Charlotte Picouilla

Éric Dupuis

Les Disparues de l'A9

Collection Noir austral

« Le monde entier est un théâtre, et tous, hommes et femmes,
n'en sont que les acteurs.
Et notre vie durant nous jouons plusieurs rôles. »

Comme il vous plaira - William Shakespeare

1

Marc

29 juillet 1999 – 06 h 15

Le jour se levait timidement sur la chaîne des Pyrénées et la cime du Canigou commençait à se distinguer dans le ciel bleu nuit. À la lumière de ses phares, une Mini Austin s'enfonça à vitesse modérée dans un vignoble situé entre Tresserre et Saint-Jean-Lasseille. Après quelques saccades et soubresauts, le bruit du moteur s'interrompit. Panne sèche. Devant son manque de chance, Marc Soler évacua sa rage en frappant violemment le volant. À croire que le destin s'acharnait contre lui. Depuis son réveil à deux heures du matin, il essuyait les déconvenues. Rien ne s'était déroulé comme prévu. À commencer par la bagnole de son pote qui n'avait pas voulu démarrer, son plan mal préparé, les coups de feu… et maintenant cette Mini qui tombait en rade. Tout était parti en vrille. À l'image de son existence pitoyable depuis l'arrêt de ses études, de ses recherches d'emploi infructueuses aux petits boulots sans intérêt, qui se soldaient à chaque fois par un licenciement... Des fins de mois difficiles, un studio miteux et des repas aléatoires ou inexistants. Non, aucune lueur d'espoir à l'horizon depuis des mois. Ne restait que ce coup à faire, censé le remettre en selle. Et même là, il avait échoué. Une fois de plus. Pire, maintenant il se retrouvait au beau milieu de nulle part avec, en prime, un cadavre sur les bras. Son regard dévia sur la banquette arrière où gisait un jeune homme de son âge, vingt ans, en sang, le torse criblé de balles. D'un geste machinal, Marc récupéra le flingue sur le siège passager, l'inséra dans son pantalon, au creux de ses lombaires, et descendit de voiture.

Son corps longiligne déplié, il se frotta le visage puis les paupières d'une manière énergique comme pour sortir de ce mauvais rêve. Adossé à la voiture, il inclina la tête, les yeux fermés, et réfléchit aux options qui s'offraient à lui. Ses pensées furent vérolées par les bruits réguliers des véhicules circulant à grande vitesse, preuve de sa proximité avec l'autoroute A9. Aussitôt grimpé sur le toit de l'Austin, il arriva à distinguer, à la lumière des lampadaires, plusieurs camions stationnés sur une aire de repos. La chance lui souriait-elle enfin ? Rien de moins sûr. Avant d'y croire, il devait d'abord vérifier s'il se trouvait bien, comme il le pensait, à proximité de l'aire du Village Catalan de Banyuls-dels-Aspres, dernière station-service avant la frontière espagnole.

Vu son mauvais karma depuis quelques heures, il jugea plus prudent de ne pas attirer les regards, bien décidé à s'occuper du cadavre avant de quitter les lieux. Il le sortit en l'empoignant par les aisselles et le tracta jusqu'à l'arrière du véhicule. Le bidon d'essence retiré du coffre, il lutta à plusieurs reprises avant de réussir à hisser la dépouille à l'intérieur. Essoufflé, d'un revers de manche, Marc épongea son front ruisselant avant d'emprunter un sentier en direction de la station-service. Soudain, le jour se leva définitivement et lui éclaira sa route…

2

Piotr

06 h 30

Comme chaque matin, aux aurores, le routier Piotr Wiekoczik s'éveilla dans sa couchette à l'arrière de sa cabine. Il s'étira en déverrouillant les articulations de sa grosse carcasse de deux mètres zéro trois. L'espace trop réduit pour son gabarit hors norme commençait à lui occasionner des douleurs à l'approche de la quarantaine. Il se frictionna le cuir chevelu dans l'espoir de se réveiller correctement après cette nuit une fois de plus difficile. Originaire de Biélorussie, habitué aux grands froids et poilu comme un ours de Sibérie, les températures nocturnes du Sud de la France, avoisinant les 31 voire 33 degrés, l'indisposaient tout autant que la climatisation dans cet espace restreint. Résultat, Piotr n'avait pas réussi à fermer l'œil de la nuit, encore une fois… Une insomnie supplémentaire et une fatigue générale pouvant engendrer des répercussions désastreuses pour son métier, du genre somnolence au volant avec accident à la clé. Ces préoccupations le faisaient réfléchir sur l'avenir. Combien de temps allait-il encore pouvoir travailler dans ces conditions ?

Supporter la charge des trajets et cette vie empreinte de solitude. Car personne ne se souciait de ses problèmes existentiels mais lui, comme beaucoup, ne bénéficiait pas d'une vie de famille ordinaire. Déjà deux divorces, trois enfants qui avaient grandi sans leur père, passant le plus clair de son temps à traverser les pays d'Europe sur l'asphalte des autoroutes du lundi au vendredi voire parfois au samedi. Ne restait que le dimanche et encore, la plupart du temps, il repartait en fin de journée. En général, malgré des conciliations et tous les efforts possibles, ses différentes épouses et compagnes finissaient toujours par le quitter après trois ou quatre ans de « vie commune ». Impossible de les en blâmer, conscient du rythme de vie et du calvaire imposés par son métier. Mais que pouvait-il faire pour y remédier, à part le quitter. Et quand bien même franchirait-il le cap, que deviendrait-il ? Serait-il capable de rebondir sans diplôme, de réussir une quelconque reconversion ?

Piotr s'extirpa de son coin nuit avec difficulté. En atterrissant au sol, ses pieds renversèrent une bouteille de vodka et deux canettes de coca. L'une d'elles contenait une mixture noire immonde, mélange d'alcool, de cannabis et de tabac. Il eut le réflexe de la redresser avant de souiller totalement le plancher de sa cabine. Ce constat affligeant le fit grimacer. Chaque soir, ce breuvage l'aidait à s'endormir… ou parfois réveillait d'autres besoins… En ouvrant les rideaux, Piotr, débarqué en pleine nuit, découvrit son environnement proche. Plusieurs cabines de poids lourds l'entouraient de toutes parts. Il en profita pour vérifier dans ses rétroviseurs si personne n'avait endommagé sa remorque au cours de son pseudo-sommeil. Comme si ses conditions de travail difficiles ne suffisaient pas, avec la recrudescence des vols et dégradations sur les aires de repos, il était fortement recommandé de garder un œil sur son chargement… en se prémunissant des malfrats qui, de plus en plus, intentaient maintenant à la vie des routiers.

En short, tee-shirt et claquettes, Piotr descendit de l'habitacle, histoire de faire le tour complet de son camion, un gourdin à la main. Un vieux bâton dont se servait son père pour tuer les bêtes à la ferme. Il se trouvait à l'arrière de la remorque quand une jolie trentenaire brune sortit de son camping-car, immatriculé en Angleterre. Stationné dans un coin retiré de l'aire de repos, niché au milieu des pins, on le distinguait à peine. Le jour acté, les premiers rayons du soleil rasant illuminèrent la belle jeune femme alors qu'elle baladait son teckel en laisse. Vêtue d'une veste croisée en coton, uniquement maintenue par une ceinture, Piotr put apprécier ses formes agréables avec de superbes jambes fuselées et bien bronzées. Il la déshabillait du regard quand une brise marine souleva un pan de son unique vêtement, dévoilant une partie de sa nudité. Prise sur le fait, elle se couvrit d'un geste brusque et le fustigea d'un regard inquisiteur. Loin d'être déstabilisé, le routier continua à l'observer. Depuis sa naissance, dans sa patrie, ses parents l'avaient éduqué à la dure. À lui inculquer que si quelque chose l'attirait, il fallait remonter ses manches et le mériter. Et en cas d'adversité, affronter son rival sans jamais baisser les yeux. En toute circonstance. Or, là, à cet instant précis, cette charmante touriste venait de le défier. Même si son attitude ne l'avait en rien offensé, il était curieux de savoir jusqu'où la jeune femme serait capable de lui tenir tête… Pour le savoir, il se rapprocha d'elle, un sourire carnassier déformant son visage, les doigts bien ancrés sur son bâton…

3

Llúcia

Comme chaque matin, Llúcia était arrivée à la station-service du Village Catalan dans la nuit noire à 05 h 50 pétantes. Après avoir stationné son véhicule à quelques mètres de l'entrée principale, elle avait traversé le parking, la peur au ventre en longeant l'endroit exact où Nora, sa collègue, était décédée deux mois auparavant des suites d'une agression commise par un SDF. Il lui avait planté son couteau au niveau du plexus solaire, au moment de sa prise de service, dans l'intention de lui voler son sac à main… qui contenait la modique somme de trente-cinq francs. De par sa sauvagerie, ce drame était resté gravé dans les esprits de la majorité du personnel, d'autant que l'auréole de sang, toujours présente sur le bitume, leur ravivait ce souvenir macabre chaque matin…

Le temps de déverrouiller le rideau métallique, Llúcia, consciente de sa vulnérabilité à cet instant crucial, s'était engouffrée dans le bâtiment, terrorisée à l'idée qu'un individu malintentionné ne surgisse et pénètre en force. Seule et démunie, elle serait alors à sa merci… La porte refermée derrière elle, enfin en sécurité, elle pouvait dès lors souffler avant d'attaquer son rituel. Sa première mission consistait à allumer les différentes machines et appareils essentiels à la préparation des sempiternels cafés et chocolats nécessaires aux petits déjeuners.

Le temps avait défilé si rapidement depuis son embauche en 1975, date de l'inauguration de l'aire de repos, sous l'impulsion du conseil général, de son président et des chambres consulaires qui souhaitaient établir, juste avant la frontière, une véritable « vitrine » du département des Pyrénées-Orientales, avec la réplique d'un Village Catalan, sa place centrale, ses rues et son clocher-tour… Llúcia comptait parmi les premières employées dans les magasins et restaurants qui s'étaient greffés au projet. Et fut l'une des premières à incorporer l'équipe lors de la création de la station-service. Depuis, les chiffres affolaient les compteurs, avec des milliers de véhicules qui transitaient chaque jour sur l'aire de repos et des milliers de clients qui arpentaient le restaurant. Elle avait arrêté de compter, mais chaque jour elle estimait vendre environ cinq cents viennoiseries et entre les distributeurs et le service, pas loin de deux mille cafés par jour en fonction du passage. Inutile de préciser que lors d'un départ en vacances, ces chiffres astronomiques étaient multipliés par deux, voire par trois.

06 h 25. Les premiers rayons du soleil égayèrent immédiatement les alentours de la station-service et apportèrent du baume au cœur à Llúcia qui ne supportait plus la noirceur environnante depuis deux mois. Elle scruta le parking et les véhicules qui commençaient à arriver, guettant celui du boulanger censé les approvisionner aux alentours de 06h30. À défaut de voir l'artisan, elle ouvrit à ses quatre collègues débarqués en force. À partir de là, rassurée, sa journée commençait réellement.

— *Bon dia*, ma belle ! Oh, mais t'es toute pâle. T'es malade ? s'inquiéta Laura en l'embrassant sur la joue. Mal dormi ?

— Non, je stresse… comme tous les jours en arrivant ! répondit Llúcia en tapant des bises au reste du groupe.

Le tour fini, elle les précéda en accélérant le pas en direction des cuisines. Sur son trajet, elle balaya l'espace avec son bras droit, l'index dirigé vers l'extérieur.

— Si seulement le patron nous écoutait et équipait le bâtiment de spots puissants avec détecteur, je serais déjà plus tranquille… Alors que là, dans ce noir abyssal, j'ai l'impression de me jeter dans la gueule du loup ! Un de ces jours, je vais y passer comme Nora et à trois ans de la retraite, je peux t'assurer que ça me ferait bien ch… Enfin, tu m'as comprise !

Laura préféra ne pas renchérir, ni remettre une pièce dans le juke-box, connaissant sa responsable depuis dix ans. Cela faisait des mois, voire des années, qu'elle se plaignait tous les matins à la prise de service. Depuis l'agression de Nora, elle ne faisait que reprocher à la direction le manque de sécurité aux abords de leur bâtiment, mais il y a trois mois, elle rabâchait que les routiers ne respectaient pas les sanitaires, et il y a six mois, elle avait saoulé tout le monde avec ses remarques désobligeantes sur les invendus que leur patron continuait à commander… À force, Llúcia avait acquis la réputation d'une éternelle insatisfaite, raison pour laquelle les employés ne prêtaient plus attention à ses récriminations, préférant attendre que l'orage passe. Pour détendre l'atmosphère déjà pesante avant même de commencer, Laura lui balança :

— Tes séries policières te retournent le cerveau et maintenant tu vois des agresseurs partout ! Tu ferais mieux de lire au lieu de t'abrutir devant la télé, conseilla-t-elle en lui décrochant un clin d'œil appuyé.

4

Le corps de la belle Anglaise dissimulé à la va-vite sous le véhicule, Piotr allait pénétrer dans la cellule du camping-car quand un gamin à la tête blonde âgé d'à peine cinq ans en sortit. Perturbé par cette présence incongrue, le Biélorusse, le gourdin à la main dorénavant taché de sang, n'eut pas le temps de réfléchir qu'il entendit une voix masculine provenant de l'intérieur. Réalisant que le père appelait son fils, le géant mit l'index sur sa bouche pour lui signifier de garder le silence et dans la foulée posa sa main sur la poignée de la porte avant, côté passager. Ouverte sous la pression de son pouce, il fit monter l'enfant dans la cabine et referma derrière lui. Incapable de réprimer sa pulsion viscérale de l'instant, le Biélorusse entra ensuite dans le camping-car. Avant de s'occuper de la belle, il fallait déblayer le terrain et se libérer de tout élément susceptible de nuire à son plaisir…

Célibataire depuis trois ans, les prostituées de La Jonquera – capitale du sexe en Europe à 25 km et 23 minutes du Village Catalan – ne lui suffisaient plus depuis bien longtemps. Piotr Wiekoczik avait franchi le pas de l'illégalité depuis 1997. Le jour où il avait calmé une conductrice récalcitrante sur un parking d'une autoroute au Portugal. Survoltée que son camion ait éraflé son véhicule, elle l'avait insulté avant d'essayer de lui porter des coups de pied dans les rotules avec ses talons aiguilles. Isolés, Piotr l'avait juste repoussée d'un revers de la main qui l'avait envoyée au tapis. En s'écroulant, sa jupe s'était retroussée, dévoilant une lingerie fine en dentelle noire. Une vue assez parlante pour un type en manque, malgré son addiction aux bordels, supposés assouvir ses pulsions sexuelles. Estimant que la jeune femme méritait une leçon, il n'avait pas hésité à s'occuper d'elle en la rendant docile avec un seul et unique coup de poing. Mais durant l'acte, sa fougue avait réveillé la victime l'obligeant à lui claquer la tête à deux reprises dans la vitre latérale… la tuant sur le coup. Il avait ensuite repris la route, laissant la jeune femme dans son véhicule comme si de rien n'était. Bien entendu, le Biélorusse n'avait jamais été suspecté puisque personne n'avait été en mesure de le relier à cette affaire. L'avantage de parcourir le monde, de passer inaperçu, noyé dans le flux de circulation, au milieu du trafic incessant de poids lourds. Aussi incognito qu'invisible, il avait apprécié cette sensation nouvelle du viol. Au point de réitérer aux Pays-Bas, trois mois plus tard. Comme si le fait d'avoir goûté au péché de la chair lui avait donné l'envie de franchir à nouveau les frontières du Mal. La quête de nouvelles sensations, décuplée par les vibrations malsaines et intenses de l'illégalité, l'enivrait depuis.

5

07 h 00

L'ouverture des portes de la station-service déclencha le tohu-bohu habituel avec les clients pressés qui couraient dans tous les sens, les vacanciers paisibles qui prenaient le temps de feuilleter les cartes routières et déambulaient à travers les rayons sans envie réelle d'acheter quoi que ce soit, et les habitués du secteur, en activité ou pas, qui faisaient profiter l'assemblée de leurs commentaires sur l'actualité sans oublier de critiquer, comme chaque matin, la lenteur de la machine à café. Une foule en totale effervescence que Llúcia et ses collègues essayaient d'amadouer, de tempérer et de satisfaire en répondant au maximum à leurs *desideratas*.

Entre la caisse à superviser, les viennoiseries à remplacer sur l'étal réfrigéré et les tables à desservir et à nettoyer, les filles n'avaient pas le temps de chômer, ni de s'occuper de leur environnement. La responsable, elle, s'en chargeait. Avec son ancienneté, et ses préoccupations depuis deux mois, elle détectait de son œil expert le moindre détail inhabituel. Ses collègues avaient beau railler sa passion des séries policières, grâce à elles, Llúcia apprenait des techniques de repérage. Contrairement à *monsieur-tout-le-monde*, devenu nombriliste même parfois asocial, elle, au moins, s'intéressait aux gens. En suivant les conseils prodigués dans ses séries sur la Une, elle prenait le temps d'étudier telle ou telle personne afin de déceler un écart de comportement, un excès de colère, un geste inapproprié à la situation ou encore une attitude nerveuse ou agressive. En résumé, tout indice laissant entrevoir qu'un individu d'apparence « normale » serait « louche », donc susceptible de commettre un acte répréhensible. Il valait mieux anticiper que subir.

Comme par exemple ce jeune homme brun, longiligne, qui venait d'entrer dans la station-service et s'était empressé de filer aux sanitaires, un bidon d'essence de couleur rouge à la main... sur laquelle on distinguait quelques traces pouvant s'apparenter à des taches de sang ! Les propos de Laura résonnèrent alors dans son esprit et réfrénèrent ses ardeurs à alerter les gendarmes autoroutiers. Après tout, elle se faisait peut-être des idées, la couleur du *jerrican* avait sans doute déteint sur ses mains.

Cinq minutes plus tard, le souffle court, Llúcia frottait énergiquement une des tables de la salle quand elle se surprit à donner plusieurs coups de tête en direction des sanitaires, impatiente de voir réapparaître le *fameux* individu. Et surtout de vérifier si ses suspicions s'avéreraient exactes, ou non… En son for intérieur, elle priait pour que rien n'arrive. Elle se rassura en estimant que le délai était bien trop long depuis son entrée aux toilettes. Il avait sans doute quitté les lieux en empruntant l'autre sortie…

Llúcia avait beau faire des efforts et tenter de chasser ses idées noires, parfois les circonstances la ramenaient droit sur ses travers. À force de fixer la porte des sanitaires, elle finit par remarquer un énorme type poilu en tenue décontractée qui, à la vue des deux motards de la police nationale, changea de direction pour se diriger lui aussi vers les toilettes. Une attitude suspecte, confortée par l'inquiétude soudaine affichée sur son visage, qui incita Llùcia à le scruter de haut en bas et à détecter du sang sur la semelle de ses claquettes. Cette fois, son imagination ne lui jouait pas de mauvais tour, elle seule avait remarqué ce détail contrairement aux regards des clients focalisés sur sa stature hors-norme.

La responsable s'apprêtait à prévenir les deux motards dans le hall, en grande discussion devant la machine à café, quand elle repéra le premier individu longiligne qui, déstabilisé à son tour par la présence des forces de l'ordre, heurta un client en voulant s'insérer dans la file d'attente. Au cours de la bousculade, l'arrière de sa veste se souleva et resta coincée par la crosse d'un revolver enfoncé dans son blue-jean. Tétanisée à la vue de l'arme, la respiration bloquée, Llúcia resta figée, les mains crispées sur les deux plateaux qu'elle venait de ramasser sur une table. Les yeux écarquillés, les battements de son cœur grimpaient dans les tours alors qu'elle s'efforçait tant bien que mal de respirer. Mais dans son état, amplifié par le stress, l'oxygène n'arrivait à être inhalé que par saccades rapides et peu efficaces. Au bord de l'asphyxie, essayant par tous les moyens de recouvrer ses esprits, elle allait surmonter sa peur quand le *Yéti de Sibérie* sortit des sanitaires et se dirigea droit sur elle. À environ trois mètres, il stoppa net sa corpulence impressionnante pour se placer derrière le jeune homme longiligne. Un simple coup d'œil suffit à constater que ses claquettes étaient redevenues étincelantes…

L'idée de représenter la seule et unique personne capable d'éviter un carnage reboosta Llúcia. L'électrochoc l'obligea à se concentrer un maximum. Mais pour agir, il fallait dès à présent faire face et remettre de l'ordre dans ses idées. Elle prit une grande inspiration et décida que l'urgence consistait à alerter les policiers. Les cellules grises en ébullition, elle en déduisit que les deux hommes, ensemble de toute évidence, venaient de se débarrasser d'un complice avant de s'attaquer à la station-service. Imaginer les risques encourus par la clientèle et le personnel la fit frissonner. Elle commença par faire les gros yeux aux deux motards en train de boire leur café encore fumant, puis, devant son échec, accentua le trait en faisant des signes de la tête en direction des suspects. Ses tentatives vaines l'obligèrent à changer de tactique. Elle se décala afin de se positionner de trois quarts arrière à la file d'attente et lorsqu'elle fut assurée de pouvoir agir en toute sécurité, en dehors de l'axe visuel des individus, les désigna avec des gestes beaucoup plus significatifs.

À partir de cet instant précis, les faits s'accélèrent si rapidement que tout bascula dans l'horreur à une vitesse effrénée. Intrigué par l'agitation au loin dans la salle, le premier motard releva la tête pour s'en inquiéter avant de prévenir son voisin par un coup de coude. Dans un mimétisme parfait, les deux policiers posèrent leur gobelet, dégrafèrent la patte anti-rétention de leur étui et chaussèrent la crosse de leur Sig Sauer 2022 dans le mouvement. Rassurée de les voir se déplacer vers elle, Llúcia expira de soulagement. Un court répit car, de sa tourelle d'observation à plus de deux mètres de hauteur, le Biélorusse sentit le regard des deux policiers fondre sur lui. Il s'empressa d'analyser la situation mais dans la précipitation, ses pensées s'entrechoquaient sans lui apporter de solution concrète. À brûle-pourpoint, il devait réagir vite, qu'importait la méthode, ne comptait que le résultat, en utilisant toutes solutions opportunes susceptibles de lui permettre de prendre la fuite. Comme celle par exemple de ce flingue arboré sous son nez par le client devant lui. Ni une ni deux, il s'empara de l'arme et braqua les deux motards. Un cercle vide se créa naturellement autour de Piotr alors qu'il balayait l'espace avec son revolver. Éberlués, les clients levèrent les mains en abaissant la tête par vagues successives au gré des directions du canon, décrivant une ola macabre pendant que le Biélorusse reculait vers les portes vitrées automatiques situées à environ vingt mètres derrière lui. Llúcia comprit, à sa lenteur, qu'il mettrait une éternité à les franchir.

Arrivé à la sortie, Wiekoczik hésita. Il réalisait que sans garantie, il signait son arrêt de mort. Les policiers l'abattraient avant qu'il n'ait pu rejoindre son camion. Il fallait donc les retarder pour assurer sa fuite. L'idée de créer l'affolement lui traversa l'esprit. Il fit usage de l'arme en tirant *dans le tas* sans réellement viser qui que ce soit. La première balle toucha Llùcia en pleine poitrine, la seconde atteignit l'épaule de monsieur Murat, âgé de soixante-cinq ans, client le plus fidèle de la station, toujours aimable et sympathique avec le personnel. La troisième percuta le second motard au niveau de la tête… lui qui n'avait pas osé dégainer son arme de peur d'affoler l'individu…

Les détonations, les victimes inconscientes sur le sol et la vue de leur sang produisirent l'effet escompté. Une panique générale s'abattit sur la salle de restauration, initiée par la terreur propagée dans tous les esprits. Elle se lisait sur tous les visages déformés par l'effroi. Certaines personnes tombaient en syncope, d'autres, mutiques, se recroquevillaient dans un coin alors que les dernières hurlaient et s'affolaient en courant dans tous les sens, incapables de porter secours aux victimes… Satisfait, Wiekoczik en profita pour s'éclipser. Il s'empressa de rejoindre son camion à environ cinq cents mètres de la station-service. Les plaques d'immatriculation déjà retirées, annihilant toute identification par le biais des caméras, il lui restait maintenant à quitter l'aire de repos au plus vite, dans le but de se noyer comme d'ordinaire dans le flux de circulation. À la première occasion, Piotr s'arrêterait pour remettre son véhicule en conformité et se préserver ainsi de toute interpellation des forces de l'ordre. Par expérience, eu égard à ces actes perpétrés au Portugal, en Hollande, en Allemagne et en Espagne, il savait que cette étape franchie, il ne risquait plus d'être inquiété…

6

08 h 17

Le Marin disparu, la Tramontane avait pris le relais en agitant les pins et en couchant les herbes folles, jaunies par la sécheresse. Pied au plancher, Wiekoczik roulait comme un damné, le regard aux aguets, vérifiant sans cesse dans ses rétroviseurs si quelqu'un l'avait pris en chasse. L'étendue sur plusieurs hectares du Village Catalan avait obligé le Biélorusse à emprunter six axes différents et quatre ronds-points avant de pouvoir quitter l'aire réservée aux poids lourds et rejoindre l'autoroute A9 en direction de Narbonne. Une perte de temps considérable dans son timing… À sa décharge, il ne pouvait prévoir, en s'arrêtant la nuit dernière, qu'une charmante jeune femme susciterait son intérêt au point de réveiller ses vieux démons. Auquel cas, il aurait pris ses dispositions en stationnant son camion bien plus près de l'embranchement…

Piotr circulait sur l'autoroute depuis à peine trois minutes quand ses mains se crispèrent sur le volant à l'apparition, dans son rétroviseur, d'un motard de la police nationale. Preuve que sa sortie de l'aire de repos, comme il le redoutait, lui avait été préjudiciable. Il comptait bien y remédier et tout tenter pour éviter une quelconque interpellation…

Obnubilé par cette moto qui fonçait sur lui, Wiekoczik ne lâchait pas son rétroviseur des yeux, oubliant parfois sa trajectoire. Une fois remontée à sa hauteur, il donna un violent coup de volant à droite sachant que sa remorque chasserait à gauche et viendrait la percuter sur le flanc. Mais à force de se préoccuper de l'arrière-train de son camion, Piotr avait négligé les autres usagers. Fauchée, la moto se coucha et ripa sur l'asphalte pendant que l'arrière de la remorque continuait de dériver en crabe sans que le Biélorusse ne réussisse à rétablir sa trajectoire. Il vint alors s'encastrer dans un camion-citerne transportant des matières dangereuses. L'impact fut si terrible que les deux poids lourds imbriqués, devenus indissociables, continuèrent de glisser perpendiculairement aux voies de circulation dans un ballet sinistre dévastant tout sur leur passage. Après avoir fracassé une, deux, puis trois voitures, une caravane fut réduite en miettes, avant que les deux camions ne terminent leur course folle dans les glissières d'une aire d'arrêt d'urgence déversant derrière eux des traînées de produits inflammables. Sous l'effet du choc, les frottements métalliques produisirent des gerbes d'étincelles qui embrasèrent instantanément les 30 000 litres d'essence contenus dans la cuve. S'ensuivit une explosion spectaculaire des deux poids lourds qui se répercuta sur les véhicules accidentés, à proximité… entraînant la mort des deux chauffeurs et de douze autres conducteurs.

7

08 h 48

Prévenu des faits, le commandant Giménez de la gendarmerie de Thuir était rapidement intervenu sur place, accompagné de plusieurs effectifs vu l'ampleur des dégâts… Dans l'urgence, et afin de ne pas créer un sur-accident, il avait coupé la circulation de l'autoroute A9 dans les deux sens en prévoyant un itinéraire de délestage sur des voies secondaires. Pendant que les secours prodiguaient les premiers soins aux victimes dans la salle de restauration de la station-service, l'équipe de Giménez recueillait les témoignages du personnel avant de procéder à ceux de la clientèle percluse d'effroi. Le gradé se trouvait en présence de l'adjointe de Llùcia dans la salle de centralisation informatique en train de visionner la vidéo à l'heure des faits quand Laura désigna l'écran en vociférant :

— Là ! C'est le grand type hyper poilu ! C'est lui qui va sortir une arme et tirer, précisa-t-elle, catastrophée à l'idée de revivre les évènements.

De par son expérience de trente ans de terrain, le commandant savait que très souvent la perception des choses travestissait la réalité. Malgré leur bonne foi, certains paramètres comme la stupeur, la vitesse d'exécution, le stress, ou simplement l'interprétation, pouvaient induire en erreur les victimes d'une agression ou d'un accident. Ce que démontrait ici la bande de vidéosurveillance puisque, contrairement à ce que tout le monde pensait, le détenteur de l'arme n'était pas le *Yéti de Sibérie* mais le jeune homme, porteur d'un bidon d'essence, devant lui dans la file d'attente... Par radio, il transmit immédiatement le signalement de l'individu à ses effectifs afin de quadriller le secteur. L'équipe autoroutière gérait le périmètre de sécurité autour de l'incendie des véhicules pendant que les pompiers s'activaient à le circonscrire pour éviter toute propagation. Comme chaque été, la végétation était si asséchée que la moindre étincelle pouvait embraser des centaines de kilomètres carrés.

L'étendue du Village Catalan obligea les patrouilles à s'organiser pour *ratisser* les deux aires de repos situées de chaque côté de l'autoroute A9, vu la possibilité de communication des deux sens de circulation par le biais de l'auto-pont. Au cours de leur ronde, les gendarmes repérèrent un enfant esseulé, d'environ cinq ans, en pleurs et à la démarche hésitante, errant sur le parking des poids lourds. Monté à bord de leur véhicule avec son teckel dans les bras et réconforté, ils constatèrent que Darrel, Anglais d'origine, présentait des taches de sang sur les mains. Une fois en confiance, un des effectifs bilingues fut en mesure de traduire ses explications un peu décousues : l'homme immense, très poilu, qui l'avait agrippé et placé sur le siège avant du camping-car, les cris à l'arrière à deux reprises, et enfin ses parents qui ne répondaient pas à ses appels. Après une longue attente, il avait pris son courage à bras le corps pour ouvrir la porte du camping-car...

— Papa se trouvait par terre, la tête grosse comme un melon, et maman était allongée sur la table, toute nue, la bouche et les yeux grands ouverts, arriva à déclarer Darrel, des trémolos dans la voix. J'ai d'abord cru qu'ils dormaient, mais j'ai compris que quelque chose n'allait pas quand j'ai vu du sang sur eux. Papa, à la tête, et maman, au niveau de… chercha l'enfant sans trouver ses mots.

Gêné, il désigna son entrejambe pour se faire comprendre.

— Je les ai secoués mais ni l'un ni l'autre ne s'est réveillé. Alors je me suis dit qu'ils avaient besoin d'aide. Je suis sorti et avec Nelson, on a marché…

Plusieurs rondes furent nécessaires aux militaires pour réussir à localiser le camping-car. Après avoir pris les mesures conservatoires avant d'y pénétrer, ils découvrirent à l'intérieur une scène de crime fidèle aux déclarations de Darrel. Comme il l'avait laissé sous-entendre, ses parents étaient bien décédés. Selon toute vraisemblance et en attente de l'expertise médico-légale, les premières constatations laissaient supposer que la mère de Darrel aurait été violée puis étranglée et que le père aurait succombé à des frappes assénées avec un objet contondant au niveau de la tempe.

Par radio, l'adjudant s'empressa de transmettre au commandant ces renseignements, agrémentés du signalement de l'auteur des faits. Ce dernier, correspondant à l'individu ayant tiré dans le restaurant, l'éclaira sur les raisons de son acte. Il comprenait mieux pourquoi cet homme, serein en apparence, dans une file d'attente, avait soudain perdu pied en subtilisant une arme à son voisin pour *arroser* la clientèle. Une perte de contrôle sans aucun doute provoquée, à en croire la vidéo, par l'arrivée des policiers… Tout s'imbriquait à la perfection dans l'esprit du Cdt Giménez, y compris le schéma criminel de ce routier, expliquant même l'engrenage infernal ayant causé le terrible accident…

À 13 h 40, la gendarmerie de Thuir prenait attache téléphonique avec le commandant Giménez pour l'informer qu'un vigneron avait signalé la gêne occasionnée par une Mini Austin, stationnée au milieu de ses vignes. Sur place, des traces de sang présentes sur la banquette arrière avaient incité les policiers à solliciter l'intervention d'un OPJ[1] pour une fouille en règle du véhicule. Le temps que ce dernier arrive sur place et découvre dans le coffre la dépouille d'un jeune homme, âgé de vingt-cinq ans environ et le buste criblé de balles, les gardiens de la paix procédaient, après une course poursuite à travers les vignes, à l'interpellation d'un autre individu, porteur d'un bidon d'essence. Après recoupement, il s'avérait que leurs signalements correspondaient à ceux des deux braqueurs du bureau de poste de Thuir, ce matin à 06 h 45 lors du transfert d'argent dans le fourgon blindé de la société de transport de fonds. Pendant l'agression, un des agents avait fait usage de son arme, blessant à plusieurs reprises l'un des deux malfrats…

Vers 16 h 00, après le départ du préfet, du procureur de la République, des hautes autorités de la gendarmerie, du médecin légiste et des TIC[2], le Village Catalan retrouva son activité habituelle. Le commandant Giménez s'apprêtait à lever le camp et à libérer ses effectifs quand un appel radio l'obligea à se rendre sur les lieux de l'incendie des poids lourds à environ deux kilomètres en aval…

Sur place, l'aire d'arrêt d'urgence présentait un décor de désolation. Les carcasses noirâtres des véhicules enchevêtrées dans celles des camions encore fumantes siégeaient au milieu

1. Officier de police judiciaire.

2. Techniciens en identification criminelle.

d'une végétation cramoisie. En s'approchant, le responsable du périmètre de sécurité désigna à son supérieur une trouée en bordure du champ, à la limite de la clôture détériorée, produite à la suite de l'explosion. Ne comprenant pas de suite ce que lui indiquait l'adjudant-chef, Giménez s'obligea à avancer encore, la main plaquée sur le bas de son visage pour éviter d'inhaler ces émanations toxiques… Il continua de s'approcher pensant invraisemblable ce que ses yeux semblaient entrevoir à travers cette fumée éparse et ses résidus de plastique virevoltants. À deux mètres de la cavité béante, quand il en eut confirmation, il stoppa net sa progression. La gorge serrée, il se trouvait en présence d'une main d'enfant squelettique dont le corps avait sans doute été enterré depuis plusieurs années à en juger la décomposition des tissus…

8

Mercredi 11 septembre 2024 - Gendarmerie de Thuir

— Si je comprends bien, c'est cette découverte qui a encouragé les journalistes à dénommer ce dossier, « *L'affaire des disparues de l'A9* » ? Ils n'auraient pas été un peu vite en besogne ? en déduisit Victoire Rhéexas en fermant la pochette cartonnée.

Après avoir consulté les procès-verbaux de l'enquête en long et en travers pendant plus de deux heures, elle se décida enfin à poser l'ensemble des pièces parquet devant le capitaine Vincent Llambias, assis devant elle. Dès son entrée, Vic avait remarqué le soin dont avait fait preuve son ami d'enfance pour aménager son nouveau bureau qui lui correspondait à la perfection. Il suffisait de balayer du regard les photographies aux murs et les trophées sur le meuble bas pour se forger une idée fidèle de sa personnalité. Un gendarme respectueux de l'uniforme, rugbyman sympathique qui appréciait l'esprit de groupe et l'amitié. La policière fut sensible à deux clichés en particulier. Sur le premier, on y voyait le gros Mimi, le regretté Miquel Carpalès, ancien joueur de l'USAP et capitaine de gendarmerie, décédé dans l'exercice de ses fonctions. Sur le second, cinq gamins sur un terrain de rugby : Xavier, Antonin, Joan, Vincent et elle. Leur pratique du ballon ovale les avait réunis en découlant sur une réelle amitié, renforcée au cours de leur adolescence. Unis comme les cinq doigts de la main, l'accident mortel de Joan, treize ans plus tôt, avait fait éclater leur groupe et mis un terme à leur complicité…

Installé dans son fauteuil de ministre, le grand gaillard jeta un regard circonspect à Vic en la voyant s'énerver toute seule, un rictus au coin des lèvres à l'idée que son amie d'enfance ne s'était toujours pas assagie malgré ses trente-quatre ans, à se demander si elle changerait un jour. Bien que… Il devait reconnaître que la Vic d'aujourd'hui n'était plus tout à fait la même. De toute évidence, son côté « garçon manqué » avait laissé place à une pure féminité, sans artifice, qui lui seyait à merveille. Vincent s'extirpa de ses pensées et recolla au sujet :

— Tu n'as pas eu le temps de tout décrypter. Pour commencer, une des gamines a été enlevée sur l'aire de repos du Village Catalan alors que le minibus de son centre de loisirs faisait une halte. Ensuite, un véhicule de couleur sombre, de type Peugeot 104 ou Renault 5, noir ou bleu foncé selon les témoignages, a été signalé à plusieurs reprises aux abords des lieux de vacances, une fois sur une aire de repos et une seconde à la station-service du Village Catalan… hélas, sans aucun renseignement sur la plaque d'immatriculation. Et dernier point, somme toute le plus important, les communes où ont eu lieu les enlèvements sont toutes situées à l'Est ou à l'Ouest le long de l'autoroute A9.

Malgré l'énoncé des éléments, justifiant cette dénomination journalistique, Victoire trouvait surprenant que la gendarmerie n'ait rien découvert de concret, après un meurtre et cinq disparitions. Pourtant, tout avait été orchestré dans les règles, à commencer par l'ouverture d'une instruction judiciaire par le procureur de la république dès la première disparition en juillet 1992. Clara

Coll, âgée de 11 ans, se trouvait en centre de vacances à Trouillas quand ses animateurs avaient signalé son absence. Puis, les enquêteurs avaient *rattaché* les affaires suivantes vu le profil des disparues – toutes des filles d'origine catalane, brunes, typées méditerranéennes et âgées de onze à vingt ans – et la similitude des faits – au cours de la seconde quinzaine de juillet, de nuit, lors de séjour en centre de loisirs, de sports ou de vacances :

1993 - La seconde, Anaïs Rosa, 12 ans, au Centre de Loisirs au Mini parc Aquagliss au lac de Saint-Génis-des-Fontaines ;

1994 - La troisième, Chloé Battle, 13 ans, au Village Vacances 66 à Saint-Jean-Pla-de-Corts ;

1995 - La quatrième, Jana Guisset, 14 ans au Village Tourisme Français d'Ortaffa ;

1996 - La cinquième, Joana Vila, 15 ans, au Centre UCPA de Montesquieu les Albères (enlevée sur l'aire du Village Catalan) ;

1997 - La sixième, Angels Rodriguez, 21 ans, découverte sur le lieu de l'explosion à deux kilomètres du Village Catalan. Cas particulier puisque son enlèvement avait eu lieu à son domicile à Saint-Jean-Lasseille le 17 août.

— Une année charnière, à mon sens, précisa Vincent. Je rejoins l'avis des enquêteurs de l'époque qui avaient estimé que l'échec de ton *kidnapping* au Centre de Loisirs de Vivès aurait pu déstabiliser le criminel – enfin ton père, puisque son ADN a été prélevé sur ton sweat-shirt – au point de stopper ses enlèvements.

Le dossier relatait effectivement certaines incohérences sur cet été 97. Si le criminel respectait, comme le pensaient les policiers, une chronologie des âges de ses victimes, le profil de Victoire Rhéexas et Angels Rodriguez ne correspondaient pas à celui des « supposées victimes suivantes ».

— À ce propos, l'autopsie d'Angels n'avait rien apporté de concret ? changea-t-elle de sujet, éludant ainsi le « cas paternel ».

— Selon le rapport du médecin légiste, répondit Vincent, sans même s'appuyer sur le compte rendu, son corps était enterré depuis environ deux ans – date qui corroborait celle de sa disparition – et ne présentait aucun signe caractéristique de violence sexuelle ou physique. La mort était consécutive à une strangulation, établie par la fracture significative de l'os hyoïde, prouvant la détermination du criminel.

Le terme « criminel » écorchait à chaque fois les oreilles de Victoire, la renvoyant à ses origines paternelles… Il fallait dire que le sort s'acharnait sur elle depuis sa naissance. Retrouvée à l'aéroport de Perpignan, recueillie par les soeurs du Carmel de Vinça, adoptée ensuite par Marie qui était décédée bien trop tôt, elle n'avait jamais eu la chance de connaître l'amour de ses parents ni même le moindre renseignement sur eux. Sauf le jour où Vic avait pénétré dans le laboratoire scientifique de Toulouse, avec l'obligation de prélever son ADN par mesure de précaution… Un test qui avait *matché* avec celui du criminel ayant tenté de l'enlever au centre de Vivès l'été 1997. Suite à cette terrible nouvelle, elle avait quitté ses Pyrénées, le cœur meurtri, l'esprit encombré de questions restées hélas sans réponse.

— Et tu penses que ce *type* (Vic n'arrivait toujours pas à employer le terme « père ») aurait perdu les pédales au point de modifier son mode opératoire et d'assassiner une gamine plus âgée après l'avoir enlevée directement chez elle, l'interrogea-t-elle.

— Il y a tout lieu de le penser, si j'en crois les conclusions de la Cellule Anaïs, créée par le commandant Giménez et dissoute en 2009, après dix ans d'enquête.

— Malgré tout, le labo n'a pas retrouvé son ADN sur les vêtements d'Angels, contrecarra la boxeuse.

Après un haussement d'épaules, Vincent se frotta le menton et inclina la tête avant de signifier une évidence :

— Cela ne risquait pas d'arriver vu leur état. Toutes les matières en coton étaient désagrégées, il ne restait que son blue-jean.

— Dans ces conditions, si cet *enfoiré* avait tué Angels par dépit ou par pure vanité d'avoir échoué avec moi, un mois avant, on pourrait envisager que les cinq premières seraient encore en vie ! suggéra la policière en se redressant sur son siège comme si un serpent venait de la mordre.

À en croire sa moue dubitative, Vincent ne semblait pas aussi enthousiaste que son amie. Il se leva et se planta devant la fenêtre où le panorama proposait une vue imprenable sur le Canigou, la montagne sacrée des Pyrénées-Orientales. Laissant son regard balayer le relief sans réel point d'accroche, il se prononça :

— Tu te rends compte que ces disparitions remontent aux débuts des années 90… de 27 à 32 ans ! Ce serait quand même invraisemblable qu'aucune de ces filles, toutes âgées soit dit en passant de 43 ans aujourd'hui, ne soit réapparue !

— Qui nous dit que l'une d'entre elles ne s'en serait pas sortie indemne et que, à partir d'un certain âge, elle se serait fondue dans le décor en retrouvant une vie si anecdotique que personne ne l'aurait remarquée. Si ça se trouve, on l'a déjà croisée dans un magasin sans se douter que c'était elle… D'ailleurs, qui serait en mesure de reconnaître une de ces filles après tout ce temps ! Même leurs parents en seraient peut-être incapables !

— Ne jamais sous-estimer les liens du sang. Une mère détient toujours ce pouvoir intrinsèque de filiation avec l'enfant à qui elle a donné la vie.

Un adjudant passa sa tête dans l'entrebâillement de la porte et se permit de couper leur conversation :

— Capitaine, on vous demande au poste !

— J'arrive, répondit-il en se dirigeant vers la porte.

Victoire l'apostropha avant qu'il ne sorte de la pièce :

— Mais oui, au fait. Félicitations pour ta promotion ! T'aurais au moins pu l'arroser, lui reprocha-t-elle.

— Pour ça, il aurait peut-être fallu que tu sois là ! rétorqua Vincent. Et si je me souviens bien, le régime draconien que tu t'infliges pour les compétitions t'interdit toute forme d'alcool ! balança-t-il, agrémenté d'un clin d'œil appuyé.

Victoire se renfrogna sur sa chaise. Sa blessure et sa rééducation au bras dans l'affaire des familles séquestrées, causées par l'ignoble Luigi Nicolaï[3], l'avaient contrainte à déclarer forfait pour le titre de Championne du Monde sans même pouvoir défendre son propre titre de Championne de France… Après avoir officié aux Jeux Olympiques, elle avait dû gérer son déménagement dans les P.-O. début septembre, tiraillée entre ses missions dans le service d'investigation « Atteintes aux personnes » du SLPJ[4] de Perpignan, et sa nouvelle installation. En résumé, elle n'avait pas chômé. En attendant avec impatience sa reprise au club de boxe, prévue à la fin du mois, elle comptait pour le moment sur l'endurance et le CrossFit pour retrouver *la caisse et les jambes*. La technique proprement dite se travaillerait spécifiquement sur ring, en temps voulu, avec un *sparring-partner*.

À travers la fenêtre, le paysage se modifiait au gré du soleil déclinant. Les quelques nuages épars se tintèrent de rose et les

3. *La Catalane* du même auteur publié chez Cairn éditions.

4. Service local de police judiciaire.

montagnes commencèrent à s'obscurcir. Vic contrôla sa montre et s'étonna de constater les 18 h 52 affichées. Depuis son arrivée, elle ne voyait pas le temps défiler. Ses journées semblaient trop courtes. Elle pensait à Mec, son berger allemand, qui devait se demander pourquoi elle ne rentrait pas, quand Vincent réapparut. Il reprit immédiatement la conversation là où elle s'était interrompue.

— Bon, alors on le boit ce verre ? proposa-t-il en frappant dans ses mains.

— Allez ! valida Vic, l'esprit serein en pensant à son chien.

En cas de force majeure, ne sachant jamais l'heure exacte de ses fins de vacation, elle prévoyait toujours plusieurs gamelles d'eau pour son Mec adoré. Et côté promenade, il disposait d'un terrain ô combien suffisant pour se dégourdir les pattes, seul et au gré de ses envies. Victoire était satisfaite de sa trouvaille, un mas provençal sur deux niveaux, à Trouillas, petit village à quelques kilomètres de Thuir, dont la propriétaire, une dame âgée de soixante-quinze ans, lui avait loué l'étage à un prix modique, défiant toute concurrence. En contrepartie, la policière devait s'occuper de l'entretien des extérieurs et l'accompagner au magasin pour ses courses, une fois par semaine. Un échange de bons procédés.

9

Un quart d'heure plus tard, les deux amis, installés à la terrasse d'un café au centre du village de Thuir, sirotaient un apéritif bien frais. Vincent en digne rugbyman avait choisi une pression et Vic, un Spritz, histoire de prolonger encore l'été. Comparativement à la région parisienne, les conditions climatiques dans les Pyrénées-Orientales s'apparentaient à un véritable été indien. Outre le plaisir de revenir dans sa région natale, elle savourait sa chance, chaque matin en se levant, de voir ce ciel azur… même si la sécheresse demeurait une préoccupation dramatique dans la région.

— Alors, satisfaite d'être rentrée au bercail ? l'interrogea Vincent, en faisant disparaitre d'un coup de langue la mousse blanche autour de sa bouche.

— Mon Dieu, si tu savais. Tous les jours je bénis le ciel d'avoir obtenu ma mutation, répondit-elle en aspirant une gorgée par la paille aussi bruyamment que l'aurait fait une gamine de dix ans.

— Pourtant, elle s'est fait désirer ! J'ai même cru que tu avais changé d'avis…

Suite au compte rendu favorable de l'IGPN, appuyé par le commandant Ruggerio, sa mutation aurait pu lui être accordée dans les meilleurs délais, mais les lenteurs administratives l'avaient contrainte à reformuler sa demande l'année suivante. L'organisation des J.O. et les besoins astronomiques en effectifs sur la capitale n'avaient pas facilité les choses.

Après lui avoir exprimé ses compliments sur sa nouvelle coupe de cheveux, mi-longs et ondulés, et sur sa tenue vestimentaire beaucoup plus féminine, le capitaine évoqua son départ, le cœur serré, de la gendarmerie de Millas. Ce village représentait son point d'ancrage, où il avait découvert le métier, accompli ses premières armes en début de carrière. Un lieu qu'il affectionnait tant pour sa chaleur humaine, ses festivités… Mais pour monter en grade, il fallait accepter la mobilité et les nouveaux challenges. Sa nomination et son affectation à la tête de sa nouvelle brigade territoriale de Thuir en représentait un et il comptait bien le relever. Des responsabilités plus importantes, avec des effectifs plus nombreux sous ses ordres et des missions d'un tout autre rang, à la fois plus diversifiées et complexes, puisque sa B.T.[5] devait gérer l'ensemble des Aspres mais également une partie de l'autoroute A9. Le fait que Vince débarque dans le fief de la famille Albagès, vignerons depuis quatre générations dans ce secteur, une question brûlait les lèvres de Victoire.

— Et depuis ton arrivée, as-tu eu l'occasion de croiser notre *cher ami* Xavier ? s'intéressa-t-elle, la curiosité débordante.

Soupçonneux, Xavier Albagès et Antonin Borja n'acceptaient pas la thèse d'une chute fortuite de Joan et remettaient en cause la version des faits de Vincent et Victoire. Raison de la scission du groupe et de leur animosité, amplifiée au fil du temps au regard de l'éloignement de la policière, revenue sur ses terres natales après dix ans d'absence... Afin d'éclaircir certaines zones

5. Brigade territoriale.

d'ombre, les deux comparses s'étaient ralliés à Luigi Nicolaï, individu malfaisant désireux de se venger de la policière qui tentait de l'impliquer dans le féminicide de sa compagne. Séquestrée, entravée et violentée, Victoire avait réussi à s'extirper de cet enfer grâce à son mental d'acier, malgré des blessures physiques et psychologiques profondes.

— De mémoire, à la suite de ton affaire, il avait écopé d'une peine d'un an de prison, dont six mois ferme, et au final, il s'en est sorti avec le port d'un bracelet électronique pendant quatre mois...

— L'enfoiré ! Quand je pense à son agression sexuelle caractérisée, j'suis deg ! fulmina la boxeuse, en serrant les poings. Il a quand même descendu mon froc avant de se mettre à califourchon sur moi devant ces connards, en demandant à Antonin si mon cul ne le tentait pas ? Bordel, j'hallucine... Niveau justice, on marche sur la tête dans ce pays. Toujours les mêmes qui s'en sortent. Et après on va nous faire croire que les choses évoluent et que des procédures sont mises en place pour endiguer les violences faites aux femmes. Tu parles ! Je n'y crois plus et cette impunité m'incite à penser que ça ne changera jamais...

La voyant monter dans les tours, Vincent tempéra :

— T'inquiète, y a pire que la taule ! Ici, le regard de l'autre est bien plus terrible. Dans les villages, tout se sait. Et ce genre de choses ne disparait pas si facilement de la tête des gens, crois-moi... Pour te dire, je suis en poste depuis six mois, et je n'ai toujours pas croisé Xavier et Antonin. Pas même dans un resto ou un bistrot, et encore moins lors d'une fête de village. *Nada*. Comme quoi, ils se terrent nos deux *potes* !

Ou alors ces énergumènes étaient bien trop occupés à gérer de sombres desseins, soliloqua Vic qui se souvenait les avoir surpris au milieu des vignes, dans un secteur isolé, en grande conversation, entourés d'individus aux faciès patibulaires. De prime abord, leurs regards à l'affût et leurs comportements inquiets ne lui avaient inspiré que magouilles et trafics illicites.

Après avoir évoqué le sort de Xavier, le caractère fort et meneur du binôme, Vincent aborda celui de son inséparable acolyte, Antonin, héritier d'une grande famille d'agriculteurs dans le Vallespir. En tant que complice et suiveur, ce dernier avait récolté la même peine que Xavier, à l'exception près que, à la surprise générale, il avait échappé au bracelet électronique.

Dans l'attente de la seconde tournée, commandée cette fois par la policière pour arroser sa mutation, ils échangèrent des banalités puis en vinrent à évoquer l'époque de leur enfance, les entrainements de rugby sous le regard à la fois bienveillant et impitoyable du gros Mimi, les bons et les mauvais moments, leur amitié soi-disant indéfectible qui en réalité avait fini par voler en éclats à la mort de Joan Montesa. À cet instant précis, les accusations formulées par leurs ex-amis à l'encontre de Vincent résonnèrent dans sa tête, en particulier le rapport d'autopsie, soi-disant en totale opposition avec les causes de sa mort, évoquées par le gendarme…

Des éclaircissements s'imposent, mais ce n'est ni le lieu ni le moment !

Le fait de ressasser cette affaire l'incita à revenir sur celle des *Disparues de l'A9*. Un point l'avait titillée mais elle n'avait pas osé le soumettre. Au deuxième verre, l'alcool aidant, elle s'autorisa à le faire :

— Au fait, tout à l'heure, dans ton bureau, je me trompe ou tu m'as donné l'impression de connaitre le dossier sur le bout des doigts ? s'étonna-t-elle.

— Non, c'est bien réel, j'en connais presque toutes les lignes. Pour la simple et bonne raison que Jana Guisset, la quatrième victime, était ma cousine, la fille de ma tante maternelle…

Outre le terrible drame de perdre un enfant, la chair de sa chair, la famille était restée dans l'expectative d'un éventuel rebondissement ou d'un quelconque dénouement de l'enquête, sans pouvoir réellement faire son deuil. Une attente insoutenable car sans découverte du corps, le crime ne pouvait être acté et dans ces circonstances, les proches conservaient l'espoir, même infime, d'une étincelle de vie. Et pendant que les parents patientaient, se déchiraient ou devenaient ingérables, parfois happés par la folie, les autres membres de la famille compatissaient sans savoir comment réagir, culpabilisant même d'avoir des moments de bonheur avec leurs propres enfants. Comme si le temps restait suspendu, la famille s'efforçait de continuer à vivre mais uniquement drapée dans un halo de tristesse… En laissant la chambre de Jana à l'identique au jour de sa disparition et en pensant à mettre une assiette tous les jours à table, en priant que ces petites attentions la fassent revenir.

— Alors tu sais, encore aujourd'hui, à chaque fois que mon regard croise celui de ma tante, je baisse les yeux devant mon incapacité à lui apporter des réponses. Il n'y a rien de pire que de ne pas savoir. Ce que j'ai essayé de faire, en récupérant le dossier dès que j'en ai eu l'opportunité. Mais, hélas, j'ai eu beau tourner et retourner les rapports, les constatations, les auditions, les expertises… rien ne m'a sauté aux yeux. Pas la moindre faille ni oubli de la part des enquêteurs, à croire que toutes les pistes ont été exploitées !

Une émotion palpable teintée de regrets se dégageait de ses propos. À fleur de peau, ses yeux s'embuèrent. Victoire comprenait son impuissance et sa déception. Elle se trouvait dans le même état d'esprit depuis la terrible annonce d'une correspondance entre son ADN et celui de l'homme qui avait tenté de l'enlever en 1997… Elle le rassura :

— Parfois, même avec la meilleure volonté, certains éléments nous dépassent. Surtout quand ils touchent à l'affect… Plus sensible et vulnérable, le manque de recul nous oblige à raisonner d'une manière inhabituelle.

Vic le laissa analyser sa rhétorique et renchérit :

— Je ne connais qu'un seul remède pour surmonter ces aléas de la vie. Il faut se battre. Avec nos armes ! Et les nôtres consistent à concourir à la manifestation de la vérité. Alors, si nous unissons nos forces, nous finirons bien par percer à jour cette affaire. Tu pourras ainsi apporter des réponses à ta tante et moi découvrir enfin qui était mon père…

Le verre à la main, Vincent leva les yeux au ciel devant l'enthousiasme qui la caractérisait, conscient du fossé existentiel entre son rêve et la réalité. Car au niveau justice, la prescription en matière de crime étant de vingt ans, ils n'avaient aucune chance de rouvrir le dossier. Victoire s'insurgea :

— Désolé mon p'tit père, mais le récent pôle *Cold case* de Nanterre est capable de ressortir des enquêtes non élucidées et très anciennes. Comme les disparues de l'Yonne ou de l'autoroute A6, par exemple, qui remontent aux années 80 !

À peine ses dernières paroles prononcées, elle s'empara de son téléphone portable et tapota l'écran. Il lui fallut cinq secondes pour poursuivre sur sa lancée en lisant le texte téléchargé :

— Il suffit que l'affaire réponde à certains critères, comme la présomption ou la certitude de la sérialité de l'affaire, la minorité des victimes… pour le moment on a tout bon, commenta-t-elle.

Ensuite, le contexte de commission des faits, en particulier les actes de torture et de barbarie… là par contre, pas bon, tiqua Vic en décrochant une grimace. Et la dernière, pas de suspect ni de mise en examen. C'est le cas !

L'affaire comportait effectivement assez de critères susceptibles d'inciter le PCSNE[6] à rouvrir le dossier. Mais Victoire avait négligé un point capital.

— J'entends bien, acquiesça Vincent. Mais que ça te plaise ou non, ce pôle ne peut intervenir en dehors de la prescription. Dans les deux affaires que tu as mentionnées, des faits nouveaux ont sans doute permis la production d'actes judiciaires récents. Une nouvelle audition d'un témoin, un fait nouveau quelconque, nécessite la rédaction d'un procès-verbal et permet ainsi à une affaire remontant à dix ans, de remettre le compteur à zéro.

La policière grommela telle une gamine punie à qui on venait de retirer sa poupée. Désabusée, elle ne lâcha rien pour autant :

— Et le dernier acte dans cette affaire remonte à quand ?

— Alors là ! Tu me poses une colle…

— Ben je croyais que tu en connaissais toutes les lignes par cœur ! Tu m'aurais menti ? le taquina Vic, un sourire jusqu'aux oreilles.

Vincent s'accorda un temps de réflexion, nécessaire à fouiller les méandres de sa mémoire. Il remonta le fil de l'enquête, et finit par se rappeler d'un dernier fait en rapport avec la famille de la défunte. L'enquêteur avait jugé utile de convoquer la représentante de la DDASS[7].

6. Pôle national des crimes sériels ou non élucidés.

7. La direction départementale des affaires sanitaires et sociales.

— Si je me souviens bien, il s'agit d'un dernier P.V. d'audition, celui de l'assistante sociale de Perpignan… qui doit remonter à fin novembre 2004.

— Là, tu m'épates ! acquiesça Vic en calculant rapidement le délai de prescription. La vache. Deux mois, ça nous laisse très peu de marge de manœuvre !

Les deux amis accusaient le coup. Ils zieutaient leurs verres vides comme deux SDF en mal d'ivresse. Le soleil venait de jouer à cache-cache avec les montagnes et le soir tombait à une vitesse vertigineuse. La petite brise qui tentait de se frayer un passage entre les arbres arriva jusqu'à Victoire, toujours en tee-shirt, et la fit frissonner. Elle frappa dans ses mains pour siffler la fin de la récréation.

— Bon, faut réfléchir et définir une direction d'enquête. En attendant, si tu pouvais me faire une copie du dossier, je le potasserai chez moi, le soir, après le taf.

— Tu as conscience que c'est illégal ? la tança Vince.

— Écoute, tu sais comme moi que si on se contentait de respecter la procédure, on sortirait très peu de dossiers. Alors, promis juré, ça restera entre nous ! lâcha Victoire en levant la main droite. Allez je rentre, annonça-t-elle en lui claquant la bise.

En petites foulées, Victoire regagna sa vieille Clio stationnée sur le parking de la République. Montée à bord, le véhicule en marche, elle se triturait déjà les méninges sur la manière d'opérer pour aborder cette enquête, vieille de trente ans. Elle devait rapidement trouver un angle d'attaque si elle voulait profiter de l'opportunité offerte, aussi mince soit-elle, de découvrir l'identité de son père…

10

Le lendemain matin, Victoire venait de saluer les collègues du service général et certains gradés quand elle se fit alpaguer, au moment de monter l'escalier, par Enric Fernandez, un collègue de la BAC :

— Toujours O.K. pour un entrainement demain soir ?

— Yes ! confirma-t-elle d'un pouce appuyé.

Elle se demandait encore pourquoi ce brigadier l'accaparait depuis son arrivée, alors qu'elle n'avait eu de cesse de l'envoyer *bouler.* À croire que sa pugnacité avait fini par payer puisque Victoire était tombée sous le charme de ce beau brun aux yeux bleus, typé méditerranéen. La trentaine, originaire des P.-O., il avait commencé sa carrière à Bordeaux et avait obtenu sa mutation à Perpignan après dix ans sur la côte atlantique. Il arborait un physique athlétique sans pour autant se charger aux protéines ou autres substances nécessaires à l'hypertrophie de ses muscles. Elle avait une sainte horreur des bibendums gonflés aux stéroïdes.

À force d'insister, ce fou furieux du sport avait fini par attiser sa curiosité. Non seulement il s'entraînait tous les jours mais en supplément, à en juger les commentaires élogieux des collègues,

Enric était un bon flic. Ancien judoka, il pratiquait le JJB[8] depuis une dizaine d'années et souhaitait se perfectionner en boxe avant de se présenter aux tests du RAID[9]. Avoisinant les 1,75m et la dépassant juste d'une tête, il correspondait à la perfection à son style de mec. Surtout que sa courtoisie et sa prévenance auprès de la gent féminine représentaient un atout non dénué d'intérêt dans ce milieu macho, chargé de testostérone, de la police nationale. Mais avant de tirer des plans sur la comète et de s'emballer, Vic avait appris que patience et méfiance constituaient les seuls moyens de ne pas se laisser berner ni être déçue. Si elle avait feint de ne pas manifester un enthousiasme débordant, en son for intérieur elle bouillonnait de s'entraîner demain soir avec lui. Ce serait leur troisième rencontre…

À l'étage, elle croisa Marco, déjà sur des charbons ardents. Aussi svelte que dynamique, le trentenaire châtain clair, originaire des Alpes, était adepte des cheveux longs, de la barbe, des tatouages apparents et des boucles d'oreilles, tout ce que Victoire contestait fermement pour officier dans la police nationale, même si aujourd'hui une certaine tolérance était de mise. Contrairement à la provocation de certains fonctionnaires qui en arrivaient à se tatouer le visage, le cou et les mains, pour prouver leur rébellion au système, Vic s'était contenté de marquer sa peau sur un seul bras et de manière discrète, à savoir que, habillée, rien ne transpirait. Les clés de la voiture de service en main, Marco héla Victoire au moment où elle pénétrait dans son bureau.

— Une urgence sur la zone de travaux au Moulin-à-Vent ! Un véhicule gênant la circulation alternée. Le mec s'est enfermé

8. Jiu-jitsu brésilien.

9. Recherche, Assistance, Intervention, Dissuasion.

dans sa bagnole pour empêcher l'intervention de la fourrière. Les collègues sollicitent la présence d'un OPJ...

Au gyro-deux-tons, leur véhicule arriva à se faufiler dans le flux de la circulation dense à cette heure matinale. Arrivés au Rambla de l'Occitanie, encombré au possible, les deux policiers longèrent l'avenue en empruntant la contre-allée pour accéder au rond-point. Sur place, les uniformes désignèrent le conducteur récalcitrant enfermé dans sa voiture. Le responsable du chantier exposa la problématique et l'intervention impossible du géomètre, ne pouvant effectuer ses relevés topographiques pour l'élaboration du prochain renouvellement des réseaux d'eaux usées... qui entraîneront inexorablement des retards sur les travaux de réfection de la chaussée et des trottoirs.

Cette entrave à la circulation et à l'exécution des travaux nécessitait le retrait du véhicule gênant de la voie publique. Toutefois, le propriétaire étant assis à l'intérieur, l'employé de la fourrière refusait, par mesure de sécurité, de procéder à l'enlèvement. Sans tergiverser, Victoire se présenta à la vitre, côté conducteur. Ce dernier l'ignorant, elle commença d'abord à attirer son attention en frappant au carreau du bout de l'index. Rapidement, elle changea de tactique. Son BTD[10] déployé, elle fit tinter le bout de sa pointe métallique sur le verre.

— Oh ! hurla-t-elle subitement. Si t'ouvres pas ta porte maintenant, j'éclate ta vitre et je te sors *manu militari* ! T'as saisi ?

Vu le nombre de badauds présents autour d'eux, Marco s'approcha de Vic pour la calmer.

10. Bâton télescopique de défense.

— Tu démarres au quart de tour, la Parisienne ! T'es dans le Sud, ici, alors descends d'un cran et laisse-moi faire. Il va sortir, fais-moi confiance.

Victoire fulminait. Si ce genre de contrevenant l'insupportait, se faire recadrer par un collègue l'énervait encore plus. Son regard sombre plongé dans le sien, elle ne put s'empêcher de lui notifier :

— Dis-toi bien, mon coco, que des types de cet acabit, j'en ai certainement rencontré plus que toi au cours de mes treize ans sur la capitale. Et pour ta gouverne, j'ai rien à voir avec les Parisiens, je suis autant Catalane que toi !

Sa réplique sonna le glas. Ne sachant comment réagir, le gardien de la paix, qui n'en menait pas large après cette *soufflante*, trouva judicieux de s'excuser avant de recoller à leur intervention.

Pendant que Marco s'évertuait à faire entendre raison au conducteur, Victoire s'était rapprochée des collègues qui tentaient de tempérer les automobilistes et les ouvriers, atterrés devant l'embouteillage occasionné. Les Perpignanais s'énervaient à bord de leur véhicule et manifestaient leur mécontentement en usant des klaxons à foison. Le géomètre, beau blond à l'allure de surfeur tout droit venu d'Australie, impatient, consultait sa montre toutes les deux minutes. Questionné, il expliqua que son retard allait se répercuter sur ses prochains chantiers et risquait d'impacter plusieurs corps de métiers… et des pertes sèches financières dues aux engagements non tenus.

Tout ce binz à cause d'un seul énergumène qui joue les fortes têtes !

Excédée face à l'enlisement de leur intervention, estimant que cet individu, en refusant d'obtempérer, bafouait leur institution aux yeux du public, Victoire s'empara à nouveau de son BTD et d'une seule et unique frappe en son centre, fracassa la vitre arrière. Dans la foulée, d'un geste circulaire, elle dégagea les derniers morceaux de verre encore en place pour insérer sa main et déverrouiller la porte. Une fois à l'intérieur, elle prit place sur la banquette juste derrière le contrevenant, encore estomaqué par la brutalité de l'intervention. Vic continua sur sa lancée en effectuant un contrôle réglementaire à l'aide de son bâton, en exerçant une pression sur le cou de l'individu, étranglé contre l'appui-tête.

— Maintenant, ouvre ta portière ! ordonna-t-elle d'une voix sèche qui ne laissait aucun doute sur sa détermination.

Pour l'inciter à réagir, elle appuya plus fermement, comprimant le larynx.

— Fissa ! beugla-t-elle.

En mauvaise posture, à la limite de l'asphyxie, l'individu se soumit enfin aux injonctions et déclencha l'ouverture de sa portière. Marco se chargea de l'extraire du véhicule et procéda ensuite au menottage.

La fourrière retira le véhicule dans les cinq minutes qui suivirent. La circulation alternée put reprendre, redonnant au secteur une ambiancc plus sereine. Tous les corps de métier purent reprendre le cours de leurs activités. Avant de quitter les lieux, le géomètre glissa une carte de visite à Victoire en lui proposant son aide, si besoin, en guise de remerciements pour sa réactivité.

Le retour au service fut glacial. Personne ne souffla mot dans le véhicule, eu égard à leur incartade. Regardant droit devant lui, Marco s'efforçait de rester concentré sur la route alors que Victoire tapotait sur son portable, les yeux rivés sur l'écran. En chemin, l'appel radio de leur station directrice les détourna de leur trajet en les envoyant au 22 rue la porte de Canet à Perpignan, dans le quartier Saint-Jacques…

Sur place, en pénétrant dans l'habitation de cette ruelle, digne d'un roman d'Émile Zola, les deux policiers oublièrent rapidement leurs soucis domestiques, saisis par les effluves pestilentiels mélangés à l'odeur métallique, caractéristique du sang. Le nez et la bouche masqués par la main, ils découvrirent au centre de l'unique pièce de vie, dans un capharnaüm sans nom, un corps dos au sol, maculé de sang, les bras en croix. La victime, une femme âgée d'environ 45 ans présentait une plaie béante au niveau de la poitrine. Quelques minutes plus tard, l'expertise du légiste éclairait les OPJ sur les circonstances de la mort. Le criminel avait ouvert la cage thoracique de sa victime pour y arracher son cœur. Si Victoire sentit son estomac se nouer, Marco sortit en quatrième vitesse ne pouvant empêcher la remontée gastrique. La policière serra les mâchoires en observant les lieux insalubres, se demandant comment il était possible de vivre dans un tel endroit…

Marco, allégé de son petit-déjeuner, était revenu aider sa collègue à fouiller les amoncellements de papiers et courriers de la défunte, éparpillés sur le sol, dans l'espoir de dénicher d'éventuelles coordonnées de proches pour *l'avis à famille*. Devant leur échec, une voisine se présenta et expliqua la précarité dans laquelle se trouvait madame Perrera. Au chômage après un licenciement, elle survivait avec un minimum d'aides sociales mais se faisait régulièrement vandaliser et escroquer par son fils toxicomane. Elle subissait continuellement des pressions, parfois même des violences suivies de coups et blessures, de la part de ce jeune homme âgé d'une vingtaine d'années.

— Elle évitait d'en parler… sans doute parce qu'elle avait honte d'avoir enfanté un être aussi malfaisant, aussi perturbé que violent. Un jour, la porte de son appartement était restée entrouverte et je l'ai trouvée étendue sur le sol, le visage tuméfié. Cette fois-là, elle n'avait plus rien à lui donner, alors fou de rage, il s'était acharné sur elle. Après m'avoir interdit de prévenir les secours, elle s'était confiée à moi. Un cri du coeur. Elle m'a raconté son calvaire, les rackets de son propre fils devenu SDF, et la violence de son addiction. Il s'appelle Nathan, et il est soigné à la clinique psychiatrique de Thuir.

Le signalement du suspect transmis immédiatement au central, les différentes unités du commissariat quadrillèrent le secteur et localisèrent rapidement le dénommé Nathan Perrera dans une ruelle du quartier historique de Perpignan, à quelques encablures du lieu du crime. Lorsque les policiers l'interpellèrent, l'individu mangeait de la viande à l'apparence crue. Selon toute vraisemblance, il s'agissait du coeur de sa propre mère…

11

L'enquête se finalisa assez rapidement. Le procureur ordonna une expertise psychiatrique afin de définir si, au moment des faits, Nathan Perrera, effectivement suivi à la clinique de Thuir, était conscient ou non de ses actes. Au regard de son comportement et devant son incapacité de répondre, *a minima,* aux questions des policiers, Victoire se doutait de l'issue de cette affaire. L'article 122-1 du Code pénal énonçant que « *n'est pas pénalement responsable la personne qui était atteinte, au moment des faits, d'un trouble psychique ou neuropsychique ayant aboli son discernement ou le contrôle de ses actes* », le mis en cause avait toutes les chances que son irresponsabilité soit reconnue et prononcée. L'individu serait donc placé en centre fermé spécialisé… sans passer par la case prison. Alors qu'il laissait derrière lui sa mère, dont il avait arraché et dévoré le cœur… Cette décision avait beau lui retourner les sangs, Victoire devait l'accepter. La Loi était ainsi faite, la Justice pour l'appliquer et la Police pour la faire respecter. Dont acte.

La procédure suivait son cours et la rédaction des derniers procès-verbaux se terminait. Marco récupéra celui de Victoire pour transmission avant de prendre leur pause méridienne.

Après avoir récupéré sa gamelle au réfrigérateur, elle s'était empressée de disparaître afin de s'isoler et de ruminer sa colère. Ses écouteurs Bluetooth rivés aux oreilles, elle pianota sur son portable et enclencha la voix envoutante de Taylor Swift sur *Now that we don't talk*. Les premières paroles tintaient et elle commençait à manger quand son partenaire débarqua, l'air goguenard.

— C'est bon, tu vas pas tirer la gueule jusqu'à la fin de la semaine ! Je m'excuse pour ce que je t'ai dit, O.K. ?

Malgré ses écouteurs, Victoire avait très bien compris ses propos. Elle prit une grande inspiration pour garder le contrôle et rétorqua :

— O.K. Mais ne t'avise plus de me traiter de Parisienne, sinon…

La glace rompue et la réconciliation semi-effective, le policier s'attabla devant Vic. Même si l'appétit n'était pas vraiment au rendez-vous après le spectacle sanglant de la scène de crime, ils se forcèrent à avaler leur déjeuner sans décrocher le moindre mot. Quelques minutes plus tard, ayant fini le premier, Marco releva enfin le nez de sa gamelle et s'adressa à Vic :

— T'as vu un peu l'atrocité de ce matin… ça ne te donne pas l'impression que notre métier devient de plus en plus glauque ?

La bouche pleine, Victoire s'évertua à accélérer sa mastication et s'obligea à déglutir avant de se prononcer :

— Il est évident que notre société va mal. Non seulement le taux d'agressions, de délits et de crimes est en croissance continuelle, mais en supplément, j'ai la nette impression que les meurtres sanglants sont perpétrés d'une manière de plus en plus sordide et extravagante. Avec l'étrange sensation que tuer devient aussi banal que de faire ses courses au magasin…

Comme si, à leurs yeux, la nature humaine ne représente plus rien. Il est indéniable que nous venons de franchir un cap en basculant dans le néant.

Victoire ne faisait que relater la violence constatée en treize ans sur la capitale où l'Homme n'avait, semble-t-il, plus aucune considération ni moindre respect envers son prochain. Plus de codes, plus de barrières, le tout pour le tout, allant même parfois à tuer pour récupérer quelques euros. En cause, la montée des narcotrafiquants, les hausses des prix ayant propulsé bon nombre dans la précarité, avec ce besoin de survivre qui avait engendré la violence exacerbée des délits et meurtres à la hauteur de la crise existentielle. Étranglé, au bord de l'asphyxie, l'instinct animal reprenait le pouvoir sur l'esprit et la raison, expliquant que n'importe qui était capable de franchir la frontière de la morale pour commettre l'irréparable. Uniquement par besoin. Pour sa survie.

— Triste monde que nous allons laisser à nos générations futures ! souligna Marco, amer.

— Oui, comme tu dis… Mais ne voyons pas tout en noir, on peut toujours espérer que les choses évoluent dans le bon sens.

Elle n'eut pas le temps de développer, le commandant leur demanda d'intervenir sur le braquage à l'arme de poing de la pharmacie du centre de Perpignan. Apparemment, le malfrat n'avait pas fait usage de son arme et personne n'avait été blessé…

En fin de journée, sur le trajet du retour, Victoire fit un crochet par la gendarmerie de Thuir pour récupérer le dossier de l'affaire des *Disparues de l'A9*. Vincent avait tenu parole, il avait contacté le pôle *Cold case* à Nanterre, mais la réponse donnée ne correspondait pas vraiment à leurs attentes. Assise en amazone sur le coin du bureau, la boxeuse observait son ami. Ce soir, dans son uniforme, elle trouvait son ventre, habituellement plat, un peu trop proéminent. Nul doute que sa récente nomination à la tête de la B.T. de Thuir lui octroyait beaucoup moins de temps libre pour s'entraîner… ou alors les petits plats entre amoureux commençaient à lui profiter.

— J'avais vérifié au préalable, la dernière audition était bien celle de l'assistante sociale intervenue au domicile des Rodriguez, en date du jeudi 25 novembre 2004. Et le substitut du procureur m'a confirmé ce que je craignais. Le pôle peut toujours essayer de relancer le dossier mais sans élément nouveau à apporter, il n'y a pratiquement aucune chance d'aboutir…

Ses propos ne faisaient que conforter les préoccupations de Vic. Il fallait tenter de trouver ces corps si toutefois ils avaient bien été enterrés. Elle se leva et frotta ses mains énergiquement, bien décidée à booster leur démarche.

— Je m'attendais à pire. C'est loin d'être négatif, comme tu le laissais présumer. Je trouve, au contraire, qu'il nous encourage à fouiner et à trouver un fait nouveau dans l'expectative de nous aider à rouvrir le dossier. C'est donc une excellente nouvelle ! s'enthousiasma-t-elle, motivée et regonflée à bloc. Mais maintenant, on a du pain sur la planche !

Tout pouvait être envisageable, car avec un peu de chance, ils pouvaient recueillir un nouveau témoignage inopiné ou même, grâce à l'évolution dans le domaine de la criminalistique depuis trente ans, approfondir les analyses des indices en leur possession. Debout, campée sur ses jambes prêtes à bondir, elle tendit la main en attente de réceptionner les photocopies du dossier. Vincent lui tendit la pochette mais avant de la lâcher, il tenait à la mettre en garde :

— On est bien d'accord… Tu le consultes, on en discute, mais tu ne tentes rien, absolument rien. Tu n'es pas sur cette affaire, alors tu ne bouges pas une oreille sans m'en informer au préalable, insista le gendarme en la fixant du regard.

— Mais oui, t'inquiète ! balaya-t-elle ses recommandations d'un revers de la main. C'est juste pour tenter de trouver la faille. Car tu sais comme moi qu'un regard neuf dans une procédure peut être salvateur…

Elle récupéra le dossier en l'arrachant presque des mains de son ami.

— Au fait, j'ai deux questions : la première concerne la période des enlèvements. Si le type a été repéré au Village Catalan et aux abords des centres de vacances, uniquement en plein été, ne serait-il pas envisageable qu'il s'agisse d'un vacancier de passage. Cette théorie expliquerait pourquoi il aurait agi en juillet et surtout l'échec de tes collègues à trouver des éléments sur lui. Les grandes affaires criminelles l'attestent, il n'y a rien de pire que des meurtriers itinérants…

Vincent appréciait les qualités indéniables d'enquêtrice de son amie. Il se félicitait de l'avoir motivée à envoyer son dossier d'inscription aux concours de police et gendarmerie, en parallèle aux siens. Son hésitation aurait pu lui coûter cher, et son refus une belle erreur, car elle était vraiment faite pour ce métier.

— Même si ton idée tient la route pour les premières années, ça coince avec l'été 97.

De sa main, Victoire masqua le sourire qui se dessinait sur son visage, mais le gendarme eut le temps de l'apercevoir. Elle l'attendait au tournant et le prouva en exposant sa réplique immédiate :

— Sauf si, justement, cela pouvait nous aiguiller sur la profession du criminel ! Imaginons que son employeur l'ait empêché de prendre sa période habituelle de vacances, l'obligeant à fractionner une partie en juillet et la seconde en août. Selon toi, dans quelle profession fonctionne-t-on ainsi ? interrogea-t-elle Vincent en poursuivant sans lui laisser le temps de répondre. Une telle nécessité de service en plein été m'incite à penser au milieu policier ou militaire !

Après l'assentiment du capitaine, il leur restait à définir la période estivale déterminée en fonction de la tentative d'enlèvement de Victoire le 17 juillet et la disparition d'Angels Rodriguez le 17 août. Les deux fins limiers s'accordèrent pour la première quinzaine du mois d'août.

— Si on a vu juste, ce criminel aurait traversé les P.O. au cours de la seconde quinzaine de juillet, puis serait revenu travailler début août pour repartir en vacances aux alentours du 15.

— Je vais me pencher sur les activités début août 1997, afin d'y déceler un évènement inhabituel, genre sportif ou cérémonie religieuse…

— Bonne idée. Sinon, tu sais si une recherche des autres corps a été entreprise à proximité de la sépulture d'Angels ?

Vincent hocha la tête, les lèvres pincées de désappointement.

— Oui, la scientifique a sondé le terrain mais ça n'a rien donné.

— Au moins, on est fixés. Bon, je te laisse, j'ai eu une journée quelque peu harassante aussi bien au niveau professionnel que psychologique… Allez, bises, à bientôt.

De retour à son domicile, avant que la nuit noire ne se répande sur les Aspres, elle s'empressa d'enfiler sa tenue de jogging, équipa Mec de son harnais, et elle partit courir à travers les vignes à perte de vue. Le sport dans sa vie représentait son équilibre, le seul moyen d'éviter de se morfondre face à la violence quotidienne de son métier. Et ce soir, plus que jamais, elle ressentait le besoin de se vider l'esprit de toutes les horreurs engrangées au fil de la journée. Pendant que son berger allemand, la truffe au ras du sol, la langue pendante, allait et venait dans toutes les directions, elle continuait de tracer sa route, enivrée par le son de *Lonely with Our Love* de Charlotte Cardin, contrôlant de temps à autre son cardiofréquencemètre afin de cibler ses phases d'entraînement.

Après la douche, elle se prépara une omelette puis la dégusta accompagnée de pâtes. Quand elle *attaquait dans le dur*, les protéines lui fournissaient l'énergie nécessaire pour faire face à la charge de travail intensif. Tout en mangeant, dans le calme absolu, Mec couché sur le dos, les quatre pattes en l'air, lové contre ses pieds, elle consulta le dossier. Un point lui avait échappé lors de sa première lecture. Le père d'Angels Rodriguez, conducteur de travaux dans une entreprise de macadam, intervenait régulièrement à l'époque sur l'A9, à la demande de l'État, avant sa privatisation.

Comme par hasard, le criminel enterre sa victime sur une aire d'arrêt d'urgence de cette même autoroute ! Et si un lien existait entre les sépultures et les professions des pères des victimes ?

12

Même si son idée saugrenue aurait pu s'avérer séduisante, Victoire s'était vite rendu compte que, parfois, son imagination débordante avait ses limites. Dès le lendemain, sur le trajet du commissariat, elle s'était empressée de vérifier en se rapprochant de la boulangerie du père de la deuxième victime, située à Ponteilla. Sur place, elle avait constaté que le bâtiment rasé avait laissé place à une nouvelle résidence. Ce genre de construction ayant nécessité des fouilles et des fondations en profondeur, elle dut se rendre à l'évidence que si un corps avait été enterré à cet endroit, il aurait resurgi au cours des travaux. Déçue, elle avait repris la route, l'esprit en berne… sans toutefois *lâcher l'affaire* aussi rapidement.

Combien de fois avait-elle pu le constater dans son métier, ou entendu dans les médias, qu'une victime enterrée ou immergée finissait toujours par réapparaître un jour ou l'autre ? Soit grâce à la nature, suite par exemple à des mouvements de terrain, soit par des variations climatiques avec des pluies torrentielles ou la fonte des glaces, soit à cause d'animaux qui grignotent et détériorent l'enveloppe du corps ou même les déterrent des sépultures. Suffisamment de raisons pour espérer retrouver en trente ans ces cinq dépouilles d'adolescentes…

Et là, rien !

Le regard rivé sur la route, Victoire s'efforçait de réfléchir tout en restant vigilante au trafic matinal dense. Pour rester concentrée et pragmatique, elle raisonna à voix haute :

— Ou alors, si ces dépouilles n'ont jamais été découvertes, c'est tout bonnement parce qu'elles étaient bien protégées. Sous une dalle de béton, au fond d'une cave poussiéreuse et sordide à souhait, ou sous…

Son élan d'inspiration eut raison d'elle. Après avoir étudié tous les cas de figure, eau, mer, montagne, champs, son stock semblait épuisé. Résignée, prête à capituler, ses yeux se posèrent soudain sur un camion de travaux publics stationné sur le bas-côté de la route, source des encombrements. En le longeant, son attention fut comme aimantée par les chasubles de couleur orange des ouvriers en train de reboucher une saignée sur la chaussée.

— … sous du macadam ! finit-elle par en déduire d'une manière aussi évidente que naturelle. Mais oui ! gesticula-t-elle, fière de sa déduction.

Pourquoi le criminel aurait enterré sa sixième victime différemment des premières ? Vu que personne ne les avait retrouvées au cours des cinq années précédentes, il n'avait aucune raison de modifier son mode opératoire.

Son véhicule garé sur le parking du commissariat, elle entreprit aussitôt des recherches sur son téléphone portable. Le siège social de la compagnie Vinci Autoroute situé à Salon-de-Provence, elle employa l'unique moyen de la contacter en envoyant un message sur la boîte mail. Elle corsa l'objet avec des termes éloquents dans l’espoir d’éveiller les consciences et marquer les esprits : *Urgent. Disparitions mineures. Affaire criminelle en cours.*

Elle qui pensait avoir jeté une bouteille à la mer, persuadée que son message finirait par se perdre dans les méandres administratifs de cette importante société aux ramifications tentaculaires, ou serait lu, dans le meilleur des cas, dans un mois ou deux, reçut un appel téléphonique au moment d’entrer dans son bureau. Comme quoi l’utilisation de termes ciblés, marquants, s’était avérée payante. Vic décrocha sans trop y croire et son interlocutrice transféra la communication à une cheffe de service en mesure de lui indiquer les travaux d’aménagement de l’autoroute A9 entrepris dans les années 90. Elle lui apporta les renseignements nécessaires.

— Effectivement, à cette période Vinci Autoroute n’était pas encore actionnaire du réseau mais j’ai sous les yeux la réfection engagée par l’État sur certains tronçons de l’A9 et quelques aires d’arrêt d’urgence endommagées par des mouvements de terrain dus aux conditions climatiques, aux intempéries, mais également aux racines des arbres.

— Si vous pouviez, je serais intéressée par un listing des dates et emplacements de ces travaux. J’ai cru comprendre qu’un sous-traitant était en charge de cette remise en état.

Son interlocutrice lui confirma le nom de l’entreprise, Bitume P.-O., spécialisée dans le goudronnage et les enrobés à chaud et à froid.

Celle où travaillait le père d’Angels !

À peine avait-elle remercié la responsable et raccroché que Victoire allumait son ordinateur et ouvrait dans la foulée sa boîte mail, sans même avoir salué ses collègues. Le temps de retirer son blouson en jean, de l’accrocher au porte-manteau, et de ranger son arme de service dans le tiroir, elle recevait le document demandé. Debout, les bras en appui sur le bureau, absorbée par l'écran, elle consulta aussitôt le listing. Son indifférence offusqua Marco.

— On pue de la gueule, ce matin ? l'asticota le policier, sur un ton amer.

Par comparaison avec les notes relevées sur son calepin, Vic cherchait déjà des concordances de dates entre les travaux et les disparitions mais, de prime à bord, rien ne lui sautait aux yeux. Si imprégnée que rien ni personne ne pouvait la détourner de sa tâche.

— Oh, tu nous mets au parfum au moins ? beugla Tintin.

Le brigadier-chef Dominique Martin, représentait l'archétype du Catalan local, ronchon, têtu, mais toujours jovial. Âgé d'une cinquantaine d'années, aux allures de gitan par son gabarit ramassé au ventre proéminent et son teint bronzé, il avait un accent du Sud si prononcé qu'il donnait envie de l'écouter à foison raconter ses histoires à dormir debout. Tellement folles que parfois certains doutaient de ses origines, les imaginant plutôt marseillaises. Chef de la cellule, il espérait obtenir son grade de major au prochain tableau d'avancement et voulait éviter de faire des vagues, du genre ressac susceptible de lui coûter sa promotion… Dès son arrivée, Victoire avait rapidement cerné ses deux collègues. D'un côté, Tintin désireux de tout contrôler, et de l'autre Marco, son sbire attitré, qui lui faisait remonter la moindre information même sans intérêt… Alors, même si le binôme l'avait bien accueillie, elle savait qu'il la gardait à l'œil car dans l'inconscient collectif, lorsqu'un flic débarquait de Paris, il avait la réputation *d'étaler sa science infuse*. Raison pour laquelle la boxeuse conservait une certaine distance, par mesure de prudence, en ne laissant filtrer que les informations nécessaires à la bonne marche du service. *À toutes fins utiles,* selon le jargon policier.

— T'es sur un coup ? insista Marco.

Le trentenaire tirait nerveusement sur sa cigarette électronique, avachi dans son fauteuil, les pieds posés sur le bureau. Une attitude désinvolte qui, dès le matin, démontrait son engouement pour le travail… Dans sa position, enveloppé par la fumée épaisse de sa vapoteuse, avec ses cheveux bruns, longs et bouclés, agrémentés de ses yeux cernés et de sa barbe mal entretenue, il ressemblait à s'y méprendre au fumeur de shit, *client* habituel des policiers, juste bon à être interpellé.

Plongée dans ses chiffres et les correspondances qui ne s'imbriquaient pas comme elle le souhaitait, Victoire grimaça en dodelinant de la tête. Marco l'importunait. Elle esquiva en toisant ses collègues l'un après l'autre :

— Vous n'avez rien sur le feu, les gars ? renversa-t-elle la vapeur, en appliquant l'adage que la meilleure défense était l'attaque.

Sa réplique produisit l'effet escompté puisque Marco, piqué, se redressa illico sur son fauteuil, alors que son chef de cellule lui lançait un regard foudroyant.

— Oh, la gamine ! Tu viens à peine de débarquer à Perpi, t'as encore du lait au bout du nez et tu la ramènes déjà !? la fustigea-t-il avant de se rencogner sur son siège.

Victoire encaissa. Elle l'avait cherché, elle l'avait trouvé. Sans se démonter, elle poursuivit :

— Rien de personnel, chef, c'était une boutade.

— J'avais bien compris, admit Tintin, même si Vic crut voir son nez s'allonger. Et moi j'aimerais savoir ce que tu complotes, revint-il à la charge, la curiosité débordant par tous ses pores.

— Aucune inquiétude à avoir, rien en rapport avec notre taf. C'est du perso. J'essaie d'aider une amie à trouver un truc dans le sol, inventa Vic en restant le plus vague possible pour se dépêtrer de la situation.

Sur sa lancée, alors qu'elle se triturait les méninges à la recherche d'une idée lumineuse, Marco arriva à la rescousse sans le savoir.

— Elle a dans l'idée de faire des travaux, ou de construire une maison et elle a besoin de sonder le terrain ?

— Oui, c'est exactement ça ! rétorqua Victoire, un sourire lui déformant le visage. Je cherchais les termes adéquats.

— Rien de sorcier, elle fait intervenir un géomètre et *basta* ! conseilla-t-il en balayant l'air de sa main comme s'il chassait une mouche. Tiens, tu devrais lui conseiller *Brice de Nice*, le beau surfeur d'hier qui t'avait à la bonne.

Fier de lui, à l'intention de son chef, Marco cria « Cassé ! » en traçant une diagonale imaginaire avec son bras, puis, plié en deux dans son fauteuil, se força à rire à gorge déployée. Le genre de blague qui exaspérait Victoire. Elle feignit de ne pas relever en s'installant à son bureau quand Tintin, tout sourire et les larmes au bord des yeux, l'interrompit d'un geste de la main. Elle devait accompagner Marco à la clinique psychiatrique où Nathan Perrera, le criminel de la veille, était suivi. Elle récupéra son arme de service dans le tiroir et gicla de son bureau, convaincue que prendre l'air lui ferait le plus grand bien.

13

Vingt minutes de trajet et le véhicule de service se stationnait sur le parking de la clinique psychiatrique de Thuir. Ancien hôpital public, l'établissement s'était privatisé en 2015, offrant aujourd'hui plusieurs services dont celui du suivi médico-psychologique. Les derniers travaux entrepris s'étaient éternisés suite à des problèmes de budget, mais l'aile côté ouest venait enfin d'être achevée, offrant depuis peu une morgue capable d'accueillir les dépouilles en instance d'expertise médico-judiciaire avant leur transfert à l'IML de Montpellier. Une belle avancée pour le département des Pyrénées-Orientales.

Dès leur arrivée, l'hôtesse d'accueil dirigea les deux policiers vers le service de psychiatrie dirigé par le docteur Baixàs. Victoire sursauta à l'évocation de ce nom qui ricocha sur les parois de son cerveau à la vitesse d'une boule de billard… Un souvenir jaillit de sa mémoire en la replongeant plus de trois ans en arrière, dans l'enquête des familles kidnappées. Embarquée dans cette sombre affaire, d'une extrême violence, dès son retour dans les P.-O., elle avait réussi à démasquer les criminels en aidant son ami gendarme. Deux mois après son départ pour Paris, Vincent l'avait informée de la mort de la Bête, abattue par des chasseurs.

Son père, médecin généraliste à Prades, avait cessé son activité pour s'isoler dans le bas du massif du Canigou afin d'échapper aux regards dérangeants sur sa progéniture « différente », véritable bête de foire à leurs yeux. Une famille de médecins très réputée et appréciée dans la région car les deux autres fils, Bernard et Joël, exerçaient également dans le milieu médical. Sans les avoir rencontrés, elle qui souffrait de ne pas connaître ses parents, se souvenait avoir ressenti de la haine envers ces deux professionnels de santé qui avaient abandonné leur père et leur frère à leur propre sort… Le corps de la Bête ayant été enterré dans la fosse commune du cimetière, une colère noire l'envahit avant même de rencontrer Bernard Baixàs. Elle prit une profonde inspiration et verrouilla fermement sa mâchoire pour tenter de la contenir.

Vêtu d'une blouse blanche, le médecin, âgé d'une cinquantaine d'années, accueillit les policiers dans son énorme bureau à l'aspect très conventionnel. Une bibliothèque en chêne massif exposait des collections de livres médicaux aux reliures dorées, et les deux buffets bas arboraient des photographies de l'éminent spécialiste en compagnie de célébrités et de personnalités issues du monde politique. Derrière lui, trônaient sur le mur plusieurs diplômes de médecine encadrés, utiles pour rappeler aux visiteurs sa sommité dans le domaine de la psychiatrie. L'homme dégageait une autorité naturelle froide et suffisante. Amalgame de son visage émacié fermé et de sa stature athlétique lui donnant une aisance féline. Malgré le dossier du nommé Nathan Perrera en sa possession, posé devant lui sur le bureau, le spécialiste refusa de communiquer la moindre information sur son patient, se retranchant derrière le secret professionnel. Marco ne pouvait se résoudre à en rester là.

— Je ne comprends pas votre attitude, docteur. Il va être expertisé à la demande du parquet, donc on finira bien par en prendre connaissance.

— Permettez-moi d'en douter. Le rapport sera remis en main propre au procureur, vous ne risquez donc pas d'en être destinataires.

Déstabilisé par son manque caractérisé de coopération, Marco réalisa que le spécialiste ne leur apporterait aucun élément utile à leur procédure. Dans l'optique de gagner du temps, il s'apprêtait à se lever quand Victoire intervint :

— Vous pouvez au moins nous dire si M. Perrera jouissait de toutes ses facultés au moment de commettre cet homicide.

Le médecin croisa les bras et la couvrit d'un regard vide d'exaspération. Il lui donna la sensation d'être demeurée.

— Croyez-vous vraiment qu'un fils qui éviscère sa propre mère, ouvre ses entrailles et lui arrache le cœur pour le dévorer, agit d'une manière rationnelle ?

— Je ne sais pas. Ici, le spécialiste, c'est vous ! trancha Vic. D'ailleurs, vous suiviez M. Perrera depuis plusieurs années si je ne me trompe… Vous étiez donc aux premières loges pour estimer si ce patient ne présentait aucun risque pour autrui ou pour lui-même. À moi de vous retourner la question : au vu des atrocités qu'il vient de perpétrer et des dangers encourus pour la société, fallait-il réellement le laisser sortir ? l'interrogea-t-elle, bien décidée à ne pas se laisser impressionner.

Du coin de l'œil, Marco fusilla sa collègue du regard. Il n'appréciait pas sa démarche trop rentre-dedans qui manquait cruellement de diplomatie. La suite lui prouva que, parfois, bousculer les principes pouvait s'avérer payant.

Renfrogné suite à l'attaque frontale, Bernard Baixàs se recala dans son fauteuil avant de prêcher pour sa paroisse :

— L'étude psychiatrique d'un patient est loin d'être une science exacte. Les plus éminents spécialistes vous diront que les troubles de la personnalité et les excès d'humeur peuvent évoluer en une fraction de seconde. Nous pouvons tenter de les anticiper, voire de les endiguer, mais parfois, si la posologie du traitement n'est pas respectée, tout peut basculer.

Selon lui, Nathan Perrera avait subi des bouffées délirantes, le genre de coup de tonnerre brutal dans un ciel serein. Un changement radical de comportement, si intense et imprévisible, qui expliquerait pourquoi la mère du patient n'aurait pas eu le temps d'alerter la clinique, ni les forces de l'ordre, ni même un proche.

Alors que les policiers venaient de recueillir les prémices de son expertise et attendaient religieusement la suite, le psychiatre s'arrêta net, estimant s'être trop épanché sur le cas Perrera... Son laïus terminé, il déplia sa grande silhouette et se dirigea droit vers la porte de son bureau qu'il ouvrit avec nonchalance. Sans mot dire, en ouvrant le bras en direction du couloir, il les congédia. D'un signe de la tête, Marco invita sa collègue à le suivre, mais évita de saluer le médecin en passant devant lui. Quand vint son tour, Victoire, elle, s'arrêta net à sa hauteur, ne pouvant s'empêcher de balancer un dernier pique, histoire de partir la tête haute. Elle leva le regard comme si elle observait un gratte-ciel et lâcha sur un ton acerbe :

— Avant de vous laisser, j'aimerais savoir ce que vous avez éprouvé lorsque la police vous a informé de la mort de votre père, vivant seul comme un ermite, abandonné par les siens et mort dans les flammes de son cabanon ? Sans doute une peine immense, identique à celle ressentie à la mort de son fils, votre frère cadet, exclu de la famille tel un rebut de la société, ayant vécu enchaîné toute sa vie comme une bête et abattu, telle quelle, par des chasseurs… Deux malheureux décédés dans l'indifférence absolue de leur famille. J'espère que votre conscience vous tiraille la nuit et que leurs fantômes vous empêchent de dormir…

De sa tour d'ivoire, le médecin baissa les yeux sur ce *moucheron* qui osait le défier. D'une voix empreinte à la fois de mépris et de condescendance, il accentua le fossé existentiel entre leurs deux mondes.

— Mademoiselle, continuez à vous occuper des chiens écrasés et laissez-moi tenter d'améliorer la nature humaine. Mon temps est précieux, je n'ai que faire de vos sarcasmes ! Sortez ! haussa-t-il le ton en désignant le couloir de l'index.

À cet instant précis, ses poings fermés à hauteur de l'entrejambe du spécialiste, Victoire ressentit l'envie soudaine de lui asséner un uppercut dans ses parties intimes. Comme si Marco avait senti le vent venir, il l'agrippa par l'épaule et la sortit *manu militari* du bureau.

Les deux policiers marchaient d'un pas alerte dans l'allée en direction du hall d'entrée quand sa colère rejaillit. Stoppé net dans son élan, il invectiva sa collègue sans ménagement :

— Il te manque une case, ou quoi ?! Tu t'adresses à un médecin réputé, chef de service de la clinique psychiatrique, pas à un petit dealer de banlieue parisienne !

— Pour moi, c'est du pareil au même ! recadra Vic. Fumier en col blanc ou vendeur de shit, personne ne me crache dessus !

Marco leva les yeux au plafond et accéléra, empressé de sortir de la clinique. Victoire lui emboitait le pas quand ils croisèrent un groupe de patients rentrant visiblement d'une sortie dans le parc. Une vieille dame, cheveux blancs ébouriffés, le teint livide et les yeux hagards se mit à gesticuler en la voyant. Elle s'adressa à elle, surexcitée :

— Maria, Maria !

La policière resta stoïque, bouleversée d'entendre le prénom de sa mère adoptive. Replongée en une fraction de seconde dans ses souvenirs d'enfant, du temps où elle vivait à Vinça, la personne âgée la ramena dans le présent en s'avançant vers elle.

— *Ei Marieta, estic tan contenta de veure't !* (Ho petite Maria, que je suis contente de te revoir !)

— *Ens coneixem ?* (On se connaît ?) rétorqua Vic, surprise de s'entendre prononcer des mots catalans.

— *Per cert ! I no has canviat gens... Bonica com ets, segur que en fas encara bategar de cors !* (Bien sûr ! Et tu n'as pas changé... Belle comme tu es, tu dois encore en faire chavirer des coeurs !) renchérit la patiente, arrivée à son contact.

Victoire, qui n'avait pas dialogué en Catalan depuis bien longtemps, était encore en train de traduire les propos de la vieille dame que cette dernière tendit la main pour la toucher. Sortie de sa léthargie passagère, la boxeuse, par réflexe attendrissant, recouvrit sa main de la sienne. Aussitôt, elle reçut un flash en pleine face, si intense qu'il lui brûla la rétine. Sans prévenir, comme d'ordinaire depuis son plus jeune âge, son hypersensibilité médiumnique venait de lui jouer un tour dont lui seul avait le secret. Outre le fait d'être insensible à la douleur, elle ressentait en revanche tout ce que les autres ne percevaient pas. Soudain sous ses yeux écarquillés, apparut un paysage escarpé, décor somptueux entouré de vignes, où plusieurs personnes s'affairaient à récolter les grappes de raisin sous une chaleur écrasante, avec en arrière-plan un énorme mas provençal d'une blancheur immaculée… Quand l'une des accompagnatrices s'interposa en récupérant le bras de la patiente, le lien coupé mit fin à sa vision. D'un regard empli d'empathie, elle s'excusa :

— Désolée. Ne faites pas attention, Rosy a perdu la tête, elle croit reconnaître tout le monde…

Mais la vieille dame revint à la charge, le regard ô combien inquiétant.

— *Quan l'ós atacarà el ramat, caldrà alliberar la pobra bèstia de sa gola i tenir força ! Extreu la teva del Pare Etern per l'envol de l'àguila i deixa't guiar pel llop…* (Quand l'ours attaquera le troupeau, il faudra délivrer la bête de sa gueule et avoir de la force ! Puise la tienne dans l'Éternel par l'envol de l'aigle et laisse-toi guider par le loup…)

Quelque peu estourbie, ses instincts de policière lui permirent de garder le contrôle. Elle voulait en savoir plus sur cette dame.

— J'ai la vague impression que madame m'a confondue avec Marie, ma mère, débuta-t-elle pour amadouer la professionnelle de santé. Vous savez si Rosy a vécu dans le Conflent ?

— Elle est originaire du Haut-Vallespir et ne l'a jamais quitté. Elle habitait du côté de Saint-Laurent-de-Cerdans, répondit la soignante.

Victoire l'observa et lui rendit son sourire. La pauvre dame semblait déjà partie dans d'autres contrées, à la recherche d'un autre visage, d'une autre amie, disparue dans ses pensées mais si réelle lors de ses brefs instants de lucidité. La policière jugea inutile d'insister, réalisant ses chances bien minces d'avoir croisé, un jour, la route de Marie. Elle remercia l'accompagnatrice et détourna les talons pour rejoindre Marco qui trépignait d'impatience, le fessier sur le capot du véhicule de service. À 10 h 13, le soleil de cette fin d'automne tapait encore comme en plein mois de juillet. Les 24°C obligèrent les deux policiers à retirer leurs blousons et à les balancer à l'arrière de la voiture avant de grimper à bord.

Ils quittèrent le parking sans avoir remarqué l'attitude suspecte du conducteur d'un 4X4 Toyota, qui, discrètement, avait photographié la boxeuse avec son téléphone portable.

Le retour au commissariat se déroula dans le calme plat. Leur altercation avait laissé des traces. Et des amertumes. Marco, au volant, n'avait pas décroché un seul mot. Campé sur ses positions, il estimait que la manière de procéder de sa collègue *parisienne* risquait de remonter aux oreilles de sa hiérarchie et qu'il en paierait inévitablement les conséquences. De son côté, Vic n'en démordait pas. Son mode de fonctionnement n'avait jamais heurté qui que ce soit en treize ans de terrain sur la capitale, alors hors de question de changer son fusil d'épaule sous le seul prétexte d'exercer aujourd'hui dans le Sud… Mais à y réfléchir, elle devait reconnaître que depuis son arrivée, elle démarrait au quart de tour, les nerfs souvent à fleur de peau. En cause, ses recherches sur son père qui pour le moment s'enlisaient et devaient la miner inconsciemment, ou alors la fatigue de ses missions, combinée à celle de ses entraînements, qui perturbait son métabolisme… Elle se promit d'y songer sereinement afin d'éviter, à l'avenir, de reproduire l'épisode de la clinique. Victoire admit ses torts et décréta, au final, que Marco avait raison, elle avait dépassé les bornes. Même si ce psychiatre méritait une bonne leçon de morale, au regard de son comportement odieux vis-à-vis de ses proches, elle n'aurait pas dû agir de cette manière.

Dire que tu as failli le frapper dans les couil…

Sa bêtise illumina son visage d'un sourire malgré la tension pesante dans l'habitacle. Pour éviter une méprise de son voisin, elle tourna la tête côté extérieur. Le nez collé à la vitre, elle s'émerveilla de la beauté des paysages et des villages traversés, aux couleurs chaudes encore estivales… mesurant sa chance de travailler dans un tel cadre naturel, entre mer et montagne, sous un ciel azur.

La journée s'était déroulée avec deux interventions significatives du mal-être existentiel de la population. En début d'après-midi, les deux policiers étaient intervenus dans une boutique de prêt-à-porter féminin pour constater le vol commis par une employée. Après l'avoir soupçonnée depuis deux mois, la patronne avait enfin la preuve de son méfait. L'argent dérobé dans la caisse fut retrouvé illico dans le sac à main de la jeune fille. Une somme de deux cents euros en billets de vingt et dix euros marqués des initiales de la gérante du magasin, pour un préjudice total de mille trois cents euros depuis le début des vols. L'employée, une étudiante en Fac de droit, bénéficiant d'une bourse d'études insuffisante pour s'alimenter, travaillait en dehors de ses cours afin de subvenir à ses besoins. Placée en garde à vue, ce soir elle serait hébergée et nourrie par l'État, voyant s'envoler ses espoirs de devenir un jour avocate…

La seconde intervention, en milieu d'après-midi, concernait une rixe entre un dealer et un toxicomane dans le quartier Saint-Jacques. Insatisfait de la transaction, estimant avoir été lésé sur la quantité de cannabis, l'individu avait balancé *ses vendeurs de rêves* aux services de police qui étaient intervenus en force dans le secteur. Sur place, les collègues de la BAC avaient réussi à interpeller plusieurs jeunes, du guetteur au rabatteur, au charbonneur, jusqu'au lieutenant à la tête du point du deal, trouvés en possession d'une quantité infime de pochons. Le toxicomane ayant désigné aux policiers la nourrice, à savoir le coffre d'une

Peugeot en stationnement, la présence d'un OPJ était requise pour une fouille du véhicule en bonne et due forme.

Un quart d'heure plus tard, Victoire et Marco procédaient à la saisie de cinq cents grammes de cannabis, deux kilos d'herbe et cinquante grammes de 3-MMC[11], quand une horde de jeunes surgit et les agressa à l'aide de mortiers d'artifice. Pris de cours, les policiers utilisèrent leur flash-ball pour protéger leur fuite vers les véhicules et réussirent à embarquer les six interpellés. Grimpés à bord, le cortège de voitures, sirène hurlante, s'extirpa au plus vite des ruelles du quartier Saint-Jacques avant que la situation ne dégénère. Au cours du repli, deux gardiens de la paix avaient été touchés, dont un sérieusement brûlé à la jambe. Des situations devenues hélas récurrentes depuis quelque temps dans les QRR[12] sur l'ensemble du territoire national.

Au SLPJ, Vic et Marco s'occupèrent des auditions de tous les protagonistes qui, bien entendu, niaient toute implication dans un quelconque trafic de drogue, malgré les petites coupures en numéraire importantes et les pochons trouvés en leur possession. Ne restait que le témoignage du toxicomane, représentant un atout aussi accablant que mince au niveau du parquet… Plutôt qu'un consommateur accro et dépendant, la justice aurait préféré entendre les résidents de la cité, mais les policiers savaient pertinemment qu'aucun ne s'exprimerait sur le sujet, par peur de représailles.

Le soir venu, harassée par ses heures devant l'ordinateur, face à ces jeunes âgés de 16 à 22 ans, experts en *pipeau* qui, même la

11. Méthylméthcathinone, drogue de synthèse assimilée aux effets de la cocaïne et des amphétamines.

12. Quartiers de reconquête républicaine.

main dans le sac, *chiquaient* continuellement, Victoire aspirait à rentrer chez elle et se détendre dans un bon bain chaud rempli de mousse. En descendant, prête à quitter le bâtiment, elle entendit quelqu'un héler son prénom. Quand elle reconnut le timbre de voix d'Enric, le souvenir de leur entraînement programmé l'impacta de plein fouet. Les yeux fermés, elle bascula sa tête en arrière de désespoir, ne pouvant se résigner à faire faux bond à ce collègue si motivé…

Faut y aller ma grande ! Sois forte…

Une heure. Ils mirent exactement une heure à se déplacer, à esquiver et à se porter des coups, avec des hauts et des bas, en fonction des attaques ciblées de « *El Veneno*[13] » qui démontrait, à travers ses touches, les faiblesses de son adversaire. Une ouverture de garde suffisait parfois à la transpercer et l'atteindre en pleine face ou le retrait du mauvais pied entraînait un déséquilibre qui favorisait le crochet au foie. Enric encaissait sans rechigner. Au contraire, à la surprise de Vic, il en redemandait dans l'optique d'engranger le maximum d'informations pour progresser.

La fin approchait. La fatigue aidant, il se fit malmener au point d'être débordé par la lionne catalane. Instant fatidique où les réflexes du pratiquant de jiu-jitsu brésilien refirent surface. Il ceintura Vic, crochcta sa jambe et la fit tomber en arrière en se laissant tomber sur elle. Sous le choc de l'impact, la tête de Vic percuta le sol violemment, lui déclenchant une grimace. Kinesthésique, à savoir insensible à la douleur, elle voulait juste attirer l'attention de son adversaire sur sa technique cavalière et non appropriée. Mais l'inquiétude gagna Enric. Les gants retirés *illico*, il s'empressa de vérifier l'état de sa nuque en y glissant

13. Le poison en espagnol, surnom de Victoire sur le ring.

ses mains. Incliné, il approcha son visage de celui de Vic afin de mieux voir, moment où la boxeuse lui asséna un crochet au niveau de la tempe. Déséquilibré par la frappe, il se rétablit à deux mètres d'elle après un roulé-boulé sur le côté. À genoux, il se frotta la face, décontenancé, en observant Victoire se relever. Furax, elle le foudroya du regard.

— Là, tu viens de perdre des points... J'aime pas trop ce genre de manière ! l'incendia-t-elle en dénouant ses gants.

D'un geste énervé, elle les jeta dans son sac puis disparut dans les vestiaires laissant Enric, au sol, toujours sous le coup de sa réaction. À force de réfléchir à son emportement si soudain, il réussit à en déceler les raisons en sortant de la douche. Les deux mains autour de son cou, sa bouche se rapprochant de la sienne, elle s'était sans doute imaginé qu'il allait l'embrasser... Une simple méprise qui risquait de jeter un froid entre eux.

Il s'habilla en quatrième vitesse et, ne la voyant pas sortir, s'aventura dans le vestiaire des filles. À peine attendait-il devant les sanitaires que Victoire sortait, les cheveux en bataille. Son visage fermé et son regard en coin déstabilisèrent d'emblée le policier, le réfrénant à se prononcer. Elle lui coupa l'herbe sous le pied en attaquant la première :

— Non content de forcer les gonzesses à t'embrasser, tu les reluques sous la douche ! Bravo ! balança-t-elle en décrochant une moue significative.

— Tu te méprends sur mon compte, jamais je n'aurais osé te faire un truc pareil ! se défendit enfin Enric. Je voulais juste vérifier l'état de ta nuque suite au choc... Loin de moi l'intention de...

Face au miroir, Victoire faisait mine de l'ignorer en essayant, du bout des doigts, de redonner forme à sa tignasse. Sa tentative de réconciliation ayant fait chou blanc, d'une voix apaisée, il tenta une autre issue propice au rapprochement :

— Ce serait dommage de se quitter sur un malentendu… Je t'invite à boire un verre pour te remercier de m'avoir consacré du temps ? L'occasion d'effacer cette méprise…

Vic daigna enfin tourner la tête pour le contempler, sans se laisser attendrir par son visage empreint de culpabilité. Elle ramassa son sac, inséra son bras dans une des sangles et l'épaula, avant de se décider à répondre :

— Non, désolée, je dois rentrer m'occuper de mon Mec ! Allez, *ciao* !

D'un signe de la main, elle salua Enric, le laissant en plan dans les vestiaires. Personne ici ne connaissait l'existence de son berger allemand, elle pouvait donc continuer ce subterfuge qui lui avait permis d'éloigner, pendant plusieurs mois à Paris, les lourdingues du boulot… même si là, maintenant, elle avait un petit pincement au cœur de devoir quitter ce collègue qui semblait réellement affecté par ce quiproquo. Rien de grave en soi, mais se faire désirer faisait également partie du jeu. En son for intérieur, elle espérait qu'Enric ne baisse pas trop vite pavillon et s'accroche, ce qui démontrerait son intérêt, voire plus si affinités.

À jouer avec le feu, tu risques de finir vieille fille ma cocotte ! N'oublie pas que l'horloge tourne et pas en ta faveur…

14

Le soir venu, une fois Mec rassasié après le rituel des jeux, câlins et bisous, Victoire se prépara une petite salade de pâtes avec des légumes et s'installa devant le poste de télévision. Tout en dégustant son mets de fortune, elle zappait, l'esprit ailleurs. À force de chercher un film intéressant, elle finit par tomber sur une chaîne de la TNT qui rediffusait *Les Rivières Pourpres 2,* tirées du roman éponyme de Jean-Christophe Grangé. Le film, commencé depuis quelques minutes, elle débuta son visionnage au moment crucial où du sang s'écoulait d'une cloison dans un monastère... Mur ensuite sondé à l'aide d'un scanner de détection par un technicien de la police scientifique qui fit apparaître l'image d'un corps emmuré.

— Voilà ce qu'il me faudrait, mais pour le sol ! percuta Vic en bondissant si sauvagement qu'une partie de son repas virevolta sur le canapé.

Des denrées loin d'être perdues pour tout le monde puisque Mec, le nettoyeur en chef, les fit disparaître en deux coups de langue. Chez les Rhéexas, pas de gaspillage.

Mais dans son engouement, la policière avait négligé trois paramètres : Le premier consistait à délimiter une zone de recherche, le second à obtenir l'autorisation de sonder le sol, quant au troisième, la pierre angulaire, trouver un scanner de détection... Car impossible de compter sur le soutien des collègues de l'IJ[14], qui, sans l'aval du procureur, ne bougeraient pas le petit doigt pour lui venir en aide et lui fournir l'un de leurs appareils.

À force de se creuser la cervelle, les paroles de Marco sur une éventuelle intervention d'un géomètre refirent surface. Elle repensa au beau blondinet aux yeux bleus, à l'allure de surfeur, qui n'avait pas semblé insensible à son charme, au point de lui laisser sa carte de visite...

Les mecs, en général, sont toujours forts en bouchasse mais une fois qu'il faut agir, il n'y a plus personne. C'est le moment ou jamais de le vérifier !

Pendant que Vic fouinait dans son sac à main, véritable fourre-tout, où même une chatte serait bien incapable d'y retrouver son petit, elle fit un arrêt sur image, se demandant pour quelles raisons, depuis quelque temps, la gent masculine semblait s'intéresser à elle. Ce changement de cap ne pouvait être inhérent à son comportement car elle n'avait pas changé d'un iota. D'ailleurs, elle se reprochait elle-même d'être trop méfiante et toujours sur la défensive envers le moindre prétendant. Alors pourquoi, ce revirement soudain ? La tête inclinée, à l'identique de son chien, quand il s'interrogeait sur ses agissements, elle en déduisit, après s'être creusé les méninges, que sa coiffure en était la seule et unique raison. Un changement radical, puisqu'elle avait laissé pousser ses cheveux et au lieu d'avoir cette allure de garçon manqué, aujourd'hui, elle arborait une belle tignasse brune

14. Identité Judiciaire.

légèrement ondulée… Toute contente d'avoir percé à jour ce mystère à deux balles, elle s'énerva de ne pas remettre la main sur la carte de visite. Elle retourna le contenu de son sac sur le canapé, aidée par Mec, désireux de participer aux recherches du bout de sa truffe. Le numéro de téléphone du géomètre enfin retrouvé, elle l'appela, ignorant l'heure tardive. À la troisième sonnerie, le trentenaire décrocha.

— Victoire Rhéexas, la flic de l'autre jour à qui vous avez remis votre carte de visite, se présenta-t-elle. Vous me remettez ? J'espère que je ne vous dérange pas…

— Euh, non… balbutia Jérôme. Je rentre juste de mon entraînement.

Un point positif, se dit-elle, avant de poursuivre sur sa lancée :

— Vous aviez proposé de m'aider si un jour j'en éprouvais le besoin. Et c'est le cas.

Sans décliner son offre, le géomètre resta sur la réserve, attendant qu'elle lui en dise un peu plus avant de s'engager. Victoire se lança dans des explications sommaires, bien trop imprécises pour que le professionnel puisse répondre à ses attentes. Il reprit la main pour recadrer les choses :

— Déjà, je ne comprends pas pourquoi vous n'arrivez pas à sonder le terrain avec les moyens actuels dont dispose votre police technique et scientifique.

— Si je vous demande de l'aide, c'est tout bonnement parce que ce sera du off… pour le moment, je n'ai aucune autorisation…

Silence. Sa réponse ayant jeté le discrédit sur sa démarche, Vic réalisa qu'elle devait tenter le tout pour le tout pour essayer de le convaincre. Elle balança le poids qu'elle avait sur le coeur en y mettant toutes ses forces de persuasion :

— Écoutez, je ne sais pas comment vous l'exprimer, mais j'ai l'intime conviction que ces gamines ont été enterrées à proximité du Village Catalan, le long de l'autoroute A9. Je le sens ! Et même si le système policio-judiciaire reste insensible à la douleur des familles, toujours dans l'attente, depuis trente ans, de savoir ce qui est arrivé à leur fille, moi j'ai envie de leur venir en aide, de retrouver ces corps…

Son laïus terminé, Victoire prit une grande inspiration. Elle restait inquiète car son interlocuteur ne bronchait toujours pas. Après avoir analysé ses propos, il se décida enfin.

— O.K. J'entends bien votre souhait de percer à jour ce dilemme. Toutefois, si j'ai bien compris, vous ne savez toujours pas dans quel secteur chercher. Ce qui complexifie la problématique. D'autant que mon matériel n'est pas aussi fiable que celui des policiers.

Le géomètre décrivit le champ d'investigation possible avec son radar de sol. Grâce à ses différents passages en surface, l'appareil retranscrivait sur écran, un graphique des mouvements de sol, relatifs à la densité. Comprenant que Victoire n'avait pas saisi l'importance de son explication, il employa des termes simplifiés pour qu'elle réalise le minimalisme de ses compétences :

— En résumé, contrairement à votre matériel qui détecte des objets ou des corps enterrés, moi je ne peux que vous donner un sentiment sur le sol et les mouvements de terrain. À savoir que si une fosse a été creusée pour y enterrer quelqu'un, cela apparaîtra sur l'écran de contrôle…

— Cela me convient parfaitement ! valida Victoire, le sourire aux lèvres.

Faute de pouvoir utiliser un matériel plus performant, cette première étape pourrait au moins entériner ou non sa théorie… Cela valait le coup d'essayer.

— Vous seriez libre samedi matin ? demanda-t-elle enthousiaste à l'idée d'entreprendre les recherches.

Jérôme s'autorisa un temps de réflexion et répondit :

— Oui, je n'ai rien de prévu… Par contre, il faut absolument définir une zone de recherche. Sinon on va y passer le week-end, la prévient-il sur un ton ô combien défaitiste.

— J'ai récupéré des données de la société Vinci sur les travaux entrepris à l'époque par l'État, le rassura Victoire. En me basant sur ces renseignements, je serai en mesure de cibler les endroits spécifiques à sonder. Je vous le promets. On se donne rendez-vous samedi matin à 09h00 pétantes au Village Catalan ! Merci !

Elle raccrocha, ravie d'avoir réussi à convaincre ce géomètre de l'aider pour la bonne cause. Rien ne lui tenait plus à cœur de rendre justice à ces gamines, depuis ce jour où elle avait appris que son père était impliqué dans leur disparition. Vic se sentait comme responsable, avec le poids de cet héritage vérolé, voire pourri jusqu'à la moelle… Sans compter que le fait d'avoir échappé au pire, cette nuit de juillet 1997, lui procurait un sentiment de culpabilité. Elle demeurait la seule en vie… avec les mêmes questions qui lui taraudaient l'esprit en boucle. Pourquoi avait-elle bénéficié de cette chance ? Pourquoi pas l'une des six autres ? Un ressenti étrange qui la poussait à se lancer dans cette quête de la vérité. Alors si au moins elle pouvait avoir la chance de rendre les dépouilles, ou quand bien même les restes mortels, aux familles afin que ces dernières puissent enfin faire leur deuil, cela apaiserait sa conscience. Vic aurait l'impression de s'être rachetée aux yeux du seigneur.

L'esprit serein, elle s'allongea et ferma les yeux, le casque audio sur les oreilles, au son de Mentissa, avec les paroles de sa chanson *Le Bruit du silence* qui résonnaient en elle :

Dis-moi comment
Toi, comment tu fais ?
Avec tes défauts
Et ce foutu reflet
Le regard des gens
Toi, tu dis tu t'en moques
Paraît que c'est l'époque
Qu'ça passe avec le temps...

15

Au beau milieu des Aspres, les ténèbres s'illuminèrent sous les pleins phares d'un 4X4 Toyota qui s'aventura à vitesse lente sur une des travées viticoles. Il se stationna derrière le Porsche Cayenne noir, contre lequel était adossé Xavier. Il attendit que son ami coupe le contact, la main en visière, essayant d'identifier le véhicule rutilant. Le moteur arrêté, la portière à peine ouverte, Antonin se fit chambrer avant même de poser le pied au sol.

— Eh bien, mon cochon, tu t'es fait plaisir avec ton tacot… Fini la période de vaches maigres !

Sous ce ciel étoilé, voulant éviter la moindre entorse au milieu de ces ornières argileuses, Antonin enclencha la lampe de son portable pour éclairer son chemin. Il esquiva en poursuivant sur le ton de la plaisanterie :

— …Ose balancer le plus riche des vignerons des Aspres, qui, soit dit en passant, vient de se payer un Porsche Cayenne ! Ce ne serait pas l'hôpital qui se foutrait de la charité ?

Les deux amis se saluèrent en se faisant la bise, une habitude qui remontait au temps où ils jouaient au rugby dans le même club.

— Au lieu de raconter des conneries, j'imagine que t'as un souci sinon tu ne m'aurais pas donné rendez-vous ici et à cette heure, comme deux repris de justice qui fomentent un sale coup. Encore une magouille ? l'interrogea Xavier sur un ton amer.

— C'est ça... hésita Antonin avant d'annoncer la couleur, de peur de se faire envoyer sur les roses.

Connaissant Xavier, il le savait capable de refuser d'apporter son aide. Or, sans lui, pas de deal possible. Il chercha un angle d'ouverture :

— Tu te souviens des allers-retours en Espagne que tu m'avais dégottés il y a trois ans ? Eh bien, sur le même principe, le même mafieux perpignanais m'a proposé un autre trafic... des déchets médicaux, dont certains sont soi-disant hypersensibles.

Ce qu'il pressentait se réalisa. Xavier explosa :

— Bordel, Antonin, si je t'ai donné un coup de main, c'était juste pour te remettre à flot... et non pas pour en recroquer à la première occasion !

— Écoute, avec cette sécheresse et le manque d'eau, je vis un enfer depuis le printemps. Mes cultures ont pris le bouillon... j'ai pas trop le choix !

L'année écoulée représentait la pire depuis des décennies. L'hiver dernier, le manque de neige en altitude pour irriguer les canaux et approvisionner les lacs de barrage, accentué par des périodes de précipitations presque inexistantes en automne et au printemps, avaient empêché la recharge des nappes phréatiques. Les sols s'asséchaient au fil des années, rendant les cultures de plus en plus difficiles. Xavier rencontrait les mêmes problèmes avec ses vignes. Il savait que, à terme, ils allaient devoir modifier leurs cultures ou trouver d'autres moyens de rentabiliser leurs domaines. Il étudiait en ce moment la proposition d'une filiale de racheter quelques-unes de ses parcelles trois fois plus chères que leur valeur, dans l'optique d'y installer des ombrières photovoltaïques. Il exposa cette alternative à son ami d'enfance. Sa réponse fut sans appel.

— Ah non, pas toi ! Tu ne vas quand même pas contribuer à la mort de l'agriculture ! vocìféra Antonin. Déjà, ces grands groupes ne laissent aucune chance à nos jeunes paysans qui voudraient se lancer, vu leur impossibilité à s'aligner sur le prix, quant au reste, non seulement les champs deviennent incultivables en dessous de ces quantités astronomiques de panneaux photovoltaïques mais en supplément, le paysage est totalement dénaturé à cause de ces portants métalliques !

— C'est tout de même plus discret que des éoliennes, soumit Xavier sur un ton détaché.

— Certes, mais idem. Connais-tu la quantité de mètres cubes de béton, de flotte et de ferraille nécessaires à la construction d'un socle d'éolienne ? On nous vend du rêve, mais en réalité toutes ces soi-disant énergies renouvelables sont des gouffres écologiques, comme ces voitures électriques qui inondent le marché et que les gouvernants vont bientôt nous obliger à acheter… En réalité, elles ne deviennent vraiment écolos qu'à partir de milliers de kilomètres parcourus, quant à leurs batteries, outre le fait d'avoir une durée de vie limitée, elles sont hyper polluantes…

Xavier s'étonna du scepticisme de son ami, exprimé avec une telle ferveur. Lui qui, d'ordinaire, était plutôt du genre à se laisser porter par les courants, à suivre le mouvement dans le sens du vent, le trouvait très impliqué.

— Tu m'as l'air remonté comme une pendule, dis-moi. Qu'est-ce qui t'arrive ?

— Rien de particulier. J'en ai juste marre qu'on nous prenne pour des buses. Sous prétexte du manque récurrent d'eau dans notre région, certains charognards sautent sur l'occasion pour se repaître de la détresse des agriculteurs, dans le seul but de se remplir les poches. Et au passage, ils dénaturent notre pays Catalan. Ça me révolte !

Le vigneron dut reconnaître que présentée ainsi, l'alternative écologique n'avait pas la même saveur. Antonin en profita pour l'inviter à manifester contre le projet d'édification de quatre éoliennes à Banyuls-dels-Aspres et à boycotter une réunion d'information en vue de l'implantation de l'agrivoltaïsme sur 80 hectares dans les Aspres. N'obtenant aucune réponse, il comprit que Xavier ne se sentait pas concerné par ce genre de préoccupations. Il le bouscula :

— Oh ! C'est pas toi qui me bassines depuis des années sur notre région, notre patrimoine à sauvegarder et nos valeurs à défendre ? Alors c'est le moment ou jamais de prouver à ces types qu'ils ne feront pas ce qu'ils veulent chez nous !

— Oui… tu as raison. Mais ça c'était avant, balança Xavier, dépité. Aujourd'hui, j'ai l'impression que chacun essaie de se démerder seul, dans son coin, sans se soucier des problèmes du voisin. La société actuelle me dégoute. Un pour Tous et Tous pourris ! J'en ai ma claque de penser au bien commun… j'ai le sentiment de me battre contre des moulins à vent, et jouer les Don Quichotte, très peu pour moi.

Antonin avait rarement vu son ami aussi désabusé. Il le connaissait si bien, qu'il savait par quel moyen réussir à le booster. Il s'empara de son téléphone portable dans la poche arrière de son pantalon, enclencha la mise sous tension et une fois dans sa galerie photos, fit apparaître le dernier cliché.

— Tiens, regarde qui j'ai croisé sur le parking de la clinique tout à l'heure, annonça-t-il en plaçant l'écran sous le nez de Xavier. Ça va te remonter le moral !

Les traits éclairés, la stupéfaction se lisait sur son visage. Les sourcils froncés, il scruta en détail la photographie et dut réfléchir à deux fois avant de se prononcer, perturbé par la coiffure et la silhouette de la jeune femme.

— Mais… on dirait Vic ! Métamorphosée !

L'agriculteur lui confirma par un hochement de tête. Le regard en coin, sous l'intensité ténue du portable, Xavier remarqua son air contrarié.

— Elle est revenue bosser ici ? demanda-t-il, un soupçon d'inquiétude dans la voix.

— En tout cas, elle est montée à bord d'un véhicule banalisé mais je connais le mec qui l'accompagnait, c'est bien un flic…

— Ne me dis pas qu'elle intervenait au sujet de ton business illicite, le tança Xavier.

Antonin avait répondu au rendez-vous fixé par le responsable de la logistique. Après l'avoir reçu dans son bureau, ce dernier lui avait expliqué sa déconvenue, lorsque des matériels dangereux et des déchets toxiques, entreposés depuis 2015, avaient été découverts au sous-sol lors des travaux de l'aile psycho-judiciaire, attenante à la morgue… Désireux de se débarrasser rapidement de ces stocks incongrus, il avait donné les directives nécessaires à leur extraction en indiquant le jour et l'heure précise où le camion devait se présenter à l'arrière de la clinique, côté morgue, à savoir le mercredi à une heure du matin, lorsque le premier gardien de nuit terminait sa ronde.

— Et c'est là que ça coince ! Car, à cette heure, nous n'aurons plus le temps de décharger en Espagne et de revenir avant le lever du soleil. Or, circuler de jour nous ferait prendre trop de risques… Il faut donc que mon camion reste dissimulé vingt-quatre heures en attente de repartir la nuit suivante. Raison pour laquelle j'ai pensé à ta grange, isolée, fermée et à l'abri des regards.

Satisfait de sa tactique, Antonin ne boudait pas son plaisir. Insidieusement, il avait réussi à revenir sur le sujet qui le préoccupait après sa pirouette sur l'écologie. La boucle bouclée, il attendait la réponse de son ami. Elle se laissait désirer… Xavier jouait avec ses nerfs.

— O.K. tu pourras utiliser ma grange, se décida-t-il enfin à lâcher. Mais aucune manipulation à l'intérieur !

— Ça tombe sous le sens, t'inquiète. De toute manière, si tout se déroule comme prévu, ce sera réglé en sept voyages, donc sept semaines.

Sur ces belles paroles, les deux amis se saluèrent puis se dirigèrent vers leur véhicule respectif. Portière ouverte, un pied engagé, Xavier héla Antonin :

— Tu es conscient que rien n'est gratuit dans ce bas monde. Tu me seras donc redevable…

— Aucun problème. Quand tu auras besoin, tu sonnes et j'arrive ! acquiesça-t-il, l'esprit si enjoué par sa réponse favorable que rien ni personne à cet instant n'aurait pu le chagriner.

— Ne jamais s'engager les yeux fermés, contrecarra le vigneron. Surtout quand ce genre de deal peut entraîner de graves conséquences !

Comme si la dimension tragique émise par Xavier n'était pas suffisante, une brise glaciale venue du Nord accentua le trait en glissant sur leur nuque. Antonin frissonna.

— Même si je ne sais pas vraiment comment je vais m'y prendre, une chose est certaine, Vic doit passer à la caisse. En quelques semaines de procès, elle a détruit la réputation de ma famille, acquise sur plusieurs générations, obligeant mes pauvres vieux, perclus de honte, à rester cloîtrés… de peur de croiser le regard des autres. Et ça, je peux te jurer, que je vais lui faire payer !

16

Samedi 14 septembre 2024.

Les paupières décollées avec difficulté, les yeux écarquillés, Victoire s'était réveillée l'esprit embrumé. En cause sa nuit chaotique, peuplée de rêves incongrus. Instants où elle se voyait perdue au beau milieu de paysages escarpés, dans des contrées lointaines, totalement isolée et sans repère… Une bête, ressemblant étrangement à un loup, longeait les crêtes, la surveillait à distance dans l'attente du moment propice pour l'attaquer, et dans le ciel, en altitude, un aigle, d'une incroyable envergure et d'une noirceur inquiétante, guettait le moindre faux pas pour fondre sur elle… Épiée dans tous ses mouvements, elle continuait son chemin au gré du vent, en suivant un itinéraire fantôme, sans réelle destination. Assez d'éléments inquiétants, ô combien stressants, qui l'avaient réveillée au gré de ses turpitudes cauchemardesques. D'autant que, à chaque endormissement, elle se retrouvait plongée dans les circonstances identiques aux précédentes. Un cercle vicieux qui avait fini par avoir raison de sa patience.

Résignée, elle avait ressorti le dossier des *Disparues* et constaté que les enquêteurs de l'époque avaient vraiment étudié toutes les pistes et fermé toutes les portes. Y compris celle des âges croissants des filles enlevées qui auraient pu avoir une consonance particulière aux yeux du criminel. Théorie qui s'était effondrée avec sa propre tentative avortée, puisque Victoire n'avait que 7 ans au moment des faits alors que la suivante, Angels, venait d'avoir 21 ans. Un dilemme supplémentaire dans cette enquête à tiroirs… vides.

Blasée, d'une humeur massacrante, elle s'était empressée de prendre une douche dans l'espoir de se booster mais même la fraîcheur de l'eau n'avait pas réussi à la remettre sur les rails.

En faisant le forcing, Vic avait rejoint le géomètre comme convenu à la cafétéria de la station-service du Village Catalan. Ils s'étaient attablés dans la grande salle au décor rétro années 70, avec de grands lustres ronds, des tables et des chaises aux couleurs pastel. Cette surcharge de mobilier rétro distillait une ambiance décalée, un brin désuète, en clair trop *cheap*.

Son visage blême, marqué par sa nuit difficile, et ses yeux rougis, accentués par des cernes grisâtres en forme de croissant de lune, avaient alerté Jérôme. Il ne put s'empêcher de lui mentionner :

— Mal dormi ? Vous semblez éreintée…

— Vu ma tête de déterrée, impossible de vous dire le contraire, fut obligée de reconnaître Victoire.

Pourtant discrète voire mutique sur ses *particularités*, sans vraiment savoir pourquoi, elle s'autorisa à s'épancher sur son cas, en décortiquant sa face A et sa face B. Deux sensibilités opposées que Vic caractérisait de chaud et de froid. Au fil du temps, elle tentait de les apprivoiser, mais ce conflit intérieur demeurait malgré tout difficile à exorciser. Parfois ses *dons* pouvaient s'avérer bénéfiques, au niveau sportif ou dans la vie quotidienne en l'alertant d'un danger imminent, ou la minait en lui annonçant des malheurs inhérents à ses proches… Mais les informations souvent imprécises voire partielles finissaient, à la longue, par l'exaspérer. Surtout dernièrement, avec l'apparition de ses visions nocturnes, fantasmagoriques, qui l'interpellaient sur leur pertinence.

— Je me demande toujours le rapport entre ces rêves et la réalité, et en quoi cela peut influer sur ma vie ou celle de mes proches, dit-elle en touillant son café inlassablement. Étant incapable de les interpréter, ces visions génèrent un perpétuel doute sur mon interaction. Imaginez le dilemme. Vous savez que vous êtes en mesure d'endiguer une catastrophe mais vous n'avez que des bribes d'information pour en situer le lieu et la date ! Ce truc de malade me triture la cervelle. Et à force de chercher des pistes ou des réponses, je finis par disjoncter et impossible de m'endormir…

Victoire s'arrêta net, choquée de s'être livrée de la sorte à un parfait inconnu. Une première. Soit ce géomètre lui inspirait confiance, soit un besoin inextricable d'extérioriser ses sentiments l'avait poussée à se confier.

Jérôme avait écouté sans l'interrompre, aussi captivé par sa narration qu'impressionné par ce petit bout de femme combattif.

— Et j'imagine que si nous sommes ici, ce matin, c'est à cause de votre pressentiment…

— En quelque sorte, répondit Victoire en s'efforçant cette fois de rester évasive, préférant conserver l'intérêt de son *partenaire*.

Dans la foulée, elle avait déplié une carte du secteur sur laquelle étaient mentionnés les différents emplacements de travaux sur l'autoroute susceptibles de correspondre aux dates d'enlèvement. Les sites étaient numérotés en fonction des probabilités plus ou moins favorables d'y détecter une sépulture. Vic fondait de bons espoirs sur les trois premiers…

Quelques minutes plus tard, ils commençaient à sonder le sol. Instant chargé d'émotion en observant le géomètre commencer son expertise.

Cette fois, on y est !

Sûre de son coup, Victoire avait tout misé sur la première aire d'arrêt d'urgence ciblée, localisée à deux kilomètres de celle où Angels Rodriguez avait été enterrée. Hélas, un fossé se creusait souvent entre prévisions et réalité. Elle déchanta dès le départ en constatant que l'écran de contrôle de l'appareil de Jérôme n'affichait aucun mouvement de sol. Quant au second, dans une courbe de l'autoroute A9, le géomètre détecta un sol beaucoup trop mouvementé par les travaux pour pouvoir en déterminer une zone spécifique.

Les va-et-vient successifs entre les sorties dans le sens Le Perthus, et les entrées dans le sens Narbonne, ou inversement, nécessitaient un sens de l'organisation et du temps puisque Victoire s'efforçait de suivre à la lettre l'ordre prescrit, en restant de surcroit vigilante sur les itinéraires à emprunter car une faute d'aiguillage pouvait les conduire droit sur l'Espagne sans possibilité de faire demi-tour, une perte de temps à la clé.

À 10 h 55, toujours équipés de leur casque blanc et de leur chasuble orange fluo, pour éviter toute question dérangeante des services autoroutiers, ils débarquèrent sur le quatrième site, le long de l'autoroute, juste avant la barrière de péage Le Boulou. Comme à chaque détection, Victoire croisait les doigts en observant le géomètre diriger son appareil sur le macadam. Soudain, elle comprit, à l'expression de son visage, que l'écran indiquait enfin quelque chose de probant. Curieuse, elle s'en inquiéta aussitôt :

— C'est bon ? s'écria-t-elle.

— Le graphique indique que le terrain comporte une zone différemment compactée au regard du reste. Cela veut dire qu'on a creusé et rebouché à cet endroit ! expliqua le spécialiste.

Il illustra sa réponse en délimitant de l'index un périmètre imaginaire. Son ton posé ne dégageait aucune émotion particulière, réfrénant les ardeurs de la policière.

— Et alors, il pourrait y avoir un corps, oui ou non ? s'impatienta Vic.

— En fonction du graphique, il pourrait s'agir d'un rectangle d'environ un mètre cinquante sur un mètre, répondit-il, pragmatique, ne voulant pas susciter de faux espoirs.

Un calcul rapide laissait présumer que les dimensions pouvaient convenir pour y enterrer des enfants âgées de onze à quinze ans. Mais sa localisation, distante d'environ quatre mètres du grillage délimitant l'autoroute au terrain voisin en friche et nécessitant une détérioration du macadam, rendait impossible la moindre expertise sans autorisation. Victoire mesura l'emplacement en grandes enjambées puis releva les côtes sur son bloc-notes, histoire de gagner du temps si elle avait la chance de revenir accompagnée des techniciens de la scientifique… Découragée, elle contrôla sa montre avant de s'adresser à Jérôme :

— Il est bientôt midi, c'est l'heure de se restaurer. Je vous invite !

Une vingtaine de minutes plus tard, attablés au restaurant du Village Catalan, la serveuse leur amenait les plats commandés. Le petit-déjeuner sauté à cause de son réveil matinal compliqué, l'estomac en vrille depuis au moins deux heures, Victoire s'était jetée sur sa salade catalane agrémentée d'anchois marinés de Collioure, de jambon cru, de fromage pyrénéen, et d'oignons rouges de Toulouges. Elle mâchonnait, la tête baissée dans son assiette, quand Jérôme brisa le silence :

— On pourrait peut-être se tutoyer, tu ne crois pas ? Ce serait tout de même plus sympa…

La bouche pleine, Vic valida sa proposition en opinant du chef. Si elle semblait faire un concours de rapidité, lui dégustait ses boles de picolat[15] agrémentées de haricots blancs, de tomates concassées, d'olives vertes et de cèpes frais. Il l'observait ingurgiter ses feuilles vertes tel un lapin au milieu d'un champ de luzerne d'un air consterné.

— Si je puis me permettre, tu vas te rendre malade à manger aussi vite. Prends le temps de mastiquer, on n'est pas à la minute.

— T'inquiète, j'ai l'habitude, avec mon boulot. Et là, désolée, j'ai la dalle…

Sans se départir, Jérôme continua sur le même rythme, en coupant morceau par morceau, en savourant son plat, tout en scrutant l'environnement. À cet instant précis, en observant les clients, un souvenir lui revint en mémoire.

— Un de mes potes a fait son service militaire dans la gendarmerie. Il m'en a raconté de bonnes sur cette aire de repos où venaient exercer, dans les années 2010, des prostituées de la Jonquera. Il paraît que dans le secteur où se trouvaient les routiers, c'était chaud bouillant ! Alcool, sexe, drogue, tout y passait !

— Je me doute, acquiesça la policière en nettoyant son assiette avec un quignon de pain. L'affaire dans laquelle je t'ai impliqué prend son origine avec un routier qui a pris la fuite après avoir

15. Boulettes de viande à la Catalane.

commis deux meurtres sanglants. Au cours de son périple, il a provoqué un accident qui lui a coûté la vie et engendré la mort de treize personnes innocentes. À l'autopsie, les analyses ont révélé de la drogue dans son sang…

L'idée d'épouser une carrière dans les forces de l'ordre avait effleuré Jérôme à une période de sa vie. Puis, propulsé de l'autre côté de la barrière, il avait dû modifier son orientation. Aujourd'hui, en imaginant le calvaire des policiers primo-intervenants sur un tel accident, il se félicitait d'avoir changé d'orientation.

— Sinon, tu ne m'as pas dit quel sport tu pratiques ?

— Oh rien de bien sensationnel, je fais du CrossFit, annonça-t-il sur un ton désinvolte.

Interrompus par la serveuse venue débarrasser la table et leur proposer un dessert, ils choisirent d'un commun accord la crème catalane puis reprirent le fil de la conversation.

— Ton activité sportive n'a pas l'air de t'emballer ? renchérit Vic.

— Disons que je commence à me faire vieux pour ce genre de discipline.

Elle sourit, doutant de son propre jugement. Le métier de policier requérait plusieurs qualités nécessaires pour accomplir correctement ses missions. Savoir estimer les tranches d'âge des individus en faisait partie. Et Victoire se trompait rarement dans ce domaine.

— Pourtant, je t'aurais donné environ 35 ans…

— Sympa, admit-il en hochant la tête. En réalité, je vais en avoir 40, le mois prochain.

Une flic bien renseignée valait mieux que deux enquêteurs en perpétuelle interrogation. Appliquant son principe, et curieuse d'en apprendre un peu plus sur ce bel étalon, elle continua son interrogatoire déguisé.

— Et je suppose qu'à ton âge, tu as une épouse et des enfants ?

— Non, je suis divorcé. Un mariage prématuré, à vingt-deux ans, qui a rapidement viré au cauchemar. À cause d'une incompatibilité d'humeur, on s'est déchirés… et cela m'a vacciné. Depuis, je suis resté célibataire.

Comme si le géomètre avait vu clair dans son petit jeu des questions, il anticipa en lui apportant sur un plateau la réponse qu'elle trépignait d'impatience d'entendre :

— Et en ce moment, je suis libre comme l'air !

— Ah… lâcha-t-elle béatement.

En début d'après-midi, en pleine digestion, les deux chercheurs en herbe rencontrèrent quelques difficultés à se remettre à l'ouvrage. Mais quand, sur la cinquième cible, le graphisme afficha sur l'écran du détecteur de Jérôme une zone moins compactée sur l'ensemble du terrain… avec cette fois une localisation du périmètre en bordure du grillage de l'autoroute, tous les espoirs furent permis. Victoire reprit aussitôt du mordant.

— Tu l'estimes à combien du champ voisin ? s'empressa-t-elle de demander.

Avant de répondre, Jérôme s'assura de ses mesures et de la dimension approximative de la zone non compactée.

— Je dirais environ soixante à soixante-dix centimètres, suggéra-t-il avant de préciser : En tout cas, je suis formel. On a creusé une fosse sans reboucher aussi fermement que le terrain l'était à l'origine si j'en juge les terres compactées à proximité.

Victoire ne l'écoutait déjà plus que d'une oreille, si imprégnée par ce qu'elle s'apprêtait à faire. D'un regard scrutateur, elle scannait sur 360° les alentours et photographiait avec son téléphone portable les abords de l'autoroute sur les deux axes de circulation, consciente que ce repérage lui serait utile une fois de l'autre côté du grillage. L'essentiel dans l'appareil, le reste en mémoire, elle fit signe à Jérôme de la suivre.

À peine dix minutes de trajet et leurs véhicules empruntaient la sortie 42 Perpignan Sud vers Thuir, Prades et Argelès-sur-Mer. Connaissant bien le secteur, la policière filait droit vers sa destination, vérifiant de temps à autre dans le rétroviseur la présence de Jérôme. Les villages se succédèrent après Thuir. Elle traversa Trouillas, coupa par la déchèterie pour rejoindre Villemolaque, puis suivit la direction de Saint-Jean-Lasseille et Le Boulou. Juste avant de passer en dessous du chemin de fer, elle bifurqua à gauche et stoppa net. Si brutalement que Jérôme, surpris, faillit percuter l'arrière de son véhicule.

Descendue *illico*, la policière examina le secteur. Des herbes hautes aux feuilles des arbres, la végétation était jaunie, brûlée par le soleil et le vent. Un spectacle de désolation. Une fois orientée, Victoire désigna l'emplacement qui devait se situer à environ trois cents mètres au nord de leur position. Équipée de son sac à dos, elle longea le grillage de l'autoroute A9, se repérant aux différents lampadaires et panneaux annonçant la sortie du Village Catalan. Arrivée à l'endroit précis, marqué d'une croix à la craie blanche, elle réalisa que ses calculs, erronés de prime abord, s'avéraient en réalité très proches puisque le criminel avait enterré sa victime à proximité, mais dans le sens inverse. Enfin, Vic le supposait et essayait de s'en convaincre. Maintenant, il suffisait de vérifier. Elle ouvrit son sac, en sortit une pelle U.S. qu'elle déplia et ne perdit pas une minute pour la planter à la limite du macadam, juste en dessous de la clôture grillagée préservant aussi bien les imprudents que les animaux.

— T'es sûre de ce que tu fais ? douta le géomètre.

— Oh que oui ! s'écria la policière, surprise de le voir s'approcher.

À son contact, Jérôme voulut s'emparer de la pelle mais Victoire l'écarta, hors de sa portée.

— Allez, laisse-moi faire, protesta-t-il. Je ne vais quand même pas te regarder creuser.

Ne l'écoutant déjà plus, elle s'activa de plus belle. Elle voulait en avoir le cœur net. Assouvir sa curiosité. L'heure de vérité avait sonné car la suite donnée à cette affaire dépendait de sa découverte. Aussitôt à l'œuvre, le doute s'immisça en elle, en pensant à son ami gendarme.

Et si tu trouves vraiment un corps. Comment l'annonceras-tu à Vincent ? Tu as intérêt à trouver une version qui tiendra la route pour l'enfumer sinon…

Ses coups de pelle s'intensifiaient à mesure que le trou s'agrandissait, quand soudain, le métal de sa pelle heurta une pierre ou autre corps solide. Elle s'empressa de dégager le contour, la sueur perlant sur son front. La sensation, chevillée au corps, de chercher un trésor enfoui depuis des lustres, comme le ferait un anthropologue en Égypte, elle abandonna sa pelle et continua avec ses mains pour éviter de détériorer la sépulture. Quelques minutes à gratter avec soin et à sortir quelques cailloux, puis un os apparut, à travers des lambeaux de vêtement. Victoire se recula instantanément, comme si une bête féroce risquait de surgir de ce trou béant. Elle sortit son calepin, vérifia ses notes en corrélation avec les dates des travaux de réfection listés sur cette portion de l'autoroute, puis se tourna vers Jérôme qui patientait à proximité.

— Je te présente Jana Guisset disparue au village vacances VTF d'Ortaffa en juillet 1995. Je ne te remercierai jamais assez de m'avoir suivie et de m'avoir fait confiance, confessa-t-elle. Grâce à ton intervention, l'affaire des *Disparues de l'A9* sera rouverte, cela ne fait plus aucun doute. Et les quatre autres gamines seront retrouvées et rendues à leurs familles…

17

Son scénario élaboré, Victoire l'avait ensuite mémorisé en le répétant au moins une dizaine de fois avant d'alerter Vincent. Consciente qu'elle n'aurait pas de seconde chance, elle devait employer les mots justes, ne disposant, en tout et pour tout, que de deux à trois minutes pour le convaincre. Au-delà, son stratagème avait toutes les chances d'échouer… d'autant plus que la victime se trouvait être sa cousine.

La communication téléphonique établie, le gendarme avait écouté religieusement ses explications sans émettre la moindre réprobation. Vic avait d'abord évoqué sa sortie en VTT dans les Aspres, puis expliqué sa découverte de nouveaux circuits qui l'avait incitée à s'aventurer sur un itinéraire méconnu. Perdue dans un secteur démuni de réseaux et cherchant sa route, elle avait réussi à se repérer grâce à l'autoroute. Elle la longeait depuis quelques centaines de mètres, dans l'espoir de regagner la route, quand soudain elle était tombée sur une cavité…

Satisfaite, Vic se gargarisait de sa force de persuasion. Tout s'étant déroulé comme elle l'avait envisagé, les deux amis s'étaient donné rendez-vous à la sortie de Villemolaque, à proximité de l'autoroute A9. Depuis la fin de leur conversation, elle faisait les cent pas en l'attendant.

Dix minutes plus tard, le véhicule de la gendarmerie, avec trois effectifs à bord, débarquait sur place. La policière les salua puis descendit de son VTT pour les acheminer à l'emplacement. Sachant ce qu'ils s'apprêtaient à découvrir, aucun des gendarmes ne fit le moindre commentaire. Le trajet se déroula au seul bruit de leur pas dans la cambrousse asséchée. Comme si cette marche silencieuse, voire funèbre, était dédiée à la victime, abandonnée de tous et enterrée dans cet endroit sauvage, isolé…

— Voilà, c'est là ! annonça la policière en désignant le trou béant de l'index.

Le bruit incessant du trafic l'obligea à forcer sur sa voix pour se faire entendre. Le capitaine laissa les deux TIC s'approcher avec précaution du grillage, pendant que lui observait les alentours. Réalisant le secteur accidenté, à peine praticable, il ne put s'empêcher de le mentionner à son amie :

— Et tu vas me faire croire que tu t'entraînais dans ce coin paumé, alors que ce sentier n'est même pas viabilisé pour le VTT, douta-t-il en balayant de sa main les hautes herbes.

— Ben oui ! admit Vic. Je me suis perdue. Ça arrive… Et le seul moyen de retrouver ma route était de longer l'autoroute, se justifia-t-elle d'un air dépité.

Elle perçut dans le regard de Vincent que sa version des faits ne l'avait pas convaincu. Elle joua son va-tout.

— Tu ne crois tout de même pas que j'en suis à l'origine…

Remarquant l'expression dubitative du gendarme, elle poursuivit :

— Elle est bien bonne celle-là ! s'indigna-t-elle. Va falloir m'expliquer comment j'aurais pu deviner qu'un corps se trouvait ici. D'ailleurs, regarde, tu vois bien que c'est un animal qui a creusé !

L'un des deux techniciens approuva en opinant du chef. Elle dodelina de la tête en forçant le trait, histoire de faire entendre raison à son ami. En son for intérieur, elle dansait la gigue, ayant été bien inspirée de revenir sur place en compagnie de Mec avant de contacter Vincent. En insérant un morceau de viande inaccessible sous la cavité, Victoire avait réussi à lui faire gratter les contours sans endommager ni détériorer l'intérieur, laissant *de facto* les traces significatives de ses griffes…

Les renforts n'avaient pas tardé à arriver. Les démarches administratives effectuées, le branle-bas de combat s'organisa de main de maître. Le grillage rapidement sectionné, les militaires découpèrent le macadam à la disqueuse puis agrandirent la sépulture avec soin et minutie. Le légiste rendu sur place avait estimé, grâce à la forme du crâne, qu'il s'agissait d'une victime de race anatomique caucasoïde, et à l'examen du bassin, qu'elle était une enfant de sexe féminin, âgée d'environ 14 ans. Son expertise du squelette et des fragments humains très dégradés, déterminait que le corps avait été enseveli depuis plusieurs décennies, en attente de pratiquer l'autopsie pour se prononcer sur les causes de la mort… n'ayant pas constaté de lésion par agent externe violent.

Le capitaine avait recueilli assez d'éléments pour laisser œuvrer les experts de l'IRCGN[16]. Sous un marabout édifié juste au-dessus de la sépulture, les silhouettes revêtues de combinaisons blanches fouillaient minutieusement la terre à la recherche d'un éventuel fragment osseux, ou du moindre indice susceptible d'aider les enquêteurs à remonter jusqu'au criminel.

16. Institut de recherche criminelle de la gendarmerie nationale.

Avant de quitter les lieux, Vincent se rapprocha de Victoire, assise à proximité de son VTT. Elle s'était volontairement écartée de la zone, maintenant délimitée par de la rubalise jaune fluo. Son ami l'informa des premiers résultats qui ne faisaient que conforter ses suppositions. Hormis l'âge approximatif, tout concordait avec Jana Guisset, la quatrième victime.

— Je n'en reviens toujours pas. À peine avons-nous évoqué cette affaire ensemble que le samedi suivant, tu retrouves déjà ma cousine... Soit tu es vernie, soit tu as un don incroyable ! fut obligé de reconnaître Vincent.

— Ne dit-on pas que la chance sourit aux audacieux ? avança Vic qui frictionnait son cuir chevelu, l'air embarrassé, les yeux rivés sur le bout de ses chaussures.

D'un geste machinal, elle agrippa une mèche et la fit glisser derrière son oreille. La tête relevée, elle chercha à croiser le regard de Vincent.

— Et maintenant ?

— C'est simple. Je contacte le proc', j'attends l'autopsie, et si le légiste confirme qu'il s'agit bien de Jana, je fais remonter l'info au pôle *Cold case* de Nanterre… qui, cette fois, sera en mesure de rouvrir le dossier !

18

Le lendemain matin, au réveil, Victoire se leva rompue, avec l'étrange sensation que son corps avait été broyé dans une lessiveuse… Fourbue, mais ô combien soulagée par sa journée marathon qui s'était achevée avec cette découverte inespérée. En rentrant, elle s'était effondrée dans son lit sans prendre de collation et s'était endormie comme un bébé, satisfaite d'une relance probable de l'enquête. L'essentiel à ses yeux. Seul et unique espoir de remonter la piste de *l'auteur*, son criminel de père, en espérant de tout cœur l'identifier… et dans ses rêves les plus fous, de retrouver sa mère…

Car depuis ses dix ans, ne disposant d'aucune photographie, Vic s'interrogeait sur l'apparence de ses parents. La logique voudrait qu'au niveau physique elle ressemble plutôt à sa maman et, au niveau caractère, à son papa, mais la génétique réservant parfois son lot de surprises, l'inverse restait toujours plausible. Elle priait Dieu, chaque soir, de les croiser un jour, au détour d'une rue ou dans un magasin, et pour être sûre de les reconnaître, la nuit, elle s'imaginait leurs visages… Des rêves de petite fille adoptée qui s'étaient vite avérés illusoires. Malgré sa vie heureuse, épanouie, il lui manquait l'essentiel : ses origines. Le fait de ne pas savoir la rongeait inexorablement. Insidieusement. Au point d'extérioriser sa colère sur les terrains de rugby au grand dam du gros Mimi, son entraîneur, contraint de la réorienter vers la boxe. Sans pour autant réussir à canaliser sa rage sur le ring, ni à obtenir des réponses, au vu de ses questions qui s'étaient amplifiées avec le temps. De surcroit, à l'adolescence, quand elle commença à se morfondre en essayant de comprendre ce qui pouvait motiver de jeunes parents à abandonner leur enfant dans un aéroport... Et aujourd'hui, Victoire continuait à se marteler l'esprit en pensant qu'elle n'était pas le fruit du désir mais selon toute évidence, un simple accident. Une enfant non désirée...

Rien de pire que de se sentir rejetée par les siens. Une telle frustration qui m'a toujours empêchée de m'ouvrir aux autres, par méfiance, m'obligeant à faire cavalier seul. Et ce mal-être, aujourd'hui, me mine tant que j'explose à la moindre difficulté et me rend exécrable...

Requinquée après sa douche, la boxeuse équipa Mec pour leur sortie dominicale, avec l'étrange sentiment que le dimanche matin, son comportement était différent. Comme si son chien arrivait à déterminer les jours de la semaine. Dès l'aube, il squattait le hall d'entrée, tournait en rond en donnant des coups de tête en direction de son harnais pendu au porte-manteau, pour indiquer à sa maîtresse que l'heure de la balade avait sonné.

Trop intelligent mon pépère !

Aujourd'hui, elle avait décidé de faire une séance de fractionnés, dans un secteur idéal pour ce genre d'entraînement spécifique. En guise d'échauffement global, elle trottina à un rythme régulier en traversant le village de Trouillas, puis à la sortie emprunta la route en direction de Villemolaque. Après la descente, à l'entrée du village, elle bifurqua au rond-point à droite vers le *Monastir Del Camp*, le Monastère médiéval situé sur la commune de Passa. À environ cinq cents mètres, elle s'engouffra sous les pins alignés tels des soldats au garde-à-vous. Le terrain tapissé de quantité d'épines de résineux permettait de ne pas occasionner trop d'impacts néfastes pour ses talons, préservant ainsi ses tendons d'Achille. Son échauffement spécifique terminé, elle délimita son parcours en se servant des arbres comme points de repère puis attaqua sa séance de 40/40 proprement dit. À savoir 40 secondes de course rapide à intensité ciblée, suivies de 40 secondes de course lente, en s'efforçant de respecter la même distance à chaque trajet. Le tout en contrôlant son rythme cardiaque sur son bracelet-montre.

Après cinq aller-retour, Vic s'arrêta net pour marcher et récupérer pendant 2 minutes 30. Elle s'apprêtait à redémarrer un cycle quand la voix de Dua Lipa résonna. Le temps de parcourir la distance la séparant de son sac de sport, au pied d'un arbre, elle entendit le refrain de *Houdini* :

I come and I go (Je viens et je pars)

Tell me all the ways you need me (Dis-moi toutes les raisons pour lesquelles tu as besoin de moi)

I'm not here for long (Je ne suis pas ici longtemps)

Catch me or I go Houdini (Attrape-moi ou je disparais comme Houdini)

I come and I go (Je viens et je pars)

Le téléphone portable en main, Victoire prit l'appel. Profitant de cinq minutes de pause, Vincent lui donnait des nouvelles. Ayant contacté le parquet, le substitut du procureur estimait avoir assez d'éléments probants pour relancer l'enquête. Dans l'attente qu'un juge d'instruction soit nommé dans les jours à venir, le capitaine était chargé de créer une nouvelle cellule d'enquêteurs. Il ne masquait pas son inquiétude pour la suite à donner à l'affaire :

— J'ai bien conscience que la priorité est de retrouver les autres corps… mais par où commencer ?

La bouche ouverte, Victoire allait s'empresser de l'aiguiller mais se ravisa immédiatement. Il était préférable d'amener le sujet au lieu de lui servir une solution à brûle-pourpoint, sinon il découvrirait le pot aux roses… Elle bluffa :

— Tu ne vas pas me croire, mais depuis hier soir, je n'arrête pas d'y penser. Et vu que le corps était recouvert de bitume, je me suis demandé si ce criminel n'aurait pas profité des travaux réalisés sur l'autoroute pour enterrer toutes ses victimes. Ce qui expliquerait pourquoi personne n'a jamais retrouvé les *Disparues*…

— Même si ta théorie tient la route, cela ne nous éclaire toujours pas sur les sites probables à sonder ! Imagine les kilomètres de Narbonne à la frontière espagnole… on n'a pas fini ! commenta-t-il sur un ton désespéré.

Vincent venait d'atteindre ce point nébuleux où Vic était censée lui apporter sur un plateau l'éclairage nécessaire à sa problématique. Elle inventa un pseudo-contact travaillant aux autoroutes Vinci, évoqua la possibilité d'obtenir un listing des travaux de réfection qui permettrait d'établir une corrélation entre les dates de réalisation et d'enlèvements, avant de porter l'estocade en évoquant son implication :

— Un gros boulot en perspective, annonça-t-elle sur un ton grave… Et avec la somme de travail qui risque de te tomber sur le dos dans les jours à venir, si tu veux, je m'en charge !

Vic s'attendait à batailler, voire à implorer, mais contre toute attente, le capitaine approuva et lui confia la mission.

— O.K. tu essaies de me cibler des sites et j'enverrai les

techniciens de l'IRCGN… Fais au mieux et au plus vite !

La conversation achevée, la boxeuse avait tenté de reprendre son entraînement mais ses pensées trop imprégnées par l'enquête l'obligèrent à renoncer. Elle donna un peu d'eau à Mec, s'aspergea la tête, et ils rebroussèrent chemin.

Après la douche, elle s'enveloppa dans une veste longue en coton et regagna à pied de chaussettes le canapé. Elle croisa ses jambes nues, sur lesquelles elle déposa le dossier des *Disparues*, sous l'œil attendrissant de son chien, les oreilles en alerte maximale. Vic ressortit son calepin dans lequel figuraient les dix endroits ciblés avant les recherches entreprises en compagnie de Jérôme. En fonction des échecs de la veille, elle rectifia certaines données relevées, l'occasion de réaliser que, en tout et pour tout, sur les six sites visités sur la journée, deux sépultures potentielles identifiées restaient à vérifier. Et quatre autres qu'ils n'avaient pas eu le temps de sonder…

Victoire n'arrivait pas à déceler d'autres aménagements ou réfections dans ces délais impartis. Lors de sa première lecture, elle avait tout étudié et rien ne correspondait avec les dates d'enlèvement. Après s'être acharnée pendant deux heures, elle se prépara un goûter substantiel à base de fruits et s'autorisa deux tranches de pain beurrées avec une banane découpée en rondelles. Un pur délice qui lui rappelait l'époque où Marie venait lui apporter son goûter à la sortie de l'école… La sonnerie de son téléphone l'extirpa de ses souvenirs d'enfance. Vincent ne pouvait visiblement plus se passer de son amie.

Le timbre de sa voix trahissait sa contrariété. Si l'autopsie avait apporté de sérieux éclaircissements, elle avait également soulevé son lot de surprises. Et dans ce genre d'enquête, à long terme, les imprévus complexifiaient en général les investigations et débouchaient rarement sur une issue favorable.

— Tout d'abord, pour aller à l'essentiel, le toubib n'a trouvé aucune correspondance entre ces restes mortels et ceux d'Angels Rodriguez…

Son entrée en matière venait de plomber l'atmosphère. Un coup de massue puisque leur enquête, basée sur l'intervention d'un prédateur en série, devenait, *de facto,* purement et simplement obsolète si les deux victimes ne présentaient aucune corrélation. Anxieuse, Victoire se mordit les lèvres en attendant la suite.

La datation des restes mortels, par recherche de fluorescence sous U.V., confortait l'idée d'une inhumation estimée à une trentaine d'années, notamment l'étude de la symphyse pubienne – constituée de tissu fibro-cartilagineux plus épais chez la femme – au niveau de l'angle pubien, mais aussi celle au niveau du bassin, de la grande échancrure sciatique et de l'articulation sacro-iliaque. En outre, l'étude du développement dentaire a permis d'affiner la détermination de l'âge, en appliquant la méthode d'Éric Baccino, qui a démontré que la meilleure estimation résultait de la combinaison pubis/dent. L'expertise déterminait ainsi que l'adolescente était âgée de 14 ans au moment des faits.

En son for intérieur, Victoire dansait la gigue. Un sourire, de courte durée, illumina son visage.

— Mais là où cela se corse, continua Vincent, c'est que contrairement à Angels, la première victime découverte, le légiste a décelé des marques significatives de maltraitance, à savoir des fractures sur les bras et les jambes non traitées ni consolidées. Ensuite, il a détecté des stries osseuses et des modifications de la trame, marqueurs significatifs d'une malnutrition. Théorie confirmée par un retard de croissance flagrant au regard de la taille et de la structure des os vis-à-vis de l'âge de la gamine. Et tiens-toi bien, le haut du crâne présentait des traces qui s'apparenteraient à des coupures profondes effectuées avec une serpe ou une machette !

Le doute commençait à s'immiscer en elle. Vic se demandait où voulait en venir son ami. Elle se souvenait, en outre, que l'âge déterminé par le légiste sur place ne correspondait pas à celui de Jana Guisset, dont l'anniversaire de ses quinze ans approchait. Mais comment l'annoncer à Vincent sans se mettre une balle dans le pied. Elle improvisa :

— Le toubib ne se serait pas planté sur l'estimation de l'âge de la gamine ? Car moi, par recoupement avec les dates, j'avais envisagé qu'il pouvait s'agir de ta cousine…

— L'ADN a parlé et aucune erreur n'est possible. Ce n'est pas Jana, mais Chloé Battle… âgée de treize ans lors de sa disparition en 1994. Nous pourrons déterminer une date plus précise de l'inhumation puisque le labo a relevé du pollen dans la sépulture… il est en cours d'analyse.

Les yeux fermés, le téléphone rivé sur l'oreille, Victoire enregistrait les informations en les imbriquant les unes dans les autres afin de se forger une idée sur le mode opératoire du criminel. Quand soudain, les raisons de son erreur s'imposèrent à elle. La main plaquée sur sa bouche, elle lâcha un cri d'effroi :

— Mon Dieu ! Ce fumier aurait gardé cette pauvre gosse pendant plusieurs mois… de juillet au printemps suivant, en 95, soit huit mois ! Ce qui pourrait expliquer qu'elle allait avoir quatorze ans…

19

La veille au soir, Victoire avait communiqué à Vincent les sites à sonder sur l'autoroute A9. Il l'avait félicitée pour sa réactivité, pensant que ses résultats provenaient d'un travail acharné sur la journée. Toujours est-il que ses calculs, dont certains avaient déjà été expérimentés en présence de Jérôme, avaient propulsé les gendarmes de l'IRCGN dans un véritable tsunami judiciaire, avec la découverte de plusieurs victimes en cinq jours, grâce à leur radar à pénétration de sol.

Le vendredi suivant, Vincent informait son amie des avancées après cette semaine de folie.

— Tu as vu juste sur pratiquement toute la ligne. Hormis trois sites où les gars n'ont rien sondé au géoradar, les autres étaient bien des sépultures. T'es vraiment au top !

Vic ne boudait pas son plaisir. Toute guillerette de se voir féliciter de la sorte, elle sautillait comme une gamine dans son salon, accompagnée de Mec, tout excité de partager sa joie.

— Et alors vous en êtes où ?

— On vient de terminer l'examen approfondi de la dernière cavité. Et chose incroyable, le corps est resté si intact qu'on a réussi à identifier la gamine… Cette fois, c'est bien Jana, annonça-t-il sur un ton dépité. On fait partir la dépouille à Montpellier dès à présent à la demande du légiste, qui tient absolument à me voir demain à la première heure. Ce serait sympa si tu m'accompagnais.

Cette découverte représentait une chance inespérée, car un corps bien conservé apporterait des éléments probants pour leurs investigations. Trop heureuse d'être impliquée dans l'enquête, elle accepta avec joie l'invitation. Toutefois, avant de s'emballer, elle s'assura de détenir tous les éléments :

— Si je récapitule, en fonction de tes coups de fil, il me semble que vous avez trouvé trois gamines après Chloé… À part si, dans l'euphorie des recherches, tu as oublié de m'en informer, mais il en manque toujours une.

— Tu as raison. Et si on se fie à tes calculs hyper précis, ce serait Joana Vila, l'avant-dernière, disparue en 1996, confessa le capitaine.

Vic enrageait. Elle avait pourtant réétudié tous les cas de figure après l'annonce de Vincent au sujet de la durée de séquestration des victimes. Suite à sa prévision erronée au sujet de Jana Guisset, elle avait rectifié sa base de calcul en fonction de la période de réalisation des travaux et celle présumée de leur inhumation. Tout semblait correspondre à la perfection, alors pourquoi les techniciens n'avaient pas retrouvé son corps ?

— Si je résume, dit-elle, les yeux plongés dans son bloc-notes, Joana Vila a été enlevée en juillet 96, et certainement assassinée puis enterrée au printemps 1997. À quelques mois de mon enlèvement, si on se fie aux relevés du labo.

— La période s'affine, puisque les techniciens ont analysé le pollen. Il provient du mimosa, végétation qui fleurit en période hivernale, de janvier à mars. Il en existe plusieurs espèces, et la floraison de celle-ci, la plus répandue dans les P.O., est en février.

— O.K. Donc sept mois de séquestration, ce qui nous conduit à février 1997. Tu ne trouves pas que cette année 97 revient un peu trop souvent dans nos discussions ? lui demanda Victoire.

— Ton interrogation confirme mon sentiment. C'est une année charnière, confortée par l'avis des enquêteurs de l'époque... et qui ne demande qu'à être creusée. Allez, je te laisse, en ce moment j'ai le feu à la gendarmerie. Je passe te prendre à 09 h 00 tapantes, conclut Vincent avant de raccrocher.

Le portable toujours en main, Vic resta songeuse quelques minutes devant ses notes et le dossier en vrac. D'un regard vague, elle contemplait les documents éparpillés sur la table du salon, les photographies des victimes, les rapports médico-légaux, les PV d'audition et de constatations, dont certains étaient souillés par la truffe humide et parfois terreuse de Mec. Ce fouineur ne pouvait s'empêcher de passer derrière sa maîtresse et renifler tout ce qu'elle touchait. Heureusement, ces procès-verbaux n'étaient que de pâles copies... Elle se décida à les regrouper, et en les superposant, ses yeux se posèrent sur l'en-tête où figurait la fiche signalétique d'une disparue. Une idée lui traversa alors l'esprit.

Non, tu divagues ! pensa-t-elle, envahie par un doute.

Incapable de se souvenir d'une éventuelle correspondance établie entre les victimes par les enquêteurs, elle s'empressa de vérifier en fouillant et en comparant les données individuelles. Il lui fallut environ cinq minutes pour éclaircir ce dilemme. Hormis le fait d'être originaires des Pyrénées-Orientales et d'avoir été enlevées en juillet, dans un centre de vacances – à l'exception d'Angels Rodriguez, à son domicile et Joana Vila sur l'aire de repos du Village Catalan –, aucun lien ne reliait les gamines, que ce soit au niveau de leur lieu de résidence, de leur ancienne école primaire, de leur collège ou de leur activité sportive extra-scolaire.

Décidément, les collègues ont vraiment tout verrouillé !

Déçue d'avoir fait chou blanc, Victoire eut envie de s'aérer l'esprit. À part un footing lundi soir, elle n'avait rien programmé comme séance. Non pas par négligence mais plutôt par fatigue générale. D'une part, ses nuits difficiles peuplées de rêves saugrenus, aux éléments irrationnels toujours impossibles à interpréter, et de l'autre, un nombre incalculable d'interventions au cours de la semaine. L'opération « place nette » mise en place par le ministère de l'Intérieur avait permis le démantèlement de plusieurs points de drogue et le déferement au parquet, en comparution immédiate, de six individus pour trafic de stupéfiants avec la saisie de vingt kilos de cannabis, dix kilos d'herbes et cent grammes de cocaïne. Le groupe du SLPJ achevait à peine leur longue procédure qu'il repartait sur un individu auteur de coups de couteau dans le centre de Perpignan, blessant huit victimes sur son parcours sanglant. Même si la cellule anti-terrorisme avait récupéré le dossier au vu des éléments, Victoire et Marco avaient dû traiter l'affaire en amont. L'individu, contrairement à ce que laissaient entrevoir les chaînes d'information en continu, jouissait bien de toutes ses facultés mentales au moment des faits. Fiché S, en OQTF[17], il avait proféré des menaces de mort, criant à plusieurs reprises « Allah Akbar ». Le genre d'affaire qui nécessitait de longues heures de procédure réparties entre les secours aux victimes sur les lieux de l'agression, leur

17. Obligation de quitter le territoire français.

gestion et celle des témoins éventuels, la mise en place d'une cellule psychologique, et l'intervention des techniciens de l'IJ. Concernant l'auteur des faits, les OPJ l'avaient conduit à la clinique de Thuir pour une expertise psychiatrique et la délivrance d'un certificat de non-admission permettant son placement en garde à vue, avant de procéder à son audition en présence d'un avocat et d'un interprète agréé par le Parquet. Restaient ensuite les démarches administratives auprès des services compétents et autorités policio-judiciaires concernées... Ces journées harassantes, de concentration absolue, à rester assise derrière son ordinateur, avaient la faculté d'épuiser Victoire. Et là, ce soir, après ce coup de téléphone de Vincent, histoire de clore cet épisode « sépultures » des *Disparues de l'A9*, si morbide, Victoire avait mérité de prendre un grand bol d'air. Cette fois, à défaut d'embarquer Mec, resté à domicile, elle profita de son VTT pour aller se ressourcer.

Décidée à emprunter un ancien parcours qu'elle appréciait particulièrement, elle coupa par la déchetterie, traversa la commune de Passa puis suivit le récent circuit de cyclotourisme initié par le département pour atteindre la forêt du Réart. À travers les arbres, Vic sillonnait le secteur aride en slalomant sur les sentiers vallonnés et escarpés, lui permettant de *faire le vide*. Même si l'intensité du soleil s'amenuisait, le sol sec renvoyait encore, sous l'effet de ses rayons, une chaleur étouffante. Après une partie découverte, elle retrouva une portion verdoyante. La nature avait repris du poil de la bête avec cette alternance de pluie et de soleil depuis quelques jours. Pas assez bien entendu pour regonfler les nappes phréatiques mais le minimum revigorant pour que la végétation soit abondante.

Les mains agrippées au guidon, ses doigts flirtaient tantôt avec les poignées de frein, tantôt avec les changements de rapport du dérailleur. L'avantage de connaître l'itinéraire était de pouvoir anticiper, de gérer l'effort, en prévision des portions plus ardues. Ici, dans une montée, elle se donnait à fond sur le petit plateau, l'allure si faible lui donnant l'opportunité d'entendre les rongeurs et autres reptiles se défiler sur son passage. Victoire appréciait ces petits moments de bonheur où les criquets faisant des sauts de cabri devant elle, les papillons jouaient les kamikazes en se jetant sur ses roues et où les moucherons se collaient sur ses lunettes. Dans la mesure du possible, elle s'efforçait de ne jamais blesser ou écraser le moindre insecte. Ce rapport très spécial qu'elle entretenait avec les animaux remontait à son adolescence. Jour, où, en plein footing, le chien-loup d'un agriculteur avait foncé sur elle. Au lieu de prendre la fuite, pétrifiée, elle avait fait front. Et sans agir ni même tenter une esquive, la bête s'était allongée devant elle, comme si elle implorait le pardon pour lui avoir fait peur. Vic l'avait alors caressée, et elle s'était roulée sur le dos, en signe de soumission. Devant son maître qui n'en revenait pas… À partir de ce jour, elle avait réalisé la portée de sa différence et témoignait aux animaux toute la sympathie qui leur était due.

Puis en fonction des dénivellations, elle profitait de la descente en pédalant comme une dingue sur le grand plateau, jouant des épaules pour esquiver les branches ou les arbustes, l'œil attentif aux rigoles, cailloux et autres cavités susceptibles de la faire chuter… Parfois elle prenait le temps de lever la tête pour admirer les reliefs où se superposent les diverses couleurs oscillant de l'ocre au rouge terracotta et au jaune sable. Certains décrochements et formes atypiques lui rappelaient d'ailleurs les cheminées de fée du site des Orgues d'Ille-sur-Têt à quelques kilomètres de Vinça, où elle avait vécu avec Marie.

Sur le chemin du retour, le tee-shirt trempé et la sueur perlant sur le front, Victoire filait droit à travers les vignes. Son allure modérée permettant de profiter du décor, elle identifia, au loin, la grange où elle avait observé, trois ans en arrière, des types aux mines patibulaires, en grandes conversations avec ses ex-amis Xavier et Antonin… Histoire de satisfaire sa curiosité, elle fit un crochet en s'aventurant sur un chemin totalement déformé par les pneus des tracteurs. Elle négocia habilement les mottes de terre, dévers et saignées avant d'atterrir à environ cent mètres de la belle bâtisse en pierre du pays, instant où elle stoppa net à la vue d'une camionnette blanche occupée par plusieurs personnes et d'un camion rempli à ras bord de casiers. Sans doute une équipe d'ouvriers viticoles employée à l'occasion des vendanges. Leur journée terminée, ils venaient de grimper à bord et les véhicules quittaient la parcelle.

La voie libre, Victoire s'approcha, le regard à l'affût. Un tour rapide lui confirma que la grange ne disposait que d'une unique entrée, fermée à double tour par deux grandes portes métalliques, inviolables. Toutefois, sur l'arrière, elle remarqua, à environ six mètres du sol, un œil-de-bœuf dans le haut du pignon, ouverture qui autrefois évitait les incendies provoqués par la fermentation. Et en auscultant de plus près le mur, elle avait également constaté le mortier à chaux effrité autour de certaines pierres, offrant de belles prises pour grimper. Elle retira ses chaussures adaptées aux pédales automatiques, bien trop rigides, et en positionnant son VTT contre le mur, grimpa à pieds nus sur le cadre. Faisant corps avec les pierres, elle s'étira au maximum de son allonge, réussit à insérer ses doigts dans la première cavité et commença son ascension. À part deux frayeurs lorsque ses orteils avaient ripé sur les pierres, Victoire accéda sans trop de difficulté à l'œil-de-bœuf, dans lequel elle s'infiltra en plongeant dans le trou béant. À l'intérieur, malgré la pénombre, elle réussit à se situer. Elle se trouvait sur la partie haute, genre de mezzanine sous combles qui, au siècle dernier, servait à entreposer la paille pour les bêtes, les fruits voire les grappes de raisin. Le bois craquelant, elle s'avança prudemment et aperçut en contrebas un camion bâché.

Le même style de quinze tonnes repéré il y a trois ans...

Elle s'apprêtait à descendre par l'échelle aux barreaux rongés par la vermine, quand des bruits de moteur l'en dissuadèrent. Prise de court, et n'ayant pas le temps de redescendre, elle décida de se planquer près de l'ouverture, derrière deux piles de cageots en bois moisis par le temps. Accroupie, espérant les entendre s'éloigner afin de déguerpir au plus vite, elle comprit, aux bribes de leur conversation, que les individus avançaient vers la porte. La montée de stress accentua le choc thermique produit par la fraîcheur de la pièce. Son corps en sueur se mit à grelotter.

Soudain le bruit sinistre de la serrure confirma ses craintes. Lors de l'ouverture d'un vantail, un faisceau lumineux s'invita, éclairant l'ensemble de la grange, au grand dam de la policière.

Je suis foutue !

Les deux hommes avancèrent et stoppèrent devant la cabine du camion.

— Tu sais que je suis en pleine vendange en ce moment ! attaqua le premier individu. Et le seul endroit où mes gars peuvent se rabattre le midi, pour manger à l'abri, c'est ici... alors je suis obligé de leur laisser les clés. Et qu'est-ce qu'ils voient depuis trois jours ?

— Oui, répondit le second, embarrassé. Je vais t'expliquer !

L'intonation de leur voix laissait planer une tension électrique.

— Tu ne vas rien m'expliquer du tout ! Tu vas me virer ce putain de camion qui était censé rester une seule et unique nuit !

Sous le coup de la colère, Victoire fut en mesure d'identifier son accent catalan prononcé.

C'est Xavier !

— Je te l'accorde. Mais c'était impossible de prévoir cette grève des agriculteurs et leur filtrage à la frontière... Imagine le désastre s'ils venaient à fouiller mon camion et à vider le contenu comme ils le font avec les fruits et légumes, les viandes et toutes denrées...

— N'importe quoi ! le coupa le vigneron, excédé. Ils agissent ainsi avec les camions provenant d'Espagne, pas l'inverse !

— On ne peut pas se permettre de prendre le moindre risque... c'est trop tendu en ce moment. Accorde-moi encore deux ou trois jours, le temps que la situation s'éclaircisse... S'il te plait Xav', implora-t-il.

Victoire réagit à son ton mielleux, preuve du manque de caractère du second, sous la domination évidente de son comparse.

Antonin ! pensa-t-elle, toujours surprise de constater que la voix demeurait le seul organe à ne pas s'altérer avec le temps.

— Je te laisse jusqu'à lundi. Après je vire moi-même ce camion, compris ? s'énerva Xavier.

— Oui, t'inquiète, je ferai le nécessaire.

À cet instant précis, le bruit de ses chaussures sur le gravier indiqua à Vic que l'un des deux s'approchait dangereusement de l'échelle. Supposition confirmée par son comparse.

— Tu fais quoi ?

— Figure-toi que pour empêcher les vols – en totale progression sur le secteur –, j'ai installé des détecteurs de mouvement.

En scrutant la sous-toiture de la grange, Victoire les repéra instantanément.

Je suis grillée ! grommela-t-elle, énervée contre son initiative qui, une fois de plus, allait se retourner contre elle.

— Et tout à l'heure, sur le trajet avant d'arriver, alors que mes ouvriers étaient partis, j'ai reçu un signal.

— Mais si quelqu'un était là, on l'aurait débusqué depuis longtemps.

— Bien entendu, valida Xavier, les mains accrochées à l'échelle. Il s'agit sans doute d'une bestiole. Je vais juste vérifier si mes employés n'ont rien laissé traîner là-haut car ils ont l'habitude de monter bouffer à la fraîche, certains en profitent même pour faire la sieste, mais ils oublient la plupart du temps de nettoyer. Et leurs déchets attirent les rats, argumenta-t-il en commençant à grimper. Et ces salopards font des dégâts !

À une hauteur de quatre-vingts centimètres du sol, un barreau, puis deux, se sectionnèrent en cascade sous son poids, dans un craquement lugubre.

Xavier descendit d'un bloc, évitant la chute en s'agrippant *in extremis* aux montants.

— Bouh, tu t'en sors bien. Mais vu l'état de l'échelle, et ton poids, tu ferais mieux de rester sur le plancher des vaches ! lui conseilla Antonin, époustouflé par son réflexe.

— Oui, après tout, tu as raison… Inutile d'aggraver la situation qui est déjà assez compliquée comme ça, commenta Xavier, désabusé.

Sa rhétorique ne faisait que conforter Antonin sur le manque d'entrain de son ami. Il l'avait rarement vu dans cet état.

— Oh, je ne te sens pas en grande forme en ce moment… Des soucis ?

— Quoi que tu en penses, la sécheresse touche tout le monde… Je te dis pas la taille des grains de raisin qui bat des records cette année. On ne les a jamais cueillis aussi petits ! Un désastre… Notre production viticole sur le département était déjà très basse et historique, l'année dernière, avec 430 000 hectolitres, qui tombe largement en dessous du seuil de rentabilité. Certains confrères n'ont récolté que 40 % de leurs parcelles à cause de la grêle et de la sécheresse, et je crains que cette année ce sera encore pire, se désola le vigneron. On est à l'agonie…

Malgré la diminution de moitié des exploitations à récolter au regard du siècle dernier, cet état de fait dramatique risquait encore de s'aggraver si les pouvoirs publics ne trouvaient pas rapidement des solutions pour approvisionner le département en eau…

— Et tu as entendu la dernière mesure proposée par l'État pour endiguer la crise viticole ? relança-t-il.

— Oui, acquiesça Antonin. Il propose l'arrachage définitif des parcelles en vous accordant une aide de 4 000€ par hectare...

— Ce qui sous-entend que dans les 3 à 5 ans à venir, 50 % des vignobles auront disparu et ce sera le début de la fin des vins du Roussillon...

— Ton constat rejoint mes préoccupations actuelles. Il est peut-être temps de revoir l'agriculture dans notre région…

Le moral en berne, les deux hommes se décidèrent à quitter la grange. Victoire qui, à l'affût des déplacements de ses ex-amis, respirait par intermittence, put enfin décompresser en entendant la fermeture de la porte. Les yeux fermés, la tête renversée, elle inspira la bouche grande ouverte, au maximum de sa capacité pulmonaire, puis expulsa l'air d'un trait continu, quand soudain, l'image de son VTT adossé au mur lui apparut comme un flash.

Pourvu qu'ils n'aient pas l'idée de faire le tour de la bâtisse...

À pas de velours, essayant de minimiser le bruit du bois sec, elle se leva et en basculant prudemment la tête en dehors de l'œil-de-bœuf, contrôla la tranquillité des lieux au moment où les moteurs des véhicules la rassurèrent. Elle patienta le temps de les entendre s'éloigner puis descendit par l'échelle, en prenant garde à l'état des barreaux. Son poids plume lui permit d'atteindre le sol sans difficulté. Avancée sur l'arrière du camion, elle grimpa pour dessangler l'ouverture. Là, elle put entrevoir le chargement du quinze tonnes constitué uniquement de fûts bleus de 120 litres, d'une hauteur d'environ 1,20 m. Le sigle sur l'autocollant de couleur jaune indiquait une matière radioactive.

Mais dans quel pétrin vous vous êtes encore fourrés !

Pour avoir reçu une formation en région parisienne aux protections NRBC[18] et connaissant les risques encourus par l'exposition à ce type de matière, en particulier au rayonnement ionisant, la policière savait qu'il était fortement conseillé de décamper au plus vite.

Remontée à l'étage en quatrième vitesse, elle s'empressa de redescendre par le même chemin emprunté précédemment, consciente que le retour sur une telle verticalité s'avérait en général plus périlleux que la montée.

Une fois en bas, elle enfila ses chaussures et les cala sur ses pédales, empressée de quitter les lieux, terrifiée à l'idée de se retrouver en mauvaise posture. Non pas l'appréhension de se confronter à ces deux ex-amis mais la peur de sa propre réaction,

18. Nucléaire, radiologique, biologique et chimique.

au regard de leur acte humiliant trois ans en arrière. Dans un moment de colère noire, de haine irrépressible, elle se sentait capable de franchir la ligne blanche en commettant un acte répréhensible… Cette pensée déclencha un frisson qui remonta le long de sa colonne vertébrale en lui glaçant le sang au passage.

Sur le chemin du retour, ses pensées sombres s'entrechoquèrent avec ses souvenirs d'une époque révolue. Leur groupe des cinq, les moments de détente entre mômes, les entraînements, les sorties et les vacances… En dehors de leur temps libre, ils arrivaient toujours à se retrouver, malgré l'éloignement, lors des fêtes des écoles ou des regroupements scolaires.

Mais oui ! Ces gamines auraient pu se rencontrer lors de ce genre d'événement ou de manifestation puisque, hormis pour Angels et moi, elles avaient toutes le même âge en 1992, lors du premier enlèvement !

Les fibres musculaires de ses cuisses et de ses mollets pourtant en perte de vitesse, en cette fin de séance, Vic pédala comme une dératée, impatiente d'entreprendre de nouvelles recherches.

20

Victoire s'interrogeait. Elle semblait déambuler sur ce sentier comme une petite fille, et observer les lieux avec un regard d'enfant… Étrange sensation d'un retour en arrière, avec cette impression d'avoir rajeuni de vingt ans. Afin de se situer, elle se concentra sur l'environnement et reconnut les crêtes des Pyrénées en arrière-plan. Le paysage demeurait vallonné, confirmé par la colline qu'elle s'efforçait de grimper à la force de ses cuisses maigrichonnes. Ayant pris de la hauteur, elle apercevait, en contrebas, la Grande Bleue, étincelante de mille feux sous ce soleil de plomb. En levant la tête, elle se sentit surveillée… Le même loup de l'autre fois longeait un chemin parallèle au sien, légèrement surélevé, et contrairement à ce qu'elle s'était imaginé, son comportement ne semblait pas hostile. Sa tête se voulait rassurante. Visiblement, il l'escortait. Par contre l'aigle, dans les cieux, décrivait toujours des cercles au-dessus d'elle, comme pour signaler son approche. Lui, l'inquiétait…

Quelques centaines de mètres plus loin, Vic, équipée de ses sandalettes de gamine non adaptées au terrain, commençait à fatiguer. Non seulement cette colline n'en finissait pas de monter mais en supplément, le vent venait de se lever en bourrasques cinglantes. Des nuages noirs venus du sud assombrirent brusquement le ciel en modifiant ce décor idyllique en zone de turbulences horrifiante. Coupée en deux par les rafales, apeurée, elle sentit que la situation basculait et que les éléments se liguaient contre elle. Se sentant épiée, elle leva les yeux et repéra l'aigle en train de piquer droit sur elle. Ailes recourbées, il fonçait sur sa proie, bec en avant tel un missile… Instant de panique, où la fillette s'aperçut que ce n'était pas un rapace mais un corbeau gigantesque ! Déjà si près qu'elle pouvait distinguer son plumage noir au reflet bleuté et ses yeux si terrifiants.

Décidée à tenter le tout pour le tout, elle prit son courage à bras le corps, et en rassemblant ses dernières forces, se mit à courir en direction de la falaise la plus proche. Même si son instinct lui dictait qu'il l'atteindrait avant qu'elle ne puisse s'abriter sous les rochers, Vic tenta sa chance désespérément… À en perdre haleine, elle fonça, droit devant elle, sans se retourner. Encore trente mètres à parcourir, ventre à terre… À bout de souffle, épuisée, elle ne put se résigner à contrôler une dernière fois, au-dessus de son épaule, la position du corvidé… Trop tard, les serres acérées se plantèrent dans ses yeux. Puis ce fut le trou noir. Le début du néant.

Les deux mains plaquées sur son visage, Victoire se redressa dans son lit en hurlant un cri déchirant d'effroi. Une telle détresse que Mec débarqua immédiatement dans la chambre, les oreilles en alerte maximale. Sur le qui-vive, les babines retroussées, il balaya l'espace de la pièce en trois mouvements de tête sans détecter la moindre intrusion. Tranquillisé, il se rapprocha alors de sa maîtresse, et du bout du museau, tapota son bras à plusieurs reprises pour l'extirper de son cauchemar.

La boxeuse ouvrit les yeux, rouge sang et affolés. Par réflexe, elle referma les paupières pour faire le vide et tenter de se rappeler cette terrible vision, seul moyen d'interpréter les éléments qui venaient de la faire basculer dans l'horreur... Des bribes refirent surface : son apparence de petite fille, sa course effrénée, sa peur, le corbeau géant, ses yeux crevés. Preuves incontestées des tourments de son esprit. Et elle savait que lorsque le système cérébral souffrait, le corps s'exprimait en transmettant sa douleur.

Des éléments qui démontrent que tu es perdue. Tu ne sais plus où tu en es... tu cherches ta route, ton destin. Sans repère. Laisse ton cœur être ta boussole.

La nuit écourtée, le manque de sommeil récurrent, les informations énoncées au compte-gouttes par son ami gendarme, ne faisaient qu'accroître l'affaiblissement de son état. Aussi bien au niveau mental que physique. Elle, la compétitrice, avait conscience qu'elle perdait pied. Que ses préoccupations prenaient le pouvoir sur le reste, perturbant non seulement son biorythme, mais altéraient également son raisonnement voire son jugement.

La seule manière de se sortir de cet état nauséeux était la résolution de cette affaire. Hier soir, son idée s'était réduite comme une peau de chagrin. Il y avait pourtant matière à développer, à trouver un indice révélateur, mais les éléments en sa possession ne lui avaient rien apporté de concret. Elle s'était effondrée de fatigue sur son lit, dans l'espoir de passer une nuit apaisée réparatrice... sans se douter une seule minute de ce qui se profilait.

Le temps de se poser, d'attendre Vincent, le nez collé à la vitre, elle saisit son téléphone portable et remarqua la réception de trois SMS du brigadier Fernandez.

Encore ! Il devient lourdingue, celui-là ! éructa Vic eu égard à ses multiples messages depuis leur séance de boxe écourtée.

Enric n'arrêtait pas de se confondre en excuses depuis son geste *déplacé*. Hélas pour lui, Victoire avait jeté son dévolu sur un autre étalon, tout aussi charmant. Contrairement aux hommes qui vivaient parfois avec des regrets, éperdument accrochés au passé, les femmes avaient cette faculté de pouvoir tirer un trait, du jour au lendemain. Ignorant ses messages, elle préféra se concentrer sur ses préoccupations, en tapotant des mots clés sur un moteur de recherche : *Corbeau, Loup, Aigle…*

En prenant connaissance du premier commentaire sur le corvidé, « *annonciateur de mauvaise nouvelle, voire de la mort, il rôde souvent dans les cimetières* », elle coupa immédiatement son portable.

21

Le véhicule de la gendarmerie filait à 130 km/h sur l'autoroute A9 en direction de Montpellier. Victoire, assise sur le siège passager, écoutait d'une oreille Vincent qui, tout en conduisant, l'informait des avancées de l'enquête. Encore sous le choc de sa nuit mouvementée, le regard perdu à l'horizon, elle observait le littoral sans réellement le voir. Elle repensait à ses visions, désorientée face à son échec de les décrypter…

— Oh, t'es où, là ? la secoua son voisin. Tu as entendu ce que je viens de te dire ou tu roupilles ?

Elle daigna se tourner vers son ami qui ne put contenir sa surprise en voyant sa tête de zombie :

— Nom de nom… Tu veux faire concurrence aux acteurs de la série *The Walking Dead,* ou quoi ?

— Ah, ah, ah, se força-t-elle à rire. Très drôle !

— Désolé, mais tu fais peur à voir…

— Je sais. En ce moment, impossible de faire une seule nuit sans faire de cauchemars… Résultat, je suis dans le coaltar.

— C'est cette affaire de gamines qui te retourne le cerveau. Je sais ce que tu ressens, j'ai connu cette frustration en essayant de retrouver Jana… Je te conseille de prendre du recul sinon tu vas droit dans le mur.

Vince disait vrai. Il la connaissait si bien.

Mais comment ne pas s'impliquer corps et âme dans une enquête lorsque ton propre père est l'auteur présumé des faits ? Rien ne me tient plus à cœur de rendre justice à ces gamines depuis que je sais… Je me sens comme responsable de cet héritage contaminé à la racine !

Le gendarme réitéra ses propos :

— Je te disais donc que le légiste a enfin trouvé des correspondances entre les victimes. Ce qui arrange nos affaires. Même si, visiblement, la première découverte, Angels, reste un cas isolé…

Les deux amis avaient profité du trajet pour échanger leur point de vue sur l'affaire. Leurs différentes théories argumentées se rejoignaient en majeure partie. Vincent adhérait totalement à l'hypothèse que le *père* de Victoire, ayant mal vécu sa séparation d'avec sa fille en 1990, aurait pu, dans un moment de folie, enlever des gamines… Toutefois, si cette version pouvait s'avérer plausible, certains paramètres restaient à éclaircir.

— Ce qui me gêne, c'est qu'en général, dans ce genre de situation, le prédateur cherche des victimes ressemblant à son idéal. En l'occurrence, ce n'était pas le cas puisque la première avait onze ans et toi deux ans. D'autre part, pourquoi enlever la majeure partie des enfants dans un centre de vacances, une seule sur une aire de repos et la dernière à son domicile ? Avec des âges en totale incohérence allant de onze à vingt-et-un ans, en 97, alors que lors de sa tentative tu n'avais que sept ans…

— Exact, on en revient à l'année charnière ! Son mode opératoire suivait jusque-là un schéma rigoureux, avec une chronologie croissante des âges des victimes et puis, brusquement, tout a basculé. Il rate mon enlèvement au centre et finit par se rabattre sur Angels à son domicile, une majeure âgée de 21 ans…

Sans connaître la source de son inspiration, une nouvelle analyse jaillit soudain de sa réflexion. Victoire l'exposa à voix haute comme pour se convaincre de sa fiabilité :

— C'est un opportuniste ! Un prédateur qui sévit toujours dans le même secteur. Sa zone de confort, un terrain de jeu qu'il connait comme sa poche. Pourquoi pas un type originaire des Pyrénées-Orientales, obligé de quitter sa région natale pour des raisons professionnelles, ou pourquoi pas suite à des poursuites judiciaires. Avant de partir, il abandonne sa fille – *moi* – qui risque de représenter un fardeau. Deux ans s'écoulent, et en juillet 92, il revient sur ses terres. Son passé resurgit, il est incapable de contrôler ses émotions ni de réprimer ses pulsions dévastatrices qui le poussent à commettre l'irréparable en enlevant la première gamine qui lui tombe entre les mains… L'échec de l'enquête et l'impunité absolue l'incitent à recommencer l'année suivante. Il y prend goût et réitère, car son désir insatiable d'atteindre le Graal s'estompe à chaque fois que la déception de ne pas trouver sa propre fille réapparait. Une quête irréalisable. Et ainsi de suite pendant cinq ans, jusqu'en 97 où tout foire ! À force de me chercher, il tombe réellement sur moi. Mais pris sur le fait, il est obligé de me relâcher. Il perd pied…

La bouche ouverte, le capitaine restait baba.

— Tu t'es trompée d'orientation, tu aurais dû faire psy ou mieux, profileuse ! ironisa-t-il.

En dodelinant de la tête, Vic lui décrocha une grimace de vieille mégère aigrie. Elle ferma les yeux et du bout de ses dix doigts se frotta le cuir chevelu. Avant de balancer ses idées, arrivant pêle-mêle de toutes parts et sans prévenir, elle devait les vérifier, les ordonner puis les compartimenter. Quelques secondes de réflexion, et elle renchérit :

— J'irai même plus loin. On sait, grâce à la description de notre seul témoin, le gros Mimi, que le kidnappeur était de taille moy…

— Tu oublies le propriétaire de la Peugeot 205 blanche, la coupa Vincent sans quitter la route des yeux. C'est non seulement un témoin potentiel mais aussi la victime de ton paternel !

— Ah oui ?! s'extasia la policière sur un ton volontairement niais. Inconnu au bataillon ton type ! Je serais curieuse de savoir ce qu'est devenue son audition…

En quête du moindre renseignement susceptible d'identifier le prédateur, le capitaine s'était plongé dès le départ dans la procédure relatant la tentative d'enlèvement de son amie. Il lui décrivit les circonstances un peu particulières de l'intervention de ses collègues suite au vol de la voiture commis par l'auteur des enlèvements. Selon toutes vraisemblances, M. Sanchez n'avait pas souhaité déposer plainte, malgré son agression.

— Une attitude plutôt curieuse, non ? s'interrogea Vic.

— Oui et non, nuança le gendarme. Pablo Sanchez était connu de nos services pour braconnage. Alors tu penses bien qu'une fois sa bagnole restituée, il a préféré faire profil bas au lieu de relancer une procédure qui l'aurait contraint à justifier sa présence aux abords du centre de vacances et avait toutes les chances de se retourner contre lui.

Contrairement au milieu urbain où les policiers intervenaient en général dans l'urgence, avec des protagonistes totalement inconnus – hormis dans les cités urbaines où ils interpellaient régulièrement les mêmes individus pour les mêmes infractions diverses liées aux stupéfiants –, Victoire savait qu'en milieu rural, les gendarmes avaient un rapport totalement différent avec les contrevenants. Pour la simple raison que tout le monde se connaissait et qu'ils croisaient souvent les mêmes personnes. Une proximité qui favorisait une certaine indulgence lorsque les faits n'étaient pas trop graves… Vic fit abstraction de ces us et coutumes et reprit là où son ami l'avait interrompue :

— Bref, j'étais en train de t'expliquer que si on se fie au signalement donné, le kidnappeur était de taille moyenne avec une largeur d'épaules impressionnante. Si on part du principe que ce type était sportif, on peut imaginer qu'au cours de sa jeunesse, pour sa pratique ou ses matchs, il ait sillonné la région au point d'en connaître tous les secteurs sur le bout des doigts. Exactement comme toi, non ?

Sa théorie consistait à penser que son *père* aurait quitté la région en 1990 pour une raison sans doute urgente et relativement grave qui justifierait l'abandon de son bébé. Victoire imaginait son retour dans la région en 1992, pourquoi pas à bord d'un camion puisque son gabarit correspondait également au stéréotype du routier.

— Suis mon raisonnement. Vu que l'aire de repos du Village Catalan se trouve pratiquement à égale distance de tous ces centres de loisirs et de vacances, cet ancien sportif aurait très bien pu se dérouiller les jambes en soirée. Il arpente le secteur en jogging et tombe par hasard sur des gamines d'un centre de vacances, en pleine veillée. Il flashe sur l'une d'entre elles qui lui rappelle l'abandon de sa propre gamine à l'aéroport. Qui sait, elle ressemblait peut-être à son épouse, *ma mère*… Toujours est-il, qu'il se morfond de l'avoir laissée à des inconnus… Il pète un câble, disjoncte et l'enlève !

Vic approfondit son scénario en estimant que, poussé par le désir psychologique de retrouver sa propre fille, le criminel réitérait son acte chaque année à la même période… Sa version semblant contenter son ami, elle se rencogna dans le siège, un sourire affiché en travers du visage. Mais le gendarme la fit rapidement déchanter :

— Perso, je peux t'assurer, que si j'avais eu la chance de retrouver ma gamine, je me serais battu bec et ongles pour essayer de la récupérer. Ce qui, au vu des déclarations de Carpalès, n'a pas du tout été le cas. Ton père a préféré décamper sans se soucier de toi, te laissant seule à l'arrière de la Peugeot.

La conversation prit fin sur cette mauvaise note, au moment même où le véhicule pénétrait dans l'enceinte de l'IML de Montpellier. Les visages fermés, les mâchoires verrouillées, tous deux observèrent un silence de circonstance, en prémices de l'horreur qui les attendait…

22

La création d'une unité médico-judiciaire était venue renforcer l'institut médico-légal grâce à une rénovation des locaux d'accueil et la mise en place d'équipements modernes et plus fonctionnels dans l'ancien bâtiment du CHU Lapeyronie de Montpellier. Un projet de vingt ans enfin réalisé suite au souhait du chef de service de répondre aux attentes des familles des défunts mais également aux victimes *vivantes*. Après les urgences, la morgue restait le service le plus visité avec près de 20 000 personnes par an… 700 autopsies et 3 000 consultations pour les victimes blessées dans leur chair à la suite de violences ou d'agressions. Des avancées pour le public mais aussi une innovation unique en Europe pour les services policio-judiciaires avec un matériel pointu permettant aux enquêteurs de l'Hérault, de l'Aude, de l'Aveyron et des Pyrénées-Orientales d'assister sur grand écran aux autopsies en direct sans présentiel, grâce à la visioconférence. Une évolution hors norme permettant des gains de temps et de budget non négligeables.

À force de fréquenter régulièrement l'IML, les enquêteurs, douaniers, gendarmes et policiers rencontraient les mêmes légistes et des liens, voire des affinités, finissaient par se tisser.

Et comme pour conjurer le sort, ou se sentir vivant au milieu de cet environnement ô combien morbide, l'ambiance était d'ordinaire cordiale avec le verbe haut et des plaisanteries plus ou moins douteuses, histoire de détendre l'atmosphère… sauf quand il s'agissait d'enfants. Là, comme si les lieux s'apparentaient soudainement à un sanctuaire, le silence était de rigueur, les professionnels semblaient se déplacer à pas de velours, arborant des visages ternes, les yeux fuyants.

Une fois la policière Rhéexas présentée au légiste, ce dernier attaqua dans le vif du sujet en expliquant la nécessité de leur présence.

— Impossible, cette fois, de vous retranscrire l'ensemble de mon expertise par visioconférence au vu du nombre d'autopsies réalisées et des particularités relevées sur certaines victimes. Nous commencerons par la dernière que vous m'avez adressée qui, grâce à son état de conservation, nous a permis de révéler une multitude d'indices qui feront avancer votre enquête.

Les deux amis suivirent le professionnel dans une grande salle où siégeaient les quatre disparues de l'A9, ou plus précisément pour trois d'entre elles, leurs restes mortels, selon le jargon médico-légal. Contrairement à l'odeur caractéristique du formol masquant les effluves pestilentiels de la putréfaction des cadavres que Victoire avait eu l'occasion d'apprécier dans les locaux du mythique IML de Paris, ici, aucune odeur âcre n'agressa son sens olfactif. En revanche, lorsque son regard balaya les trois squelettes partiellement reconstitués pour se poser sur le corps de Jana Guisset, l'idée qu'elle aurait pu se trouver aujourd'hui sur une de ces tables lui déclencha un frisson le long de l'échine…

Le légiste se positionna à quelques centimètres de la tête de Jana puis se tourna de manière à faire face aux deux enquêteurs.

Si Vincent semblait consterné de revoir sa cousine sous cet aspect, après tant d'années, Victoire ressentait des difficultés à décoller ses yeux de son corps si parfaitement conservé et qui ne ressemblait en rien à une momie tout droit exhumée d'un tombeau égyptien, excepté le fait que la gamine semblait avoir vieilli d'une vingtaine d'années avec son crâne démuni de cheveux. Le spécialiste éclaira ses lanternes :

— Contrairement aux momies égyptiennes, les momifications ne résultent pas toutes de la main de l'homme. Elles peuvent se conserver naturellement pendant des centaines d'années, figées dans le temps, grâce au climat ou au terrain dans lequel les corps ont été enterrés. Le froid extrême ou une sécheresse, l'acidité ou la salinité du sol, sont des facteurs qui peuvent favoriser ce processus qui ne touchent que certaines personnes plus sujettes que d'autres.

— Et ce serait le cas, ici ? demanda Vincent.

— Oui. On appelle ce processus, la dessiccation. À savoir que notre corps, constitué de 75 % d'eau, se dessèche dans une atmosphère sèche et chaude, à cause de l'évaporation. Ce qui empêche les bactéries de se développer et le préserve de toute détérioration habituelle effectuée par les vagues d'insectes chronophages…

Plusieurs paramètres avaient concouru à cette conservation du corps de la gamine, à savoir sa protection sous une couche épaisse de macadam, enterré dans un remblai sec et aride provenant du littoral, à forte concentration saline. Des circonstances idéales pour permettre une lyophilisation et favoriser une momification puisque d'un côté la prolifération des bactéries se voyait stoppée, et de l'autre, les micro-organismes étaient interrompus dans leur activité de destruction.

— Un double effet *kiss cool* comme j'aime le stipuler !

— Et cela vous permet de mieux analyser les causes de la mort.

L'autopsie rendue impossible du fait de l'hyper fragilité du corps, susceptible de se briser comme du verre à la moindre contrainte, la priorité résidait en un examen minutieux de la dépouille avant une observation poussée au scanner. Selon un procédé initié à Lyon par des précurseurs en la matière, venait ensuite l'étape de la réhydratation afin de prélever des échantillons de tissus et les inclure dans une résine pour éviter qu'ils ne se détériorent ou fondent, avant d'être débités en coupes fines et colorées.

— Ce qui me permet aujourd'hui de vous certifier que cette gamine est morte également par suffocation. Toutefois, le criminel n'a pas exercé la même intensité sur le cou si je me réfère au rapport d'autopsie de mon confrère, concernant la toute première victime, Angels Rodriguez, dont l'os hyoïde était fracturé, preuve d'un étranglement déterminé et puissant. Ici, comme les trois autres, cette partie est intacte, désigna-t-il les crânes en balayant l'espace de son index.

— Si je comprends bien, vous établissez, même si c'est à demi-mot, une corrélation entre les décès de ces cinq victimes ? suggéra Vincent, empressé d'obtenir une réponse concrète.

Faisant fi de sa question, le spécialiste détourna les talons pour se placer face aux ossements d'Anaïs Rosa, la seconde victime, à en juger son identité sur l'étiquette cerclée autour de son gros orteil du pied gauche. Son rapport sous les yeux, il en détailla le contenu aux deux enquêteurs en confirmant ce qu'il avait déjà avancé, à savoir que toutes les victimes – à l'exception d'Angels Rodriguez – avaient été séquestrées pendant plusieurs mois et subi une maltraitance caractérisée à deux niveaux : une malnutrition ayant entraîné des carences mais surtout des fractures occasionnées sur le crâne, les membres et sur les côtes, dont certaines s'étaient mal consolidées par manque de soin.

— Ces gamines ont vécu un véritable calvaire ! Leur carence en vitamine D atteste d'un enfermement dans une pièce démunie de lumière, et les traces relevées sur leurs poignets prouvent qu'elles étaient entravées… Et vu leurs fractures, j'irais jusqu'à étayer l'hypothèse que leur geôlier maltraitait ses victimes comme une fillette s'amuse avec sa poupée de chiffon. Des coups portés auraient laissé des marques sur les membres ou le torse, en provoquant des fractures nettes… Ici, il s'agit de chutes répétées avec l'envie non pas de blesser mais de fracasser le corps dans le but d'avilir ou d'anéantir.

— Et qu'est-ce qui vous amène à le penser ?

— J'ai d'abord cru que l'auteur avait voulu purifier ses victimes en rasant leur tête, comme certains rites religieux le préconisent avant une offrande. Mais au vu des lacérations du cuir chevelu provoquées par les coups de serpe ou de machette, j'ai rectifié mon jugement. Je pense en réalité qu'il a voulu les déshumaniser, ce qui expliquerait pourquoi il s'était également occupé de leurs lèvres. Comme vous pouvez le constater ici, dit-il en désignant la bouche de la fillette momifiée, ce détraqué lui a soudé la bouche avec une colle très puissante, composée de résine et d'un durcisseur. Le genre bi-composants très résistant à l'humidité et au vieillissement.

— Mon Dieu, lâcha Victoire, catastrophée. Ce qui explique leur malnutrition ! Mais comment peut-on commettre des actes aussi horribles ? s'offusqua-t-elle.

— L'innommable ! admit le légiste. Ce monstre avait laissé un interstice au centre pour qu'elles puissent s'alimenter en eau et en jus de fruits à l'aide d'une paille… Elles ont ainsi pu survivre quelques mois…

— Vous avez une idée de qui utilise ce genre de colle ? rebondit-elle.

— En règle générale, ces colles époxy sont courantes dans le monde du modélisme et des maquettistes…

Vincent jeta un regard en coin à sa voisine, l'air toujours aussi consterné depuis leur arrivée. La mâchoire verrouillée aussi fermement que lorsqu'elle s'apprêtait à recevoir un crochet, Victoire fulminait en imaginant la cruauté de son *père*. Les mains tremblantes, elle s'efforça de ne rien laisser paraître en les serrant l'une contre l'autre. Comme pour se donner du courage, elle prit une grande inspiration avant de poser sa question. Il fallait qu'elle sache.

— Ont-elles été… débuta-t-elle avec hésitation, cherchant le terme approprié. …abusées ? arriva-t-elle à terminer sa phrase, bloquant sa respiration en attente de la réponse.

— Non ! À croire que leur bourreau n'avait pas tous les vices, se permit d'en déduire le médecin, en refermant son rapport.

Alors que Vic, les paupières closes, expirait enfin, quelque peu soulagée, le légiste redressa la tête et plongea son regard dans celui du capitaine de gendarmerie.

— À l'exception d'Angels, je pense que les quatre victimes étaient habillées avec le même style de vêtement, souligna-t-il. Même si, la plupart du temps, nous n'avons retrouvé que des vestiges et autres oripeaux, les fibres textiles blanches ont les mêmes caractéristiques que l'aube de notre victime momifiée. Le genre de celle portée par les communiantes.

Le médecin laissa les deux enquêteurs analyser cette information susceptible de les orienter vers des meurtres à caractère religieux avant d'annoncer l'ultime point crucial de son expertise médico-légale :

— Pour clore mon rapport, j'aborderai ces stries relevées sur certaines parties des os qui suscitaient mon interrogation… Malgré leurs profondeurs, j'avais estimé qu'elles pouvaient provenir de leur malnutrition. Avec ce corps momifié, j'ai eu la chance de pouvoir étudier la chair manquante sur les précédentes victimes. Et j'ai enfin déterminé l'origine de ces traces. Ce sont des griffures animales ! Si profondes, qu'elles ont traversé par endroits les couches d'épiderme et atteint l'os… Le seul animal ayant cinq doigts comportant des griffes non rétractables, longues de cinq à sept centimètres à l'avant, dont on peut distinguer la patte droite de la gauche, ne peut être qu'un plantigrade. Je suis formel, ces pauvres gamines ont été lacérées par un ours !

23

Inutile de chercher les raisons de sa nuit difficile, ni le pourquoi de ses visions fantasmagoriques. Sa visite à l'IML avait laissé des traces. Victoire s'était retrouvée perdue au milieu du même décor pyrénéen, escortée par le même loup suspicieux et surveillée par le même corbeau inquiétant… avec, cette fois, la présence agressive d'un ours ! Tous les éléments semblaient se liguer contre elle ! Petite fille jetée en pâture dans un milieu hostile…

Toutefois, confrontée sans cesse aux mêmes problèmes et tiraillée par ses démêlés complexes d'une fuite en échec permanent, cette fois, une avancée notoire avait opéré. Après s'être réveillée en sursaut, en nage, sous le regard inquiet de Mec, elle avait enfin réussi après maintes et maintes réflexions à situer les lieux. Vu l'emplacement des montagnes derrière elle et la mer sur sa gauche, Victoire savait maintenant qu'elle se trouvait en Catalogne du Sud ! Faisant émerger une nouvelle interrogation : dans quel but son subconscient l'emmenait-il arpenter des contrées espagnoles ?

Vincent avait raison, cette affaire de gamines disparues et maltraitées lui rongeait autant les tripes que l'esprit. En son for intérieur, Vic savait qu'elle ne retrouverait la sérénité qu'une fois cette affaire résolue. Et pour ce faire, il fallait se mettre au travail, fouiner, s'acharner, et déceler la faille... celle qui lui permettrait de remonter à l'auteur des faits...

Mon père !

Ce terme l'écorchait tant, que sa prononciation lui donnait l'impression de faire saigner ses gencives. Elle ressortit le dossier et se pencha sur le cas *intriguant* de ce braconnier, propriétaire de la Peugeot 205 dans laquelle son père avait tenté de l'enlever. Selon son expérience du terrain, une victime de vol de véhicule, aggravé par des coups et blessures volontaires se serait empressée de déposer plainte... La policière, rompue à ce genre de mission, trouvait hallucinant de ne trouver qu'un simple rapport circonstancié relatant ces faits. Visiblement, le gendarme n'avait même pas pris la peine de rédiger un procès-verbal. Elle releva l'identité du maréchal des logis Sylvain Mestres et s'empara de son téléphone portable sur la table de nuit. Trois sonneries et Vincent décrocha d'une voix rauque.

— Bordel Vic, on est dimanche ! la tança le capitaine, l'esprit totalement embrumé. T'as vu l'heure ?

— Non, désolée, confessa-t-elle en jetant un œil à son radio-réveil qui affichait 03 h 45. Juste une question et je te laisse dormir. Tu connais le gendarme Mestres ?

Un blanc. Apparemment Vincent se triturait les méninges sans réussir à se souvenir de ce collègue. Soudain, la lumière jaillit dans son long tunnel d'incrédulité nocturne.

— Ça y est ! Mestres, oui. Il bossait à la nuit. Mais ça fait un bail qu'il a pris sa retraite.

— Tu aurais une idée de ce qu'il est devenu !

— À l'époque il était maître-chien, et si mes souvenirs sont bons, il comptait ouvrir un élevage ou un club canin une fois libéré de ses obligations professionnelles… Et tu peux me dire pour quelles raisons tu me déranges à cette heure ? Ça ne pouvait pas attendre demain ?

— Impossible, répondit-elle en se décollant du matelas.

Campée sur ses appuis, au pied du lit, elle grimaçait au téléphone à l'intention de son ami, telle une enfant gâtée à qui on vient de refuser une seconde part de gâteau. Elle lui porta le coup de grâce :

— Je ne sais pas si tu sais, mais cette affaire ne se règlera pas toute seule. Y en a qui bossent, Môssieur ! Même le dimanche !

— Hop hop hop ! la réfréna Vincent. Hier après-midi, j'ai reçu un appel du parquet de Nanterre. Suite au rapport du légiste, le proc', chargé du pôle *Cold case* a rouvert le dossier en nommant un juge d'instruction qui a déjà désigné une directrice d'enquête. Elle est censée débarquer dès aujourd'hui avec son équipe *squeezant* ma propre cellule. Alors, hors de question d'interférer dans leurs investigations, tu risquerais de faire pire que mieux !

Victoire acquiesça en retroussant les babines. Connaissant les lenteurs administratives du système policio-judiciaire, elle n'aurait jamais cru que le parquet aurait réagi aussi rapidement, pensant même avoir le temps de glaner des informations avant leur arrivée…

— O.K. J'ai compris, abdiqua-t-elle du bout des lèvres, même si cela lui coûtait. Allez, rendors-toi. Bises.

La communication à peine achevée, elle enregistra plusieurs données sur un moteur de recherche pour localiser un élevage canin dans les Pyrénées-Orientales. Cinq secondes d'attente et s'affichait le site de l'École Canine TS-Mestres, aux prénoms de Tania et Sylvain mentionnés sur les différentes photographies. Elle nota l'adresse sur Banyuls-dels-Aspres et fila sous la douche. Une heure plus tard, après un petit-déjeuner copieux, elle finalisait de se préparer quand l'envie d'appeler Jérôme se fit ressentir. Trois jours écoulés sans contact téléphonique lui avaient paru une éternité.

Encore trop tôt ! décréta-t-elle en voyant les 04 h 58 affichées.

Dans l'attente d'une heure plus raisonnable, elle prépara son sac de sport et équipa Mec de son harnais. Ce dernier, excité au possible par les allées et venues de sa maîtresse, avait reniflé une sortie imminente. Prête, Victoire reprit le dossier afin de s'imprégner de l'affaire du vol de la voiture, bien décidée à éclaircir certaines de ses interrogations. Elle enregistra l'adresse de Pablo Sanchez à Banyuls-dels-Aspres dans son GPS et s'arrêta net au moment de punaiser son emplacement sur la carte IGN de la région, accrochée sur le mur de la salle à manger. Victoire avait commencé par situer les lieux des enlèvements, puis y avait collé les photos des victimes, avec des renseignements spécifiques sur leur centre de vacances, leur école et leurs centres d'intérêt… À force d'y ajouter des *post-it*, d'y punaiser des informations complémentaires et de relier les domiciles des victimes aux sépultures, la fresque ressemblait à une énorme araignée dont le corps, en son centre, correspondait au Village Catalan, et chaque patte désignait un centre de vacances.

Et si le centre n'était pas Le Village Catalan, mais la commune à proximité ?

Les bras croisés, en admiration devant la carte murale, réfléchissant à sa propre analyse, le doute finit par s'immiscer en elle au point de l'inciter à vérifier sur-le-champ. Elle s'empressa de feuilleter l'ensemble du dossier et finit par identifier sur un procès-verbal le lieu de résidence des Rodriguez sur Saint-Jean-Lasseille. Elle réitéra l'opération sur son portable et eut confirmation de ce qu'elle pressentait en ajoutant une punaise rouge sur la carte à quelques millimètres de la précédente.

Leurs propriétés se situent dans la même rue à la limite des deux territoires communaux ! Ils étaient donc voisins. Et si j'en crois leurs noms de famille à consonance espagnole, je mettrais ma main à couper que Rodriguez et Sanchez se fréquentaient !

Sachant que dans la majeure partie des enlèvements d'enfants, l'auteur faisait partie du cercle proche des familles, Victoire plaça ce braconnier en tête de liste des suspects. Raison qui expliquerait son désintérêt de porter plainte suite au vol aggravé de son véhicule…

Un dernier coup d'œil à la pendule lui indiqua 06 h 35, et la conforta à tenter. Quatre sonneries et le beau surfeur blond décrocha.

— C'est moi… Je ne te réveille pas au moins ? entama-t-elle la conversation d'une voix douce et sensuelle.

— À peine, déclara le géomètre qui s'étira en bâillant fortement.

Preuve qu'il dormait. Aussi embarrassée que déstabilisée, Vic hésitait à poursuivre. Dans l'impossibilité de trouver les mots justes, à court d'idées, elle bascula sur son terrain par souci de facilité.

— Tu te rends compte, grâce à toi, la gendarmerie a retrouvé quatre gamines disparues… On devrait te décerner une médaille ! balança-t-elle avec une pointe d'ironie espérant détendre l'atmosphère.

— Fier d'avoir contribué à mon humble niveau, estima le géomètre. Mais tu ne m'avais pas parlé de cinq victimes ?

— Si, hélas. Il en reste une, introuvable. Mais j'ai bon espoir. De toute façon, je ne lâcherai rien tant que cette affaire ne sera pas résolue.

— C'est tout à ton honneur. On se voit aujourd'hui ? bifurqua-t-il soudain.

Une question si inattendue que Victoire fut incapable de répondre. Elle avait déjà planifié sa journée et Jérôme n'y figurait pas. Tout simplement parce que ce fameux signe de sa part tardait à arriver et se laissait désirer. Une certaine alchimie commençait à s'opérer entre eux mais jamais Vic ne se serait permis de faire le premier pas. Estimant que sa tentative d'approche méritait d'être récompensée, elle trouva une alternative :

— J'ai une matinée plutôt chargée mais je n'ai rien prévu pour le déjeuner, avança-t-elle.

— Alors on se donne rendez-vous vers midi trente place Arago à Perpi, on trouvera bien un resto, proposa Jérôme.

La conversation terminée, la policière enchaina avec sa dernière communication. Cela faisait trois jours qu'elle devait appeler Véronique, son amie bibliothécaire qui, dès son plus jeune âge, lui avait fait découvrir la région des Pyrénées-Orientales à travers la lecture des contes fantastiques catalans.

07 h 05. Elle savait que Véro, adepte de la marche nordique, se levait aux aurores pour arpenter les collines du Conflent, équipée de ses bâtons. Vic avait vu juste puisque la bibliothécaire décrocha, essoufflée.

— Coucou la sportive ! Dis-moi, t'es en pleine ascension du Canigou ?

— Pas la peine d'aller au massif, c'est aussi raide à Ria-Sirach, et dès le départ. On n'a pas le temps de trouver son rythme que le cardio monte direct dans les tours.

— Je ne t’embête pas longtemps. J’aimerais juste que tu fasses une petite recherche sur les rêves et leur interprétation, en particulier sur l’apparition de loup, de corbeau et d’ours. Voir la signification qui est donnée à ce genre de visions nocturnes… quand tu auras cinq minutes, bien sûr.

La bibliothécaire s’autorisa un temps de réflexion, l’occasion de se désaltérer, puis se prononça :

— De mémoire, le corbeau est annonciateur de mauvaises nouvelles, voire de la mort ! Quant au loup, il me semble qu’il est plutôt protecteur. Je vérifierai…

— Merci. Bonne séance ! Bises.

Cette fois, la policière verrouilla sa porte d’entrée, embarqua Mec dans sa voiture et démarra sa veille Clio, direction Banyuls-dels-Aspres, pressée de tirer au clair certaines zones d’ombre…

24

Son réveil s'était révélé brutal. En cause, ce flash info de la radio *France Bleu Roussillon* qui avait annoncé la réouverture du dossier des *Disparues de l'A9*. Pire, le pôle *Cold case* de Nanterre reprenait l'enquête. Elle aurait pourtant cru que ces corps ne seraient jamais réapparus, oubliés dans les profondeurs des ténèbres pour l'éternité. Aujourd'hui, les remous de ces nouvelles recherches risquaient d'engendrer des répercussions néfastes… Les esprits s'affolaient déjà, à en croire le journal *L'Indépendant* récupéré dans la boîte aux lettres, avec sa une qui ne laissait rien présumer de bon :

« Découverte macabre le long de l'autoroute A9. Des fragments de corps et des restes mortels de quatre victimes ont été retrouvés. Il s'agirait des Disparues de l'A9, une affaire d'enlèvements qui remonte aux années 90 ! »

Les premières pages défilèrent dans l'attente de tomber sur l'article traité par le journaliste. Il décrivait les moyens employés par la gendarmerie, leur motivation à régler cette affaire dans les meilleurs délais suite à ces découvertes effroyables. Madame Rosa, mère d'Anaïs, déclarait :

« La disparition de notre fille a bouleversé le cours de notre existence. Le temps s'était arrêté pour nous depuis son enlèvement et cette date du 16 juillet 1993. C'est terrible de ne pas savoir, d'attendre, d'espérer... car oui, l'espoir demeurait toujours, même après trente ans. Nous nous accrochions à ce dernier fil pour ne pas sombrer et continuer à vivre. Aujourd'hui, nous allons enfin pouvoir faire notre deuil... en priant pour que la justice puisse nous apporter des réponses et identifier le ou les criminels, responsables de cette monstrueuse affaire. »

Pour le moment, le journaliste ne donnait aucun renseignement sur la direction d'enquête suivie par la gendarmerie. Aucune piste n'était privilégiée.

Tant mieux. Ce serait quand même regrettable d'être inquiétée dans cette affaire après trente ans !

La question était de savoir si la prescription s'appliquerait et lui permettrait d'éviter une condamnation. Après avoir saisi une boite en carton en haut de l'armoire de la chambre, puis l'avoir ouverte, ses yeux se posèrent sur plusieurs coupures de journaux, jaunies par le temps. Elles évoquaient chaque enlèvement et relataient les différentes recherches entreprises pour retrouver les gamines disparues... Ses doigts feuilletaient de vieux souvenirs d'une époque lointaine, à la fois révolue et si prégnante dans son esprit, tant elle était gravée dans sa mémoire. L'un des anciens articles de presse attira son attention. En voyant la photographie, la haine figea son visage. Ce jour de février 1990, où tout avait basculé...

25

Sur le trajet, le regard de Victoire alternait entre l'itinéraire du GPS sur l'écran de son portable et la départementale. Un dimanche serein, personne sur la route, de surcroit à cette heure matinale. Pendant qu'elle s'évertuait à suivre les indications vocales, elle repensait aux recherches entreprises la veille. Elle avait eu la *bonne* idée, avant de s'endormir, de visualiser quelques vidéos relatives au comportement des ours, en particulier leurs attaques. Il en ressortait une constance dans l'approche et la manière de procéder. Afin d'impressionner son adversaire, le plantigrade s'élevait sur ses pattes arrière et lacérait sa proie de ses griffes. Une de ses habitudes avait interpellé Vic : elle consistait à projeter l'homme ou l'animal à plusieurs reprises de manière à l'affaiblir physiquement mais aussi dans le but de prendre l'ascendant psychologique. Outre les nombreuses blessures et hémorragies, les victimes de ce type d'attaque présentaient en général de nombreuses fractures. La policière n'osait imaginer le calvaire enduré par ces pauvres gamines…

Comme si les séquestrer et les affamer ne suffisaient pas, ce fumier les a martyrisées en les jetant en pâture à un ours !

Quel barbare pouvait avoir des idées aussi tordues ? Un psychopathe sanguinaire, calculateur et démuni de toute empathie envers la nature humaine… Les conclusions du légiste étaient sans appel : ces fillettes, apeurées, seules, enfermées et sans soin, avaient dû vivre l'enfer. Vic enrageait. Elle tenta de décompresser en prenant une grande bouffée d'air par sa fenêtre entrouverte puis s'évertua à suivre les directives du GPS.

Quand la brume matinale s'estompa, la noirceur des Albères commença à s'intensifier, dressant cette muraille austère en toile de fond sur le ciel bleu azur. À la sortie du village de Banyuls-dels-Aspres, Victoire stationna son véhicule devant la clôture grillagée d'un chenil, dans un secteur idéalement isolé pour éviter que les aboiements ne dérangent la population. Pensant ne trouver personne de si bonne heure, elle aperçut une dame au loin, les bras encombrés de gamelles remplies de croquettes. La policière s'avança jusqu'au portail et fit de grands gestes espérant attirer son attention, en vain. La propriétaire géra la répartition des repas dans chaque box puis vint à sa rencontre.

— Nous sommes fermés aujourd'hui… Vous désirez un renseignement ? demanda-t-elle en voyant le berger allemand dans la Clio, la langue pendante derrière la vitre arrière.

— En réalité je souhaitais m'entretenir avec Sylvain Mestres, annonça d'emblée Victoire en déclinant sa qualité, confirmée par sa carte professionnelle.

Quelques minutes d'explications supplémentaires et Tania la fit entrer dans le chenil avant de la précéder à l'intérieur de leur domicile. Là, elle fut présentée à l'ancien gendarme, âgé d'environ soixante-cinq ans, de taille moyenne, au physique rondouillard, le visage rougeaud. Vic lui exposa brièvement la situation, la découverte des *Disparues de l'A9*, la réouverture du dossier par le pôle *Cold case* de Nanterre. Elle en vint à exprimer sa propre analyse de certains procès-verbaux, en particulier son interrogation sur les inepties ou oublis volontaires concernant le braconnier Sanchez. Mestres livra sa version des faits sans langue de bois :

— Tout le monde le connaissait ce vieux bougre. La plupart de nos effectifs l'avaient connu gamin, à l'école. Alors il nous était difficile de le coller au placard pour quelques broutilles… Vous comprenez ?

— De là à ne pas mentionner sa proximité avec les Rodriguez et à ne pas s'inquiéter de sa présence, pour le moins suspecte, à proximité du centre de vacances lors de la tentative d'enlèvement de Victoire Réexhas, âgée de sept ans, il y a un sacré fossé !

L'ancien militaire frotta sa barbe naissante sur le menton. La réplique de la policière l'avait déstabilisé. Il leva les yeux en direction de son interlocutrice et la dévisagea avant de poursuivre :

— On savait très bien qu'il n'avait rien à faire dans ce secteur, d'autant plus à cette heure tardive. Il braconnait à coup sûr. Et vu la branlée infligée par l'autre détraqué, on a estimé qu'il avait déjà assez morflé. Vous savez comme moi ce qu'une telle procédure aurait impliqué. On a jugé préférable de le laisser partir… Pas vu, pas pris, donc pas de plainte.

— Mais vous auriez au moins pu l'interroger car ce type aurait très bien pu avoir un lien avec les disparitions.

— Sincèrement, il n'en avait pas le profil. Preuve en est, il est décédé avant que les Rodriguez ne signalent la disparition de leur gamine…

Tout en écoutant les justifications de l'ancien gendarme, Victoire retraçait les différentes étapes de l'enquête en superposant les données en sa possession.

— Justement ! s'écria-t-elle. Angels Rodriguez est la seule qui sortait du lot, si je peux m'exprimer ainsi. Beaucoup plus âgée que les autres disparues, enlevée sur son lieu de résidence et non en centre de vacances… et la seule à ne pas avoir subi de maltraitance, de malnutrition ou de fractures, ni même de griffures animales…

Le visage interloqué de Mestres obligea Victoire à développer son argumentation, en dévoilant certaines informations confidentielles. L'ancien gendarme, circonspect aux conclusions du légiste, restait mutique. Victoire continua sur sa lancée :

— Qui vous dit que ce criminel agissait seul ? Les différents témoignages reflètent l'existence de deux véhicules distincts… Cela ne vous a jamais effleuré l'esprit que les kidnappeurs auraient pu être deux ?

— Non, désolé, confessa Mestres qui, à l'expression de son visage, venait de réaliser l'erreur commise.

Conscient que si les gendarmes avaient fait *remonter* ces suspicions, le juge d'instruction les aurait incités à investiguer dans ce sens, en s'intéressant en priorité à la famille Rodriguez.

— Il va sans dire que cette famille suscitait des interrogations, à commencer par leur lieu de résidence à quelques encablures du Village Catalan. Accentuées par la présence suspecte du voisin braconnier près du centre de vacances, suivie de son décès dans des circonstances plus ou moins troublantes, mais aussi de l'accident mortel du père quinze jours après… sans compter la disparition d'Angels qui n'avait aucune corrélation avec les précédents enlèvements. Et pour finir, après toutes ces morts, l'arrêt de toutes ces disparitions !

La policière sentit les battements de son cœur s'accélérer. L'énervement gagnait du terrain. Elle s'obligea à réguler sa respiration et calmer ses ardeurs. Se connaissant, elle savait que dans ce genre de situation, sous le coup de l'énervement, elle risquait de franchir les bornes du raisonnable, avec des paroles frôlant la correctionnelle… Elle prit une bonne bouffée d'oxygène avant de renchérir :

— Ces nombreuses incohérences auraient dû soulever votre intérêt. Au lieu de ça, à vouloir taire une broutille, à vos yeux, vous n'avez fait que propulser ce dossier dans les oubliettes. Vous vous rendez compte, aujourd'hui, de ce que cette petite goutte d'eau dans l'océan a provoqué ? Un véritable siphon béant dans lequel les familles ont été immergées, puis noyées, pendant plus de trente ans !

Après avoir déversé son trop-plein d'amertume sur ce pauvre retraité de la gendarmerie, accablé par le passé qui venait de resurgir et lui gâcher sa journée dominicale, Vic regagna son véhicule. Elle démarra en trombe, direction le pavillon de Sanchez… même si elle se doutait qu'après tant d'années, elle n'y trouverait pas grand-chose.

26

Dans les locaux de la gendarmerie de Thuir, le branle-bas de combat se prolongeait depuis deux jours. Dès 07 h 00, malgré ce jour dominical, l'arrivée de la lieutenante-colonelle Privat Marie-Jo et son équipe d'enquêteurs avait créé l'émulation au sein du bâtiment. Vincent avait mobilisé ses troupes pour préparer un bureau assez vaste pour cinq personnes, en espérant que leur unité soit autonome en logistique car il ne disposait d'aucun matériel informatique à leur attribuer.

Informé la veille d'une arrivée programmée à 09 h 00, l'équipe avait débarqué à 08 h 58 sur le parking de la gendarmerie. L'exactitude en disait long sur leur professionnalisme et leur motivation. Les présentations faites en quelques minutes, ils avaient pris d'assaut leurs quartiers et s'étaient déjà mis au travail.

La LCL[19] s'adressa au capitaine sur un ton ferme ne laissant planer aucun doute sur sa détermination :

— L'étude du dossier nous a permis de relever certaines interrogations concernant les familles Rodriguez et Sanchez, leur

19. Lieutenante-colonelle.

voisin braconnier. Le temps d'installer notre matériel informatique, dès que nous serons opérationnels, nous nous rendrons à Saint-Jean-Lasseille et Banyuls-dels-Aspres, dans leur ancien secteur de résidence…

— Quel intérêt puisque ces deux hommes sont décédés avant la disparition d'Angels, se permit de contrecarrer le capitaine.

— Je ne peux vous en dire plus pour le moment, pour des raisons évidentes du secret d'instruction, mais avec le magistrat, nous avons décelé des problèmes inhérents au cercle familial… en rapport direct avec l'intervention de l'assistante sociale… Et qui confortent nos allégations envers cette famille.

Vincent, qui connaissait le dossier sur le bout des doigts, se souvenait effectivement de l'intervention de la DDASS 66, la direction départementale des affaires sanitaires et sociales de Perpignan. Sans pour autant se rappeler du motif exact invoqué, ayant supposé un soutien psychologique apporté à la mère et à la fille après les épreuves successives endurées…

— L'objectif est de vérifier si l'un des pavillons n'aurait pas servi à séquestrer les victimes, relança la gradée sur un ton grave. Si tel était le cas, nous espérons recueillir des indices qui concourront à retrouver la dernière manquante, Joana Vila. Ce qui nous permettrait de clore définitivement le dossier et *de facto* rendre les dépouilles et les restes mortels aux familles de manière à ce qu'elles puissent enfin faire leur deuil.

— Oui, ce serait une bonne chose, valida Vincent, estimant que la directrice d'enquête allait peut-être trop vite en besogne, croyant régler cette affaire complexe en deux temps, trois mouvements. Je vous laisse, je suis dans ce bureau, désigna-t-il sa porte, et reste à votre disposition si vous avez besoin de quoi que ce soit.

Au préalable, l'ancien rugbyman de l'USAP avait effectué quelques recherches afin de savoir à qui il allait avoir affaire. Sa réputation de battante précédait la lieutenante-colonelle Privat, dont l'essentiel de sa réussite découlait de sa pugnacité. Criminologue de formation, elle avait dû surmonter beaucoup d'obstacles avant de pouvoir s'imposer dans cet univers masculin où les enquêteurs la considéraient à ses débuts comme une écervelée, une extra-terrestre ou en dernier ressort comme une illuminée, estimant ne pas avoir besoin de son expertise pour stopper des criminels. Après quinze ans à s'efforcer de prouver l'efficacité du profilage et l'analyse comportementale, elle avait structuré le Département des Sciences du Comportement qu'elle commandait depuis 2020 au sein de la DiANE[20], pour résoudre des *Cold case* souvent complexes…

Vincent plaçait tous ses espoirs en cette unité, persuadé qu'avec leur concours, le dossier des *Disparues de l'A9* avait toutes ses chances d'être résolu, enfin… après toutes ces années.

20. La division des affaires non élucidées.

27

À l'autre extrémité de Banyuls-dels-Aspres, Victoire gara sa Clio le long d'un terrain vague. Descendue, elle rentra la tête dans les épaules, surprise par une bourrasque. Les températures avaient brutalement chuté depuis deux jours avec l'arrivée de la tramontane, premiers signes annonciateurs de l'automne qui approchait à grands pas. En espérant que la pluie, si désirée, soit au rendez-vous.

À peine sauté de la banquette arrière, Mec s'aventura dans la propriété de Sanchez, recouverte d'une végétation ô combien florissante. Au milieu de la propriété délimitée par une clôture grillagée dissimulée dans son intégralité par les hautes herbes, Vic repéra une vieille bâtisse aux murs lézardés, en pierre du pays, qui, avec une partie du toit effondrée, lui donnait l'aspect général d'une grange en ruine. Instinctivement, en laissant libre cours à sa truffe au ras du sol, Mec lui ouvrit une voie sinueuse. Une cinquantaine de mètres en aval, il resta planté devant la porte d'entrée, tournant la tête vers sa maîtresse en attente d'instructions. La serrure présentait des traces d'effraction caractéristiques d'une ouverture au pied de biche. Les deux fenêtres symétriques fracturées ne faisaient que conforter l'idée d'une intrusion illicite dans la demeure. D'une simple pression de l'épaule, Vic ouvrit la lourde porte en bois qui lui offrit un spectacle de désolation. Les murs maculés de tags aux couleurs vives et le sol jonché de cadavres de bouteilles de vin et de canettes de bière attestaient d'un squat en bonne et due forme. À même le carrelage, au milieu de débris de tuiles et de centaines de mégots, deux vieux matelas recouverts de taches immondes et une couverture traînaient dans un coin. En levant la tête, le ciel bleu azur lui donna la raison de leur départ. N'étant plus abrités, les squatters avaient décampé.

Victoire continua sa prospection des lieux. La maison modeste, édifiée en rez-de-chaussée, disposait d'une salle à manger, d'une cuisine et de deux chambres d'où émergeait un capharnaüm sans nom. Les deux pièces renfermaient des meubles empilés et imbriqués pêle-mêle du sol au plafond, ainsi que des vêtements et des dossiers administratifs du défunt, amassés et jetés en vrac. À en croire quelques photographies éparses, le braconnier se contentait du minimum syndical pour vivre. Véritable ermite, il braconnait pour subvenir à ses besoins et assouvir sa passion. Dans la salle de séjour, Vic avait remarqué une tête de biche accrochée au mur, dernier vestige ayant résisté aux affres du temps et du *nettoyage* en règle effectué par les squatters. Du bout du pied, Vic ouvrit un meuble bas dont la vitre explosée renfermait une collection complète d'oiseaux empaillés. Le propriétaire des lieux s'adonnait à la taxidermie…

Intéressant…

Après avoir passé en revue l'ensemble de la maison, avoir constaté qu'aucune pièce ni cave n'aurait pu servir à séquestrer une enfant, ou à garder en captivité un ours, Victoire tint à vérifier l'ensemble de la propriété. Sortie à l'air libre, elle s'aventura une nouvelle fois dans les hautes herbes sur l'arrière de la maison pour le plus grand plaisir de Mec qui courait dans tous les sens, jouant à cache-cache en disparaissant de temps à autre au milieu de la végétation. La policière descendit la pente du terrain en friche jusqu'au petit bois qui donnait sur une retenue d'eau naturelle, assimilable à un étang d'environ cinquante mètres de diamètre. Le niveau bas de l'eau verdâtre, tapissée d'algues, avait favorisé la prolifération de plantes aquatiques et laissait entrevoir des sorties de canalisation. Vu la pente naturelle du terrain, Sanchez avait sans doute prévu un moyen de récupérer les eaux pluviales qui, en cas de trop-plein, venaient s'y déverser.

À force de scruter les alentours, elle aperçut au loin, à l'ouest, la ruine d'un autre pavillon qui, selon son implantation, correspondait à celle des Rodriguez, et à l'est, bien dissimulée au cœur de la forêt, une autre habitation distante de plusieurs centaines de mètres. En quelque sorte, la propriété de Sanchez s'avérait idéale pour séquestrer une enfant sans risquer d'attirer l'attention.

Proférer des accusations est une chose, les prouver, une autre… à toi de dénicher l'endroit où ce braconnier les enfermait !

En rebroussant chemin, elle repéra une cabane édifiée sur deux niveaux, le long d'un grand chêne. Les ramifications du lierre grimpant recouvrant la majeure partie des cloisons en bois naturel, l'ensemble se noyait si parfaitement dans le décor que Victoire ne l'avait pas remarqué au premier passage. Intriguée, elle s'approcha et pénétra par la porte au rez-de-chaussée, à deux doigts de rompre, retenue par l'unique gond inférieur rongé par la rouille. Dès ses premiers pas sur ce tapis de végétation, elle ressentit des ondes étranges. Hostiles. Comme une ambiance prégnante et malsaine. À travers le liseron et les morceaux de bois désintégrés par le temps et les aléas climatiques, elle découvrit des amulettes hindous, bouddhistes, et autres personnages mystiques en plâtre ou en plastique. Elle identifia des sorcières, des démons et quelques animaux dont deux crânes qui, selon leur taille, s'apparentaient à un mouton et un lapin.

Voyance maléfique, magie noire ou sorcellerie ?

La chair de poule gagna l'ensemble de son corps. Elle frissonna. C'était indéniable, cette cabane n'avait pas servi uniquement à des jeux d'enfants. Quelqu'un y avait réellement séjourné...

Accédant au premier palier grâce à une échelle précaire, la présence d'un lit broyé et d'un matelas éventré lui confirma ses suppositions. Les années écoulées ayant considérablement détérioré les matières et la structure, Victoire essayait de déterminer comment Sanchez avait réussi à maintenir une enfant enfermée dans cette chambre à coucher. L'épaisseur des cloisons ne permettant pas d'attacher la moindre fixation, et la fragilité de la porte d'entrée ne disposant pas de verrou extérieur, une gamine, même frêle et terrorisée, se serait vite échappée de ce lieu sinistre...

Idem concernant un animal sauvage. Rien n'est assez solide pour y enfermer un ours !

En grimpant la seconde échelle aux barreaux rongés par les termites, elle atteignit le dernier palier à une hauteur d'environ cinq mètres. D'un côté, un moucharabieh permettait l'aération de la pièce, de l'autre, une ouverture béante offrait une vue imprenable sur les environs. L'occasion de conforter ses allégations à l'encontre de Pablo Sanchez. Ce lieu isolé correspondait en tous points à celui recherché par les criminels, aussi bien pour séquestrer une enfant, que pour la traumatiser, la martyriser et s'en débarrasser comme on jette un jouet cassé...

Vic observait les branches autour d'elle et remarqua, sur la plus grosse, une saignée naturelle résultant d'une usure forcée.

Comme le balancement d'une corde qui aurait fini par laisser son empreinte en cisaillant l'écorce...

Son raisonnement l'incita à incliner la tête et son regard se posa sur le rebord de la fenêtre. Des marques de frottements, distinctes d'environ vingt à trente centimètres, présentaient des traces de sang. Dans la continuité, elle leva les yeux en suivant le tracé d'une corde imaginaire, à la recherche d'un point d'ancrage et trouva un piton métallique, planté au centre du tronc.

Mon Dieu ! Les gamines attachées à la corde et pieds nus, étaient en équilibre sur ce rebord quand Sanchez les poussait dans le vide... Et après les avoir laissées se balancer comme des pendues, il libérait le point d'ancrage, les propulsant ainsi d'environ cinq mètres !

Victoire ferma les yeux, n'osant imaginer l'impact subi après une telle chute car, de cette hauteur, le sol devenait aussi dur que du béton...

Au moment de quitter le palier, elle donna un coup de pied dans une bougie usagée. Elle en trouva quatre autres dispersées ainsi qu'une vieille boîte d'allumettes, déformée par le temps, qui traînait au-dessus d'une feuille de papier chiffonné, laissant apparaître, à chaque coin, plusieurs cercles de pâte à fixer. Victoire la ramassa puis la retourna. Choquée par la photographie, elle eut un mouvement de recul instinctif. Il s'agissait d'un homme-ours ou plus précisément d'un individu recouvert d'une peau de plantigrade, dont l'extrémité de ses bras se terminait par des griffes animales... et sur son visage, noirci, trônait une tête d'ours brun. La gueule ouverte, les crocs acérés, il semblait hurler à la mort...

28

Aussitôt la porte de son bureau refermée, Vincent s'était replongé dans le dossier des *Disparues*. Il tenait à vérifier les données concernant la famille Rodriguez. En à peine dix minutes, il avait remis la main sur le rapport, en date du mois de juillet 1997, où la DDASS formulait des soupçons de maltraitance du père, Francisco Rodriguez, exercée sur les membres de sa famille. L'hôpital public de Thuir, à l'époque, avait alerté leurs services afin de faire la lumière sur des violences commises à l'encontre de la mère, Claudia, et de leur fille cadette Prescillia, âgée de seize ans. Grâce aux références, le capitaine retrouva le procès-verbal mentionnant leur hospitalisation…

En découvrant les blessures et les deux admissions, à treize jours d'intervalle, Vincent comprit les soupçons de la cellule DiANE envers la famille Rodriguez. La mère et la fille avaient été hospitalisées en date du 18 juillet 1997 pour deux côtes cassées et fracture du bras concernant Claudia, et fracture du tibia et luxation de l'épaule pour Prescillia. Le certificat du médecin urgentiste précisait que « *les victimes présentaient également plusieurs contusions et hématomes sur l'ensemble du corps, signes caractéristiques et consécutifs à des coups reçus, voire à des chutes provoquées et non à un accident de vélo comme le père l'avait formulé...* »

Le capitaine fut ébahi de constater que le rapport médical de la seconde hospitalisation en date du vendredi 31 juillet 1997 relatait approximativement les mêmes constatations d'un autre médecin urgentiste. Ce soir en question, la mère présentait une fracture de la malléole, une luxation du poignet, et la fille cadette, une fracture du cubitus et de la cloison nasale. Outre le nombre important d'hématomes couvrant leurs corps, le rapport stipulait également, au feutre rouge, la réitération des faits et l'alerte donnée aux services sociaux.

Même si les dates et les informations s'entremêlaient dans son esprit, que cet enchevêtrement de données rencontrait des difficultés à s'articuler correctement, Vincent avait le sentiment d'avoir soulevé un lièvre.

Reste à trouver le fil conducteur qui relie l'ensemble !

Il saisit un stylo et laissa libre cours à sa réflexion en notant par ordre chronologique les dates des faits sans réellement savoir où cela le conduirait. En veillant à laisser des espaces afin de pouvoir y insérer des éléments subsidiaires.

- Jeudi 17 juillet 1997 - Tentative d'enlèvement de Victoire
- Vendredi 18 juillet - 1ère Hospitalisation de Claudia et Prescillia Rodriguez
- Dimanche 20 juillet - Décès accidentel de Pablo Sanchez
- Jeudi 31 juillet - 2ème Hospitalisation de Claudia et Prescillia Rodriguez
- Samedi 2 août - Décès accidentel en voiture de Francisco Rodriguez
- Dimanche 17 août - Disparition d'Angels Rodriguez

À la lumière de ces faits et après avoir relu ses notes en boucle, Vincent envisagea la possibilité que le père de Victoire ne représentait peut-être pas le seul suspect dans la tentative d'enlèvement de sa fille. Les enquêteurs s'étaient focalisés sur un seul criminel alors qu'une action en binôme aurait très bien pu être envisageable. Et Sanchez constituait le complice idéal, vu sa présence sur place…

Et la bagarre aurait résulté d'une embrouille entre les deux, raison qui justifiait la dérouillée de Sanchez !

En suivant sa logique, Vincent émit l'hypothèse d'une intervention de Sanchez face à la violence exercée par Rodriguez envers son épouse et sa fille cadette. Les deux amis se seraient affrontés et Francisco, fou de rage, aurait tué involontairement ou non Pablo, affaibli par les coups reçus trois jours auparavant. Sa mort maquillée en accident de braconnage, les forces de l'ordre n'avaient pas jugé utile d'approfondir, mais Claudia avait assisté à la scène.

Et quand Rodriguez réitère ses coups, et qu'elle le menace de le dénoncer à la gendarmerie, il frappe si fort que son épouse et sa fille cadette sont une nouvelle fois hospitalisées !

Les services sociaux alertés, Rodriguez se doutait que ses jours étaient comptés. Que le système judiciaire avait toutes les preuves nécessaires pour le condamner. Soit ses préoccupations l'avaient conduit à commettre une erreur de conduite, soit il s'était suicidé, toujours est-il qu'il était décédé dans un accident de voiture quelques jours plus tard…

Sauf si... le retour du père de Vic avait bouleversé le cours des choses !

Vincent prit ce paramètre en considération en l'imaginant revenir chez Sanchez et apprendre, pourquoi pas de la bouche de Claudia, que son époux avait tué Pablo. Le père de Victoire aurait ainsi orchestré la mort de Rodriguez pour se venger…

Un aller-retour aux archives de la Brigade Accident et le capitaine récupéra la procédure du samedi 2 août 1997 à Brouilla. Il s'imprégna des circonstances de l'accident afin de déterminer si les éléments relevés par les intervenants pouvaient conforter son hypothèse. Hélas, rien ne semblait attester l'action d'un tiers ni même l'interaction d'un autre véhicule. Rodriguez avait fait une simple sortie de route, alors qu'il circulait sur la grande ligne droite du pont métallique. Juste avant de le franchir, son véhicule avait fait une embardée, avait basculé dans le vide en atterrissant sur la route au niveau inférieur, puis avait poursuivi sa course en ligne droite pour terminer dans le Tech, après une chute de plusieurs mètres en contrebas. Rodriguez avait traversé le pare-brise sous la violence de l'impact. Le visage méconnaissable, défiguré par les bris de verre, il était mort sur le coup.

L'accident ayant été traité immédiatement par la brigade territoriale de Thuir, et la mort de Francisco Rodriguez constatée sur place par le médecin légiste, le procureur n'avait pas jugé utile de procéder à une autopsie. Toutefois, en parcourant le rapport médico-légal, l'attention de Vincent fut attirée par un passage raturé en bas de page, dont certaines lignes recouvertes grossièrement de blanc correcteur étaient encore lisibles. Une fois déchiffrée, la mention lui fit froid dans le dos.

29

Dans la cabane, Victoire avait remisé la photographie et les bougies à leur emplacement supposé, localisé grâce aux marques de salissure et traces de brûlure. Cet espace ressemblait à s'y méprendre à un mausolée édifié à l'effigie de cet être mi-homme, mi-ours. Un lieu de recueillement où Sanchez venait sans doute le vénérer et prier… En observant plus attentivement le cliché, Victoire remarqua que l'individu faisait corps avec le plantigrade, telle une incarnation, aussi mystique que surnaturelle.

C'est étrange, mais cette photo me rappelle quelque chose…

Après avoir mitraillé la cabane dans ses moindres recoins à l'aide de son téléphone portable, Victoire avait fouillé sans résultat la grange, servant de garage à la Peugeot 205, puis elle avait regagné le pavillon en ruine pour le plus grand plaisir de son berger allemand. Excepté quelques têtes d'animaux, plusieurs pattes empaillées étaient empilées derrière un meuble dans l'une des deux chambres. Mais toujours rien en rapport avec un hypothétique ours… Absorbée par sa découverte, le grognement de Mec lui parvint bien trop tardivement.

— Calme ton clébard sinon je l'abats direct ! annonça l'individu dans son dos.

Sans faire de geste brusque, la policière leva les mains en signe d'apaisement, et la tête tournée, découvrit le fusil de chasse braqué sur elle. Elle rappela son chien à l'ordre, et lui intima de s'asseoir à ses pieds. Obéissant, il s'exécuta, un léger grognement faisant tout de même retrousser ses babines.

— Il n'y a plus rien à voler ! Tu vois bien que tout a été pillé et vandalisé, renchérit l'homme âgé d'environ soixante-dix ans. Alors qu'est-ce que tu viens foutre ici ?

— Police ! répondit aussi sec Victoire. Alors je vous conseille de baisser votre arme avant que je vous coffre pour entrave à la bonne marche de mon enquête ! beugla-t-elle, bien décidée à calmer les ardeurs de l'agriculteur.

Les callosités de ses mains charnues attestaient d'un travail de la terre, comme la majeure partie des habitants du secteur, habitués au dur labeur des vignes et des potagers. Il concéda à incliner le canon de son arme, non sans rester un brin soupçonneux. La policière apaisa les tensions en arborant sa carte professionnelle. La glace enfin rompue, elle put commencer son interrogatoire en règle en apprenant que M. Rigaud était le propriétaire de la troisième habitation, ancien voisin « éloigné » de Sanchez. Il répondit aux questions sans tergiverser :

— Pablo n'avait aucune famille… son terrain est resté à l'abandon pendant plusieurs années puis des marginaux ont investi les lieux et ont tout saccagé. À chaque fois que je prévenais la gendarmerie, ils les délogeaient, et deux jours après, ils revenaient… un jeu sans fin. Puis un jour, l'effondrement de la toiture les a fait déguerpir.

En continuant de balayer le sol, le regard de Victoire se posa sur un renard et un furet empaillés. Déstabilisée par ces billes noires, si expressives, qui semblaient leur redonner vie, elle désigna une tête de sanglier accolée à un socle en bois, sans doute décroché d'un mur de la salle à manger.

— Sanchez était taxidermiste…

— Oui. Il fanfaronnait en prétextant que sa passion lui permettait de calmer ses nerfs.

Selon ses dires, ce vieux bougre, peu loquace mais sanguin, était plutôt du genre à réagir au quart de tour. Ayant fréquenté les bancs de la même école primaire, ils se connaissaient et se respectaient, sans pour autant se fréquenter. Rapidement décroché du système scolaire, Pablo avait servi plusieurs années dans l'armée et avait vécu aux crochets de ses parents à son retour. Ayant hérité de leur demeure, il était resté, vivotant comme un ermite, en se nourrissant de pêche et de braconnage. De temps à autre, il améliorait son ordinaire en glanant un peu d'argent l'été grâce aux récoltes de fruits et aux vendanges.

— Dans les années 90, vous n'auriez pas remarqué un éventuel changement dans son comportement ou dans ses habitudes ?

L'homme puisa dans ses souvenirs mais rien ne semblait l'avoir interpellé à l'époque. Il décrocha une moue perplexe en répondant à la policière :

— Non, je ne vois pas. Vous savez, il était plutôt du genre solitaire, un brin secret.

— Prenez votre temps, réfléchissez bien. Rien de différent, d'inquiétant même, qui aurait suscité votre intérêt ? insista Victoire. S'il avait élevé un ours, ici, vous l'auriez remarqué, ou même entendu, je suppose.

Une grimace dubitative déforma le visage du sénior.

— Un ours ? s'esclaffa-t-il, prêt à s'étouffer. Pablo n'avait pas d'animaux, ça, je peux vous l'assurer.

À son hochement de tête, elle comprit que sa question lui semblait totalement absurde. Vu que rien ne l'inspirait, elle enfonça le clou :

— Comme sa mort... Vous y croyez, vous, au fait qu'il se soit empalé sur son propre piège à sanglier ?

— Ce genre d'accident s'est déjà vu, assura-t-il en haussant les épaules. Il suffit d'un moment d'inattention... et vous passez l'arme à gauche, approuva-t-il en retirant enfin son doigt qui se trouvait toujours sur la détente.

Soudain sa tête se figea. Il regarda la policière sans réellement la voir. Le temps défilait dans son esprit en remontant le fil des années. Quelques secondes d'incursion dans le passé et ses souvenirs refirent surface.

— Maintenant que j'y repense, il est vrai que deux ou trois semaines avant sa mort, je l'avais trouvé perturbé. Il ne m'avait parlé de rien, mais il semblait préoccupé, finit-il par admettre. Des problèmes, sans doute personnels, qui ont concouru à sa perte.

Le sénior venait de contrôler sa montre deux fois en l'espace d'une minute. Victoire devait faire vite pour l'aiguiller sur sa ligne directrice avant qu'il ne lui fausse compagnie.

— Et sinon, les Rodriguez, voisins de Sanchez...

— Des gens discrets, sympathiques qui ne méritaient pas de subir autant de drames. Ce qui n'a pas empêché les charognards de venir se repaître de leur malheur en les harcelant pour acheter leur bien. Ils ont d'ailleurs gagné puisque leur propriété et celle de Sanchez appartiennent aujourd'hui à la même société PhotVolt-Eol qui, pour le moment, rencontre quelques problèmes pour ériger des éoliennes et installer des panneaux solaires. Je ne m'inquiète pas pour eux, ces multinationales finissent toujours par gagner...

Malgré la création d'un collectif et des années de batailles juridiques, la société avait déjà réussi à implanter, contre l'avis de la municipalité et de ses habitants, des parcs d'ombrières photovoltaïques dans un autre secteur…

— On voit effectivement que ces propriétés sont abandonnées depuis longtemps, confirma la policière. J'ai même trouvé une cabane en bois, dont une pièce semblait servir de lieu de prière. Un genre de mausolée, à l'effigie d'un homme-ours, ça vous évoque quelque chose ? Sanchez vénérait un Dieu animal ?

— Je n'en sais foutre rien, répondit le voisin en gesticulant, visiblement importuné par la question. Et puis, il est mort depuis plus de trente ans ! Alors laissons-le en paix où qu'il se trouve…

Victoire avait assez de métier pour déceler quand une question faisait mouche, et son attitude prouvait que le thème abordé l'avait mis mal à l'aise. D'ailleurs, il consulta sa montre une énième fois et trouva un prétexte pour battre en retraite :

— Désolé, je n'ai pas vu l'heure tourner, je dois rentrer ! annonça-t-il avant de prendre la poudre d'escampette.

Victoire l'interpella avant qu'il ne sorte du pavillon :

— Il faudra pourtant trouver le temps de répondre à mes questions, sinon je serai dans l'obligation de vous convoquer au commissariat…

Le senior marmonna une réponse inaudible dans ses moustaches blanches tout en prenant la tangente au pas de charge. Elle l'observa quitter la propriété en grandes enjambées, convaincue que ce voisin en savait bien plus qu'il ne le laissait entrevoir.

30

Avant de quitter les lieux, Victoire décida de jeter un œil dans la propriété des Rodriguez qui, rachetée par la société spécialisée dans les énergies renouvelables, semblait aussi abandonnée que celle de Sanchez. Bien entendu, elle ne comptait pas forcer une porte ou casser un carreau, mais simplement avoir une vue d'ensemble…

Au préalable, préférant agir seule, elle avait fait monter Mec à l'arrière de sa Clio, puis était restée quelques secondes à observer la hauteur de la clôture des Rodriguez, afin d'étudier le meilleur moyen de l'escalader en évitant de se blesser. Elle opta pour s'aider d'une branche de cèdre bleu gravitant dans le jardin de Sanchez pour franchir l'obstacle et se trouvait déjà à cheval sur le mur de façade quand elle aperçut, au loin, une rampe de véhicule de gendarmerie. Vic sauta immédiatement à l'intérieur de la propriété et, tête baissée, prit la fuite sur l'arrière du terrain. Derrière le pavillon, deux vieilles granges ouvertes servaient d'abris aux véhicules. L'une des deux, détériorée, comportait une toiture affaissée sur une voiture protégée par une vieille bâche verte délavée. Elle décida de s'y réfugier. Elle se glissa le long de la cloison et se dissimula au niveau du pare-chocs arrière…

De sa planque, elle entendit, au loin, l'arrivée de deux véhicules, des portes claquer et des instructions données dans la propriété de Sanchez. Les gendarmes s'apprêtaient à prospecter comme elle venait de le faire quelques minutes auparavant.

À un quart d'heure près, je me faisais gauler !

Au fur et à mesure que les minutes s'étiolaient, les bruits incessants des allées et venues dans la propriété voisine l'intriguèrent. Elle se demandait ce que les militaires trafiquaient... Sa curiosité, chevillée au corps, la poussait à prendre le risque de sortir de sa planque mais elle réfréna ses ardeurs et s'y refusa, eu égard aux recommandations de son ami Vincent. Si, par malheur, elle se faisait repérer et sa présence venait à lui être rapporté, il n'apprécierait certainement pas « *qu'elle n'en ait encore fait qu'à sa tête* ». Elle l'entendait déjà prononcer sa phrase culte, les deux poings sur les hanches, le regard sombre en train de la jauger de pied en cap...

Victoire patienta, recroquevillée au sol, les bras autour de ses jambes fléchies et la tête adossée sur la cloison. À force d'être bercée aux sons lointains des voix des gendarmes œuvrant sur le terrain, tantôt en sollicitant du matériel, tantôt en beuglant des instructions aux effectifs éloignés, ses paupières commencèrent à papillonner pour finir par se fermer définitivement. Son manque récurrent de sommeil avait eu raison d'elle en la propulsant dans les méandres des ténèbres...

— Ici, lieutenant ! Il y a une bagnole !

Vic sursauta, réveillée en catastrophe par cette voix masculine. En une fraction de seconde, elle réalisa que les gendarmes se déplaçaient maintenant dans la propriété des Rodriguez et que le militaire qui venait de crier se trouvait à proximité. Sachant que les PGSA – principes généraux de sécurité et d'action – prescrivaient un tour du véhicule en bonne et due forme, il était recommandé de s'éclipser au plus vite. Elle s'allongea sur le dos de tout son long et jambes tendues, se glissa difficilement dans l'espace restreint sous la voiture, affaissée à cause des pneus crevés. Idée lumineuse puisque deux paires de rangers se mirent aussitôt à tournoyer autour d'elle, l'obligeant à se déporter à l'opposé… quand soudain une voix féminine s'exclama au retrait de la bâche :

— Tiens donc ! Une Citroën LNA de couleur noire.

Vic en déduisit, à son autorité naturelle, qu'il s'agissait de la directrice d'enquête évoquée par son ami. Sans se départir de sa mission première, elle analysait déjà sa réplique, car son pseudo-étonnement semblait exprimer une donnée importante. La procédure défila alors dans son esprit, en quête d'informations probantes concernant des véhicules… avec une attention particulière sur les P.V. d'audition des témoins. En essayant de retracer leur contenu, les paroles de Vincent refirent écho dans son esprit. Les différents témoignages avaient signalé la présence suspecte, aux abords des centres de vacances et du Village Catalan, d'une Renault 5 ou d'une Peugeot 104 de couleur noire !

Victoire dut attendre environ dix minutes que les effectifs investissent le pavillon pour s'extirper du dessous de la voiture. Le regard aux aguets, elle effectua un bref scan des lieux afin de s'assurer que tous les gendarmes étaient entrés avant de se coller au pignon de la maison. Heureusement pour elle, la fermeture des volets faisait écran et empêchait toute vue sur l'extérieur. Un dernier contrôle sur la rue et le terrain voisin de Sanchez lui confirma que la voie était libre. Elle emprunta le même chemin qu'à l'aller et s'empressa de rejoindre Mec à bord de sa Clio, en veillant à fermer sa portière aussi délicatement que possible. Le moteur en marche, elle quitta son emplacement à faible allure, en vérifiant dans son rétroviseur que personne ne l'avait *grillée* au passage. Ni vu ni connu, elle disparut du secteur…

Au centre du village, elle se stationna sur le premier emplacement disponible, empressée de taper « Citroën LNA » dans un moteur de recherche de son portable. La photographie obtenue lui confirma que ce véhicule ressemblait à s'y méprendre au type et à la forme de la Renault 5 et de la 104 Peugeot, utilisées par le ou les kidnappeurs...

31

13 h 23.

Son GPS enclenché, Victoire réalisa qu'elle ne rejoindrait la place Arago dans le centre de Perpignan qu'aux alentours de 13h48, sans compter la perte de temps à trouver une place de stationnement… Elle décida d'en informer le surfeur dans la foulée.

— Désolée, je suis à la bourre !

— Je vois ça… T'inquiète, je suis en terrasse, à l'abri de la Tram' et j'ai de quoi patienter. Je déguste un muscat de Rivesaltes ambré de douze ans d'âge, bien frais, accompagné de toasts à l'aïoli. Il ne manque plus que toi !

— Commande-moi un Spritz, j'arrive !

Première infraction, téléphoner au volant, seconde infraction, dépassement de la vitesse autorisée… pour rejoindre Jérôme au final à 13 h 45. Épuisée par sa matinée, Victoire se laissa choir sur son siège de tout son poids en expirant, les joues aussi gonflées qu'un poisson lune. Elle n'eut pas le temps de décompresser ni d'apprécier son verre que son portable la rappelait à l'ordre. Véronique, la bibliothécaire, la contactait pour lui communiquer le résultat de ses recherches.

— Oh merci ma Véro, c'est super… mais là, tu vois, je suis en plein repas. On se rappelle en fin d'après-midi si cela te convient. On pourra en discuter plus calmement, avait-elle proposé avant de raccrocher.

Après un bouquet de crevettes, Vic attendait son filet de sole accompagné d'une fondue de légumes. Tout en nettoyant ses mains à l'aide d'une serviette rafraichissante citronnée, elle observait Jérôme du coin de l'œil, le trouvant beaucoup moins loquace que lors de leur dernière rencontre. Elle se demandait si son retard en était la cause quand leurs plats arrivèrent, rassurée de le voir se jeter sur son magret de canard, sauce porto, espérant qu'une fois rassasié, il retrouverait son air jovial. Chacun dégustait son mets quand le téléphone de Vic frétilla de nouveau sur la table, « Vincent » affiché sur l'écran. La conversation établie, elle sentit d'emblée son irritabilité.

— Il me semblait avoir été clair et on s'était bien mis d'accord… Tu ne devais pas interférer dans l'enquête !

— De quoi tu parles ? joua-t-elle les étonnées.

— Arrête ton cinéma, tu t'es fait grillée. Une réussite, dès le premier jour ! Bravo !

Sa Clio stationnée devant la propriété de Sanchez, dans ce coin isolé, avait attiré l'attention des gendarmes. Au moment de quitter les lieux, le bruit du moteur avait amplifié leurs interrogations sur sa présence. L'autocollant *Orphéopolis*[21] sur le pare-brise juste à côté de celui de la mutuelle de police avait suffi aux fins limiers pour en déduire la profession de son propriétaire. Un

21. Institution bienveillante qui protège et prémunit les policiers et leurs proches, notamment en oeuvrant au quotidien pour venir en aide aux orphelins de policiers et aux familles endeuillées.

simple contrôle au fichier des cartes grises suivi d'un coup de téléphone au commissariat de Perpignan leur avait confirmé que Victoire Rhéexas faisait bien partie des effectifs.

— Et bien entendu, la première question de Privat, la directrice d'enquête, a été de me demander si je te connaissais ! Décidément, c'est plus fort que toi, tu n'en…

— …n'en fais toujours qu'à ta tête ! finit-elle sa phrase, sur un ton exaspéré. Je sais.

Impossible de nier, encore moins de contredire son ami. *Prise en flag*, Victoire devait faire amende honorable. Après une capitulation en règle, elle essaya tout de même de minimiser les faits en justifiant au contraire l'intérêt de sa présence sur place.

— Dis-toi bien que ce n'est pas un hasard si la cellule DiANE s'est pointée directement là-bas ! débuta-t-elle. C'est le centre névralgique de l'affaire. J'en ai également la certitude.

Les regards des clients sur la terrasse convergeant sur elle, l'incitèrent à baisser d'un ton.

— Je pense que ta spécialiste en analyse comportementale a déniché le même suspect que moi !

— Elle n'en est pas encore là. Car elle n'emploie pas du tout la même technique que nous, réfuta Vincent. Nous on cherche des indices pour remonter au criminel, alors que sa technique consiste à s'intéresser à la victime. Elle se fond dans le décor et s'immerge au maximum dans son environnement, s'imprègne du climat, étudie les comportements de l'entourage familial, de ses proches, de son milieu professionnel, afin de déterminer un mobile. Ensuite, elle élabore des scénarios plausibles et détermine le profil psychologique d'un auteur pouvant correspondre aux différents critères. En fait, elle étudie la victimologie avant d'attaquer l'analyse comportementale du criminel. C'est tout l'inverse de nous !

Victoire fronça les sourcils, une moue prononcée déformant le bas de son visage. Elle connaissait parfaitement les méthodes employées par les profileurs, mais ne saisissait pas les raisons de leur présence chez les Sanchez et Rodriguez…

— J'entends bien et je valide tes propos… mais dans ces conditions, que faisait son équipe là-bas ?

— Puisqu'ils étaient sur place, Privat en a profité pour demander à ses gars de sonder le sol et l'étang. Pendant ce temps, elle a géré les deux maisons des victimes…

— Des victimes ? s'offusqua Vic en sautant sur sa chaise devant le regard ébahi de Jérôme qui commençait sérieusement à s'ennuyer.

Son assiette terminée, il venait de verser le restant de la bouteille de rosé, un château de Caladroy, *Rosée des Vignes,* dans son verre qu'il avait avalé d'un trait. Le coude ancré sur la table, la tête inclinée soutenue par son poing, il contemplait d'un regard vague et non inspiré les badauds circuler devant les terrasses des restaurants de la place.

— Oui. À ses yeux, Sanchez constitue une victime, comme Rodriguez, et sa fille Angels. Elle ne veut surtout pas lire les commentaires et conclusions des enquêteurs pour ne pas nuire à son analyse. Elle préfère se forger sa propre opinion. Elle ne prendra connaissance des P.V. des enquêteurs qu'une fois le profil élaboré.

Victoire tenta de conserver son calme afin de faire entendre raison à son ami sachant pertinemment que lorsque le ton montait, l'interlocuteur avait tendance à ne plus écouter. Elle commença par lui décrire les lieux, la localisation idéale du pavillon de Sanchez pour séquestrer une victime, puis sa passion pour la taxidermie, la cabane édifiée, sa hauteur propice à des chutes, les traces de sang, de cordage, le mausolée…

— Tout correspond à merveille ! J'ai pas eu le temps de vérifier mais je mettrais ma main à couper que les taxidermistes utilisent de la colle époxy… j'ai même trouvé des pattes empaillées de plusieurs animaux mais comme par hasard, l'ours manquait à l'appel…

— J'espère que tu n'as touché à rien ? Ni embarqué quoi que ce soit ? réagit Vincent, en bon procédurier.

Réalisant qu'elle venait de capter son attention, elle ignora sa question, préférant parachever sa théorie :

— Dans cette cabane, il priait un dieu mi-ours, mi-homme ! Une référence religieuse qui expliquerait l'aube de communiante revêtue par les victimes… C'est Sanchez, c'est sûr ! Tu devrais y aller, pour te rendre compte de toi-même. Il se dégage de cette cabane une atmosphère lourde et malsaine, comme si les lieux avaient gardé en mémoire les atrocités qui s'y sont déroulées. Vas-y équipé de Luminol et du Bluestar, et tu seras surpris du résultat ! insista-t-elle grossièrement pour le convaincre. Si tu veux, je t'accompagne !

À vouloir trop en dire, Vic venait de franchir la ligne blanche. Une parole malheureuse qui fit sortir le capitaine de ses gonds.

— Surtout pas ! T'es bouchée ou quoi ? s'énerva-t-il. Considère-toi comme *persona non grata* dans ce dossier et je ne veux plus te voir dans les parages le temps que cette équipe gère l'enquête. Imagine que ton interaction débouche sur un vice de forme… Ce serait un beau gâchis après tous nos efforts !

Vincent s'apprêtait à raccrocher quand il se ravisa. Avant de la quitter, il tenait à lui communiquer un élément crucial qui briserait à coup sûr ses certitudes :

— Je ne devrais pas te le dire, mais tu fais fausse route. J'ai consulté la procédure de l'accident de Francisco Rodriguez. Pour une raison que je ne m'explique pas, le légiste a modifié une partie de son expertise mais j'ai réussi à en déchiffrer l'essentiel. Il avait mentionné la présence de griffures sur son cou, sans en stipuler l'origine. Alors si Sanchez est coupable, il faudra m'expliquer comment il aurait pu les infliger à Rodriguez, étant décédé treize jours auparavant…

32

La communication téléphonique s'était terminée en queue de poisson. Vincent avait laissé Victoire en plan, avec cette information ô combien déstabilisante. Elle avait une sainte horreur de voir ses théories vouées à l'échec. Le regard posé sur sa crème catalane, les propos de son ami résonnaient en boucle dans sa tête, se demandant où elle avait pu commettre une erreur aussi flagrante.

Puisque Sanchez était décédé...

Puisque Rodriguez avait des marques lors de son accident...

Puisque Angels avait été enlevée après le décès de Sanchez...

Impossible de rejeter l'intervention d'un tiers. Et dans ce cas, un seul complice s'imposait : son père ! Elle rongeait son frein, la mâchoire verrouillée, comme à son habitude, quand soudain Jérôme intervint :

— Ton dessert n'a pas l'air de t'inspirer.

Extirpée de ses réflexions, Victoire, toute gênée, sentit ses joues s'empourprer, venant de réaliser qu'elle ne l'avait pas *calculé* depuis au moins vingt minutes... D'un geste machinal, elle accrocha une mèche de ses cheveux derrière l'oreille avant de s'excuser :

— Désolée, j'étais un peu à l'ouest !

— Je vois ça, constata le géomètre d'une voix teintée d'amertume.

Victoire avait bien saisi le message. Ne sachant pas comment rattraper son attitude désinvolte, elle cherchait une bouée de sauvetage au moment où le beau surfeur lui tendit la perche :

— Et j'imagine que tu es hyper bookée cet après-midi ?

— Euh… non ! Pas du tout, répondit-elle aussi naturellement que possible sans se donner la peine de réfléchir.

Elle consulta sa montre et se lança :

— Si tu veux, on peut passer un peu de temps ensemble ?

Mais quelle mouche t'a piquée pour balancer ce genre d'invitation ? regretta-t-elle, sa proposition à peine formulée.

Une fois l'addition réglée – divisée en deux après l'insistance de Victoire à vouloir payer sa part – les deux tourtereaux s'étaient baladés dans Perpignan. Après avoir franchi la porte du Castillet, ils avaient déambulé à l'abri de la tramontane dans la rue piétonne, s'arrêtant de temps à autre devant les vitrines des magasins, illuminées par les rayons écrasant du soleil en cette belle fin d'été. Aux aléas des ruelles, ils prolongèrent leur promenade dans le quartier du centre historique, idéal pour flâner non sans se lancer des petits regards complices au détour de certaines ruelles étroites. Si Vic se sentait bien à ses côtés, lui, visiblement, appréciait sa compagnie. Par intermittence quelques situations embarrassantes avaient annihilé leurs tentatives mutuelles de rapprochement, tantôt par un frottement d'épaules, tantôt par l'effleurement de leurs doigts, mais ils patientaient, convaincus que le moment fatidique d'un baiser fugace n'avait jamais été aussi imminent…

Après une heure et demie de marche, Jérôme proposa de faire une halte à la terrasse d'un bistrot, histoire de prolonger cette complicité naissante. Contre toute attente, Victoire modifia ses plans, préférant optimiser leur intimité :

— Et si tu venais boire une bière à la maison ?

Mais qu'est-ce qui t'arrive ! Voilà que tu prends le risque d'inviter un parfait inconnu chez toi !

Le beau surfeur, tout d'abord surpris, avait consenti à la suivre en voiture jusque chez elle. Victoire estimait avoir perdu assez de temps ces dernières années, en ayant été parfois, même souvent, bien trop exigeante lors de ses nouvelles rencontres. Trop dominant, pas assez sportif, caractère odieux, trop sûr de lui, pas assez dynamique, prétentieux, trop mou... Résultat, à 34 ans, sa situation demeurait toujours aussi bancale. Voir son horloge biologique tourner l'insupportait autant que sa solitude devenue parfois pesante... Elle qui désirait tant fonder un foyer, voyait la quarantaine approcher à grands pas. Alors oui, elle invitait ce géomètre chez elle, et non, elle ne prenait aucun risque car elle commençait à le cerner et il ne représentait aucun danger à ses yeux.

Vingt minutes de trajet et les véhicules pénétraient dans la propriété où le magnifique mas provençal était édifié sur deux étages. Pied à terre, Victoire tempéra l'emballement de Jérôme, le regard ébahi :

— Hop hop hop ! Je t'arrête tout de suite ! Je ne suis que locataire et je n'occupe que l'étage. Le reste appartient à une vieille dame très gentille qui m'accueille chez elle en échange de quelques coups de main.

— Je me disais aussi, ça paie bien la Police !

Elle sourit à sa blague à deux balles et l'invita à entrer avant que la pluie n'arrive. En quelques minutes, les nuages avaient assombri le ciel et l'orage menaçait. La clé dans la serrure et l'ouverture de la porte avait suffi à alerter le fauve. Ni une ni deux, le berger allemand surgit, esquivant sa maîtresse pour sauter immédiatement sur *l'inconnu*. Cabré, il avait surpris Jérôme en lui placardant ses deux pattes avant sur le torse, en guise de bienvenue.

— Je te présente mon Mec à moi ! chantonna Vic en imitant la voix suave de Patricia Kaas, le sourire jusqu'aux oreilles. Ne t'inquiète pas, tu ne risques rien, précisa-t-elle en voyant son visage devenir blême... Tant que tu restes tranquille !

Débarrassée de son blouson, Victoire s'était réfugiée dans la salle de bains, empressée de rafraichir son maquillage. Elle revenait dans le salon, les mains encombrées de bières bien fraîches quand elle aperçut Jérôme en observation devant sa fresque. Elle lui donna quelques explications sommaires le temps de débarrasser la table des photos et autres documents sensibles inhérents à l'affaire des *Disparues*. L'air consterné du surfeur interpella la policière :

— Un problème ?

— Non, juste un constat. J'étais en train de me dire qu'au final, ton boulot t'accapare du matin au soir, week-end compris... Et je me demandais comment tu arrivais encore à dégager du temps pour tes entraînements de boxe ?

1 - 0, la balle au centre !

Le beau surfeur, sous son air détaché voire hyper cool, venait, sans le vouloir, de tirer sur l'ambulance. Vic avait fait récemment le même constat. Ces derniers temps, elle avait délaissé ses entraînements par manque de temps, dû en partie à ses obligations professionnelles mais également à son implication dans cette enquête qui la minait au plus haut point, 24 heures sur 24, sept jours sur sept, si elle prenait en compte ses cauchemars récurrents.

— Que veux-tu, c'est mon job, rétorqua-t-elle avec un manque évident d'argument.

Elle s'apprêtait à développer mais son téléphone l'interrompit en musique avec le refrain de *What About Us* de Pink :

What about us ? (Qu'en est-il de nous ?)

What about all the times you Said you Had the answers ? (Qu'en est-il de toutes les fois où vous disiez avoir des réponses ?)

What about us ? (Qu'en est-il de nous ?)

Son amie Véronique la rappelait pour lui faire part du résultat de ses recherches et cette fois elle ne pouvait esquiver. L'appel accepté, Victoire abandonna Jérôme dans le salon et rejoignit le balcon de la salle de séjour, seul endroit où elle avait toutes les chances de capter du réseau. La bibliothécaire commença par énumérer chaque animal présent dans ses rêves fantasmagoriques.

Concernant le corbeau, la signification de l'animal et l'interprétation de son apparition dans le rêve différaient. « *Il symbolisait en général les forces psychiques obscures rarement positives pour guider, qui avaient tendance à égarer le sujet avec des pensées nuisibles et nocives. Il révélait alors ses pensées noires et son apparition dans un rêve pouvait annoncer un élément de vérité, et le fait qu'un esprit ou une puissance supérieure tentait de rentrer en contact. Raison pour laquelle, il fréquentait souvent les cimetières et apparaissait après la mort pour délivrer un message du défunt.* »

— Mais pour qu'il réussisse à transmettre ce message, il faut que tu sois réceptive car c'est un besoin urgent ! précisa Véronique. Je te conseille donc de ne pas te braquer, mais au contraire de t'ouvrir en accueillant avec positivité ce qui te parvient comme information…

Elle enchaîna avec l'apparition du loup qui reflétait en général l'instinct sauvage et brutal de la personnalité que le sujet avait du mal à maîtriser. « *Rêver de loup apportait souvent un aspect hostile et mystérieux à une situation difficile et complexe de votre vie.* »

— Dernier point, annonça-t-elle sur un ton grave. Sache que ce genre de rêve est un avertissement envers le danger qui t'entoure. « *Des personnes malveillantes chercheraient à bouleverser votre quotidien et perturber la sérénité de votre vie !* »

Victoire accusait le coup. En son for intérieur, elle sentait depuis plusieurs jours que ses cauchemars constituaient les prémices de prochaines difficultés. Un avenir sombre se préparait. Véronique contrecarra son intuition en lui apportant une précision non dénuée d'intérêt :

— Il est de quelle couleur le loup de ton rêve ?

— Noir…

— C'est de bon augure car ce serait un signe qui t'inciterait à poursuivre ton objectif, de le mener à terme sans jamais baisser les bras. Et si on se fie à l'apparition de l'ours, la chance serait au rendez-vous dans les jours à venir. Si tu continues sur ta lancée, tu devrais réussir, positiva Véronique, mais tout dépend de plusieurs paramètres et des circonstances de son apparition !

Victoire répondit à ses attentes en décortiquant son rêve, apportant quelques précisions, notamment que l'ours était brun et que son attitude agressive laissait présumer une attaque imminente.

— Dans ce cas, cela viendrait conforter ce que je viens de te dire. « *Si vous êtes attaqué par un ours, le rêve est un signe que vous devez surmonter des obstacles dans la vie. Et voir un ours brun indique que vous êtes sur le point de prendre un nouveau départ car dans les jours à venir, vous allez réussir un projet qui vous porte à cœur.* »

Ce point positif l'apaisa. Elle pensa immédiatement à ses parents. Allait-elle enfin réussir à obtenir des réponses ? Tout semblait l'indiquer… Mais son amie tint à la mettre en garde :

— Hélas, comme pour le loup, il y a de mauvaises ondes permissives. « *Lorsque vous rencontrez un ours agressif dans votre rêve, cela implique qu'il y a quelque chose qui vous met en colère dans la vie, attention à vos pulsions primitives !* »

Là, Véronique ne faisait que relater ce que Vic avait elle-même remarqué. Depuis quelque temps, elle avait constaté son incapacité à gérer ses émotions, aussi bien dans sa sphère privée que sur le terrain… Son amie l'aiguilla avec son dernier commentaire :

— « *Rêver d'un ours brun peut symboliser le fait que vous êtes sur la voie du succès, que vous devez guérir des périodes difficiles du passé. Les ours incarnent l'esprit de guérison et de connexion émotionnelle. Si nous regardons comment les ours vivent dans la vie réelle, ils sont associés à la retraite et mènent souvent une vie solitaire. Cela indique que vous pourriez avoir besoin de repos et de récupération dans la vie.* »

Tout, absolument tout, correspondait à son état actuel, sa fatigue, son humeur, son impatience, ses préoccupations, ses objectifs… comme si ces apparitions lui collaient à la peau.

Incroyable !

— Donc, si on résume, il faut que tu penses à te reposer, à recharger tes batteries, de manière à être capable de poursuivre ta quête et d'atteindre ton but. En prenant garde à l'adversité qui se dressera sur ton chemin. Il y a des signes qui ne trompent pas. Ton corps est en souffrance et il te l'exprime par ces rêves, en espérant que tu en prennes conscience.

Véronique, la voix de la sagesse. Une fois de plus, son analyse ne faisait que conforter Victoire sur l'importance de leur amitié. Elle savait peser ses mots, la mettre en confiance sans pour autant masquer les difficultés à surmonter. Pas de langue de bois, toujours la vérité, même si parfois elle n'était pas facile à entendre. Avant de la remercier et de la quitter, elle tint à lui poser une dernière question, au moment où elle entendit la porte d'entrée claquer. Interloquée, Victoire se précipita dans le salon et, le regard à l'affût, constata que Jérôme avait disparu, sous le regard attendri de Mec, les oreilles droites comme la justice.

Elle s'empressa de revenir sur le balcon et aperçut, à travers le rideau de pluie, le surfeur juste avant qu'il ne monte dans son véhicule. La déception se lisait sur son visage. Jérôme la salua de la main puis mima avec ses doigts portés à l'oreille un futur contact téléphonique. Les lèvres pincées, elle opina du chef, déçue de son départ précipité. En suivant du regard le véhicule sortir de la propriété, elle remarqua un motard tout de noir vêtu sur une Honda CB750 Hornet, reconnaissable à sa forme caractéristique pour la simple et bonne raison qu'un de ses anciens mecs en possédait une. Elle continua à mater cet individu casqué, non identifiable, au comportement pour le moins intrigant. Après avoir ralenti au niveau du portail, il venait de faire demi-tour pour suivre le véhicule de Jérôme… Ne réussissant pas à visualiser la plaque d'immatriculation, son portable scotché dans la main lui fit repenser à son amie, à l'autre bout du fil. Elle se rappela à son bon souvenir :

— Véro, t'es toujours là ? Je t'envoie une photo et tu me dis ce qu'elle t'évoque, renchérit-elle lui transmettant dans la foulée le cliché de l'homme mi-ours pris dans la cabane.

La réponse de la bibliothécaire ne se fit pas attendre. Elle avait reconnu de suite le déguisement utilisé lors des fêtes de l'ours dans le Haut-Vallespir qui se déroulait dans trois villages des Pyrénées-Orientales : Arles-sur-Tech, Prats-de-Mollo-La-Preste et Saint-Laurent-de-Cerdans… Gamine, Victoire se souvenait en avoir vaguement entendu parler et comprenait mieux, maintenant, sa réaction à la vue de cette photographie.

Elle ne put réprimer la question qui lui brûlait les lèvres.

— Et cette fête de l'ours a lieu quand ?

— Le jour de la Chandeleur, considérée comme le renouveau, l'arrivée du printemps, instant où l'ours sort de son hibernation.

Comprenant que la policière était en quête d'information, Véronique s'empara du *Guide des Pyrénées mystérieuses* de Bernard Duhourcau, toujours à portée de main, qui relatait la place particulière de l'ours dans la mythologie pyrénéenne. Depuis la nuit des temps. Elle ne put s'empêcher de lui lire le passage consacré au Dieu Ours :

« Des gisements préhistoriques des cavernes viennent les plus belles et les plus étranges figurations de cet animal : le galet gravé de Massat, les figurines sculptées d'Isturitz, merveilles d'humour, les mystérieuses rondelles gravées du Mas-d'Azil, l'ours criblé de traits de la grotte des Trois-Frères, et surtout, dans la caverne de Montespan, ces sculptures en glaise, ces corps sans tête qui devaient supporter la peau et la tête prises sur la bête elle-même, et qui rappellent les rites des Aïnous du Japon. »

— Tu me fous la chair de poule avec tes histoires ! la stoppa Vic en frissonnant.

— Faut savoir, ironisa la bibliothécaire. Si tu tiens à mieux cerner les fêtes de l'ours, il faut déjà en connaître leurs origines, enchaîna-t-elle en continuant ses explications.

Selon l'auteur, c'était à la fonte des glaciers que les pasteurs néolithiques avaient observé les mœurs de ces fauves dans les forêts.

« Chaque fois que l'ours taciturne réapparaissait, au sortir de son sommeil hivernal, la nature semblait se réveiller, et les hommes virent en lui l'âme de la terre venant donner le signal du retour de la vie... ; ... ainsi doit-on comprendre le traditionnel ball de l'os (la danse de l'ours) des Pyrénées-Orientales, liturgie dégénérée en spectacle populaire, où la chasse à l'animal est le prélude à son sacrifice destiné à féconder la nature. »

Certains termes employés par son amie faisaient écho aux différents éléments de l'affaire, que ce soient les rites, les croyances, le sacrifice... Ces résonances prouvaient l'existence d'un lien probable avec ces fêtes.

— Je te remercie Véro, c'était très instructif. D'ailleurs, si tu as d'autres textes se rapportant à ces fêtes, je suis preneuse. Au fait, tout à l'heure, tu me parlais de la Chandeleur. Tu en connais la date exacte ?

— Le 2 février !

Comme par hasard, la pleine période de floraison du mimosa...

33

L'après-midi de ce dimanche s'était déroulé d'une manière on ne peut plus tranquille. Vincent appréciait ces jours *off* où la gendarmerie était fermée et où aucune communication téléphonique ni intervention quelconque ne venait perturber son travail. L'occasion de combler son retard et de finaliser certaines démarches administratives. En fin d'après-midi, l'équipe de la lieutenante-colonelle Privat avait regagné le service sans faire profiter le capitaine du résultat de ses investigations.

Secret d'instruction oblige !

Vincent n'était pas du genre à s'abaisser pour glaner des informations, sachant que de toute manière, un jour ou l'autre, la gradée serait amenée voire obligée de le mettre dans la boucle ne serait-ce que pour obtenir de plus amples renseignements sur la région. Car sous-estimer les locaux serait une erreur impardonnable dans le déroulement d'une enquête.

Vers 19 h 00, le soleil déclinait quand il décida de quitter le service, toujours le dernier, en digne chef de Brigade territoriale. Les lumières de son bureau fermées, il fit le tour pour éteindre celles des parties communes avant de gagner les vestiaires. En commençant à se déshabiller, le visage de Victoire lui traversa l'esprit en repensant à leur conversation téléphonique. Il sourit en imaginant sa tête déconfite en train de ruminer…

Dire qu'elle voulait m'inciter à retourner là-bas ! Cette gonzesse est folle ! s'obligea-t-il à penser afin de rejeter en bloc son idée farfelue.

Il réintégra son uniforme correctement remisé sur un cintre dans son placard puis transféra son Sig Sauer de l'étui réglementaire à son holster personnel. Son blouson enfilé, il balaya l'espace avant de refermer son cadenas pour vérifier qu'il n'avait rien oublié et repéra les trois mallettes des TIC entreposées dans le secteur du matériel collectif.

Non, je n'irai pas ! essaya-t-il de se convaincre en quittant le vestiaire.

Il avait fermé la porte et se trouvait dans le couloir, prêt à sortir, quand, au moment de taper le code de l'alarme, son index se figea devant la première touche du clavier. Il ferma les yeux en expirant.

— Tu fais chier, Vic ! lâcha-t-il sur un ton teinté d'exaspération.

Il rebroussa chemin, se dirigea vers les vestiaires et récupéra une mallette. Il en vérifia le contenu, y ajouta un *Bluestar* et un flacon de Luminol avant de sortir. L'alarme enclenchée, les lieux sécurisés, il verrouilla le bâtiment.

Vingt-cinq minutes plus tard, il stationnait son véhicule personnel devant la propriété de Sanchez. Les feux éteints, plongé dans la pénombre, il s'équipa d'une lampe torche et s'aventura dans les hautes herbes du terrain en friche. La frondaison des arbres s'agitait sous la force du vent qui s'engouffrait dans les branches et déclinait un bruit sinistre, aussi inquiétant que les lieux assombris par la luminosité défaillante.

Un peu plus en aval, Vincent repéra la rubalise jaune fluo délimitant le périmètre autour de l'entrée du pavillon, ainsi que le rouge brillant des scellés apposés sur l'embrasure de la porte d'entrée. Le faisceau lumineux léchant la végétation vers le fond du terrain lui permit de localiser sur la partie gauche, côté bois, l'emplacement de la cabane.

Il dévala la pente jusqu'à l'édifice et resta planté quelques instants face à la porte d'entrée, partiellement dégondée, enveloppée de rubalise, interdisant l'accès et faisant office de scellés, impossibles à matérialiser. À l'aide de sa lampe, il scrutait l'extérieur de l'ouvrage et identifia la saignée à la naissance de l'épaisse branche principale du chêne, décrite par Victoire, mais contrairement à son analyse, lui détecta deux sens de frottements distincts. À l'intérieur du rez-de-chaussée, ne remarquant rien de spécial dans le hall, il progressa rapidement en escaladant l'échelle qui couina sous son quintal. Débarqué sur le premier palier, il surprit deux oiseaux nichés sur le matelas qui, aussi affolés que lui, s'envolèrent de concert. Bien décidé à ne pas s'éterniser dans les parages, il accéda au dernier étage et s'empressa d'asperger les lieux au luminol. Équipé de sa paire de lunettes réagissant aux ultraviolets, il put constater la luminescence bleutée sur une surface d'environ un mètre carré, preuve de présence de sang près du rebord de fenêtre, comme le supputait son amie. Quelques traces écrasées s'apparentaient à des plaies sur la plante des pieds, résultantes de coupures ou lésions dues à des déplacements à pieds nus, et non à des frappes ou coups portés à l'aide d'un objet contondant ou tranchant. En revanche d'autres provenaient de coulures et de projections. Vincent tenta d'élaborer un scénario, en imaginant l'une des gamines suspendue à la corde, et le criminel accentuant le mouvement de balancier…

Il ne faisait pas que les observer, pendues à cette foutue corde. Il s'amusait avec elles comme le ferait un chat avec une pelote de laine. En lui donnant des coups de griffes à chaque passage !

Son hypothèse expliquait la présence de lacérations sur la partie externe des membres. La scène lui fit froid dans le dos.

De sa position, se trouvant beaucoup plus proche de la saignée formée sur la branche, le capitaine put conforter sa première analyse et en déduire, aux différentes traces de frottements, que le criminel utilisait la corde de deux manières distinctes. Son regard détecta le piton métallique qui servait à attacher la corde à laquelle les victimes étaient entravées. Toutefois, un point nébuleux nécessitait encore un éclaircissement.

Comment ce fumier acheminait-il ses victimes jusqu'en haut ? Impossible d'exécuter cette tâche, seul... À moins que son système dispose de deux points d'ancrage.

À pied d'œuvre, Vincent se retourna, laissant son pinceau lumineux parcourir le sol. Il balaya la dalle en bois de son pied, retirant l'épaisse couche de feuilles mortes et autres lierres envahissants pour découvrir, au centre, les contours d'une trappe. Il s'empara de la poignée rétractable et tira un coup sec, ouvrant une vue imprenable sur le matelas à l'étage inférieur. Il descendit rapidement et, le matelas ôté, réitéra la même manœuvre, ouvrant la seconde trappe à l'identique donnant cette fois sur le rez-de-chaussée. Le temps d'atterrir dans le hall d'entrée, le mode opératoire du criminel commençait à prendre forme dans l'esprit du capitaine.

Ce détraqué les hissait de l'intérieur et une fois au second étage, il modifiait le sens de la corde pour les balancer et les jeter de là-haut !

Afin de contrôler la véracité de sa théorie, Vincent contourna le tronc du chêne et trouva un second piton métallique. Au lieu de se satisfaire de sa trouvaille, Vincent continuait de s'interroger. Pour quelles raisons ce criminel se serait donné autant de mal à concevoir des ouvertures pour hisser les victimes par l'intérieur alors que d'autres auraient choisi la facilité en les acheminant par l'extérieur ?

Cette cabane n'a pas été édifiée à la va-vite comme le ferait la majorité des gens. On voit qu'ici, ce type a tout pensé, calculé, et réfléchi avant de se lancer dans cette entreprise. Alors pourquoi s'emmerder à prévoir un tel dispositif ?

Obnubilé par sa question, Vincent était revenu dans le hall d'entrée sans vraiment s'en rendre compte. En quête d'une éventuelle inspiration lui permettant de lui éclairer l'esprit, il se positionna au centre, et leva la tête juste en dessous des deux trappes ouvertes des étages supérieurs. Soudain un craquement se fit entendre, puis un déchirement, et avant de réaliser que son propre poids en était à l'origine, le sol se déroba sous ses pieds. Littéralement aspiré dans un trou béant, sa nuque percuta le bord de l'ouverture lui faisant perdre connaissance avant d'atterrir lourdement au fond de la cavité, à plus de deux mètres de profondeur. Plus de son. Plus d'image.

34

Après un week-end aussi chargé, la reprise du lundi matin s'était avérée compliquée. Mais poussée par l'adrénaline des missions, Victoire arriva à surmonter la fatigue. Et il valait mieux, car sa journée avait commencé par la découverte d'une femme décapitée dans un HLM du secteur de la gare de Perpignan. Après avoir cherché la tête tranchée de Mme Piérota dans l'appartement sans résultat, sur les conseils de la voisine encore sous le choc, Victoire et Marco étaient descendus au sous-sol. Là, dans la cave de la victime, ils avaient été confrontés au fils, Aurélien, tenant une machette dans la main droite et, dans l'autre, la tête de sa mère. Une vision d'horreur qui aurait pu dégénérer vu son refus d'obtempérer et de se soumettre aux injonctions. Heureusement, grâce au P.I.E.[22] les policiers avaient réussi à neutraliser l'individu sans être obligés de faire usage de leur arme de service…

Menotté puis palpé, l'état particulièrement agité d'Aurélien Piérota avait nécessité sa conduite à la clinique de Thuir pour un examen psychologique. Sur place, les deux enquêteurs

22. Pistolet à impulsion électrique.

apprenaient que l'interpellé était suivi pour troubles psychotiques depuis trois ans par le docteur Baixàs… comme Nathan Perrera qui avait arraché et dévoré le cœur de sa mère. Ces deux actes, d'une sauvagerie extrême, commis sur leur mère respective, suscitaient obligatoirement des interrogations sur leur concomitance.

Voyant l'irritabilité de sa collègue, Marco avait préféré s'entretenir seul avec le spécialiste. L'occasion pour Vic de flâner dans les couloirs de l'établissement. Aux aléas de ses déambulations, esquivant par moments le personnel, elle avait réussi à débarquer dans l'aile du bâtiment réservée aux personnes atteintes de la maladie d'Alzheimer, espérant croiser la vieille dame de l'autre jour… Elle se sentait comme aimantée par sa personnalité.

Même si cette patiente est soignée pour sa démence, même si on ne peut accorder aucun crédit à ses propos, le flash ressenti à son contact était d'une telle intensité que je me dois d'en savoir plus… Surtout depuis que mes cauchemars correspondent à ses prédictions.

Victoire longeait le couloir en profitant de l'ouverture de certaines portes pour jeter un œil à la dérobée, histoire de tenter sa chance, quand cette dernière lui sourit. Rosy et une infirmière sortirent du couloir adjacent et tombèrent nez à nez avec elle. Le visage de la vieille dame s'irradia à la vue de la policière, à l'identique de la dernière fois.

— *Marieta ! Nema meva ! Sempre tan guapa !* (Marieta ! Ma petite ! Toujours aussi belle !) lança-t-elle dans sa langue maternelle.

— *Bon Dia Rosy, Com vas avui ?* (Bonjour Rosy, comment vas-tu aujourd'hui ?) répondit-elle, employant volontairement le tutoiement pour laisser sous-entendre leur proximité.

L'infirmière, persuadée que la patiente recevait la visite de sa petite-fille, la laissa à l'entrée de sa chambre et salua la jeune femme avant de les quitter. Vic profita de l'occasion offerte pour s'enfermer dans la pièce, et une fois Rosy installée dans son fauteuil, devant la télévision, elle commença son *interrogatoire*. Hélas, il ne lui fallut pas plus de cinq minutes pour réaliser que les réponses de la vieille dame étaient aussi erronées que ses souvenirs confus. Elle réussit tout de même, à travers ses divagations, à détacher de ce méli-mélo quelques éléments susceptibles de coller à la réalité de l'époque. Comme le terme de vendange revenant à plusieurs reprises, ainsi que la localisation du Haut-Vallespir, ou encore le soi-disant domaine de la famille de Maria… et bon nombre de références bibliques notamment à Jésus.

La policière discutait – même si ce terme était inapproprié – avec Rosy depuis à peine un quart d'heure quand la porte s'ouvrit avec ferveur. Escorté par deux infirmiers, le docteur Baixàs fit irruption dans la chambre et s'adressa à Victoire sur un ton agressif :

— De quel droit interrogez-vous ma patiente ?! Vous n'avez rien à faire ici. Sortez ! vociféra-t-il en agitant ses bras immenses.

— Je ne vois pas en quoi ma présence est gênante. Rosy me racontait ses histoires de jeunesse et je n'ai en rien…

— Dégagez ! Et vite, sinon mes gars vont s'en charger !

Prise une fois de plus en flag, elle avait consenti, au départ, à fermer son clapet, mais cette fois, la menace proférée par le psychiatre la fit sortir de ses gonds. Elle inclina la tête, plissa les yeux et la mâchoire verrouillée, fustigea les deux costauds en blouse blanche, en se positionnant de trois quarts. Prête à encaisser mais surtout à distribuer.

— Un conseil, restez où vous êtes sinon vous risquez de le

regretter ! les mit-elle en garde en serrant ses poings si fortement que la blancheur inonda ses métacarpes.

Sa réplique ayant fait mouche, chacun restait campé sur ses positions, quand surgit Marco, tout essoufflé, qui décanta la situation enlisée au possible.

— Vic, magne-toi, on a du taf ! s'adressa-t-il à sa partenaire en décrivant de grands gestes affolés. Allez, on file, il n'y a plus rien à glaner ici. De toute façon, on se retrouve toujours bloqués avec ce foutu secret professionnel…

— Pratique et si facile ! décréta-t-elle en lui jetant un regard dédaigneux.

En passant devant le psychiatre, elle le fustigea malgré sa taille inférieure d'au moins vingt centimètres et ne put réprimer l'envie de lui délivrer un message cinglant :

— Quand deux patients suivis par le même toubib assassinent leur propre mère en commettant des actes de barbarie, les suspicions vont bon train ! Comptez sur moi pour faire un signalement à l'Ordre des médecins via le procureur !

Quelques minutes plus tard, pendant que Marco, à l'accueil, récupérait quelques données et renseignements sur les différentes séances et durées de séjour du patient Aurélien Piérota, Vic s'efforçait de redescendre. Elle avait tant de colère en elle qu'elle arrivait à se faire peur. Elle inspira profondément et expira un léger flux, essayant de contrôler les battements de son cœur montés dans les tours en une fraction de seconde. Les yeux fermés, elle marchait le long du hall d'entrée pour évacuer son trop-plein émotionnel quand elle perçut, à travers une porte de bureau adossée, une discussion animée entre infirmières. Visiblement, la responsable manifestait son mécontentement à l'encontre du chef de service qui ignorait les inquiétudes de son personnel au regard des problèmes de sécurité.

— Tu te rends compte, si quelqu'un réussissait à pénétrer dans le bâtiment ? s'indigna-t-elle.

— Tu exagères ! Pourquoi veux-tu que quelqu'un s'introduise dans l'aile C, rétorqua la seconde.

— On ne sait pas ce qui peut leur passer par la tête. De jour peut-être pas, avec le taux de fréquentation, mais de nuit... ce serait si facile ! relança-t-elle. Non seulement ça représenterait un danger pour le personnel mais je n'ose imaginer le désastre si les dossiers des patients venaient à être dérobés... Bonjour le secret professionnel !

— Mais non ! s'exclama la troisième avec un accent catalan plus prononcé. Avec l'agent de sécurité, on ne risque rien !

— Tu peux essayer de t'en convaincre, toujours est-il que moi, ce portail qui ne ferme pas correctement et cette caméra défectueuse, ça ne me rassure pas...

Marco ayant terminé, les deux policiers regagnèrent leur véhicule, sans décrocher un mot. Victoire sentait la tension lourde et pesante, signe que la déflagration s'annonçait imminente. Elle ne tarda pas. Dès qu'ils furent assis dans l'habitacle, son collègue se tourna vers elle pour l'incendier :

— Tu le fais exprès ou quoi ? Tu peux m'expliquer ce que tu foutais, enfermée avec cette vieille dame ?

— C'est du perso... ça ne te regarde pas ! trancha Vic qui n'avait aucune envie d'étaler ses problèmes personnels, encore moins avec lui.

— Puisque tu le prends comme ça, prie pour que ce toubib n'aille pas se plaindre en haut lieu sinon je ne pourrai rien faire pour toi.

Inutile de relever. De toute façon, vu sa confiance limitée envers son partenaire, elle n'avait aucun compte à lui rendre. Par expérience, elle savait que ce genre de personnage, en quête de reconnaissance, avait toujours besoin de se faire mousser, raison pour laquelle il fallait se méfier de leur langue bien trop pendue. Vic parierait même que son chef était déjà informé de son esclandre de l'autre jour. Marco devait se faire un plaisir de la charger quotidiennement sur ses méthodes expéditives et sa manière de servir !

Alors tu peux aller te brosser, je ne vais certainement pas te donner du grain à moudre pour alimenter ton moulin de Tartuffe !

Les deux collègues s'occupèrent pendant la matinée de gérer la procédure de la victime décapitée, de A à Z, dans leur bureau respectif, en veillant à communiquer *a minima,* lorsque la situation l'exigeait. Malgré la volonté du chef de cellule, en accord avec le commandant du SLPJ, de ne pas créer de polémique sur un éventuel dysfonctionnement du service psychiatrique de la clinique, Victoire avait tenu à mentionner la similitude des deux meurtres mettant l'accent sur l'ingérence de l'établissement quant au suivi médical des deux patients Perrera et Piérota… Le juge d'instruction appréciera.

Dans l'après-midi, pour garder leur distance, les deux policiers avaient décidé de clôturer quelques dossiers en cours. Vic terminait un P.V. de synthèse avant de ventiler l'ensemble de la procédure aux services destinataires quand Marco lui demanda de l'accompagner à l'école primaire Anatole France pour un professeur d'école blessé par un parent d'élève.

Sur place, Mme Arrufat, directrice de l'établissement, les accueillit, consternée par ce qui venait de se produire. Elle leur dressa un tableau assez fidèle de l'altercation en détaillant avec minutie la chronologie des faits :

— Tout s'est déroulé à une vitesse incroyable. Les élèves sortaient, classe par classe, dans le calme… quand un parent d'élève s'est avancé vers l'enseignante, Mme Gazeaux. Il l'a invectivée si violemment que notre collègue, M. Marchand, s'est interposé. Il lui a alors asséné plusieurs coups de poing au niveau du visage, et une fois par terre, il l'a roué de coups de pied.

Troublée par la réminiscence de ce drame – le visage en sang de son collègue, en particulier –, la responsable s'arrêta net, tentant de surmonter l'épreuve. Ses esprits recouvrés, elle expliqua aux policiers que l'altercation s'était produite à cause d'une autorisation non signée par les parents qui avait entrainé l'interdiction de la sortie scolaire de l'enfant… Une banalité qui avait pris des proportions extrêmes avec des accusations de racisme de la part du père de l'élève, estimant que son fils était « mal-considéré ». L'identité et l'adresse de l'auteur des coups communiquées, Victoire et Marco s'étaient rendus au domicile afin de procéder à son interpellation.

Bien entendu, lors de leur arrivée, ce dernier avait nié toute implication dans cette agression et avait refusé de suivre les forces de l'ordre. Devant son hostilité, puis son agressivité, au regard du caractère de flagrance, les policiers avaient décidé de faire usage de la force strictement nécessaire pour le neutraliser. Conduit *manu militari* au commissariat, placé en garde à vue, il avait été déféré devant le procureur dans la soirée, au motif de coups et blessures volontaires ayant entraîné une ITT[23] de plus de 8 jours, infraction délictuelle.

23. Incapacité totale de travail.

Victoire avait laissé Marco au commissariat pour attaquer l'audition de l'auteur – ce qui l'arrangeait bien – pendant qu'elle revenait à l'école primaire afin de recueillir les renseignements des différents témoins de l'agression caractérisée. Après avoir entendu et relevé les identités des témoins, à savoir deux mères de famille restées sur place et deux enseignantes, Vic s'était rapprochée de la directrice. Une fois l'ensemble des faits retracés et notés, elle faisait mine de quitter les lieux quand elle se ravisa, l'occasion trop tentante de questionner cette enseignante âgée d'environ cinquante ans, sur les années 90.

— Désolée de sortir du contexte, et ce n'est peut-être pas le bon moment, mais je bosse actuellement sur l'enquête des Disparues de l'A9 et j'aurais quelques questions à vous poser, si vous vous en sentez capable, débuta-t-elle doucement en guise de préambule, cherchant à savoir si son interlocutrice était en mesure de lui répondre.

La directrice, un mouchoir à la main, n'arrêtait pas de se moucher le nez, rougi par les frottements successifs. Le visage blême, les yeux larmoyants entourés de coulures de maquillage, elle ressemblait à un clown triste, au bout du rouleau. Contrairement à son pressentiment, elle hocha la tête, prête à lui apporter son aide.

— Je cherche à relier le parcours de ces gamines. Et comme la majorité d'entre elles se trouvaient en école primaire au moment du premier enlèvement, j'ai imaginé qu'elles auraient pu se rencontrer à l'occasion d'une fête ou d'un challenge inter-écoles… Est-ce que ce genre d'évènement vous rappelle quelque chose ?

La directrice ne répondit pas. Les yeux plissés, elle puisait dans les méandres de sa mémoire, encore à fleur de peau suite aux évènements. Elle s'accorda quelques secondes de réflexion avant de s'exprimer :

— La première idée qui me vient à l'esprit serait les concours de Sardane. Ces jeux et danses qui permettent aux enfants de découvrir la culture du patrimoine en accord avec le programme EPS prévu par l'Éducation Nationale... Je ne vois que ça, à l'époque qui aurait pu favoriser la rencontre d'enfants issus de différentes écoles. Par contre, il aurait fallu que les établissements soient tous dans le même canton !

Victoire avait vérifié. Si les centres de vacances n'étaient pas tous localisés dans le canton des Aspres, en revanche, toutes les écoles fréquentées par les victimes s'y trouvaient.

— Et comment s'organisaient ces concours ? J'imagine qu'une équipe devait gérer les rencontres et leur planification, suggéra Victoire.

— Là, il faudrait vous rapprocher du service départemental de l'éducation nationale à Perpignan. Les archives devraient pouv...

La directrice s'arrêta net, une idée venant de lui traverser l'esprit.

— Ou sinon, rebondit-elle, sachez que *L'Indépendant* nous a toujours soutenus dans ce type de manifestation. Il vous suffit de trouver la bonne archive et vous aurez tous les renseignements souhaités.

L'idée s'avérait aussi séduisante que pertinente. Victoire ne regrettait pas d'avoir tenté sa chance. Elle avait salué la responsable en l'invitant à venir déposer plainte dans les meilleurs délais, quand, arrivée à la grille de l'école, madame Arrufat la héla. Avant d'arriver à son contact, elle força sur sa voix :

— Vous m'avez parlé des années 90, mais je viens de me souvenir d'un grand challenge scolaire organisé en 1989 ! Pour les cent ans de la Révolution... Si cela peut vous aider.

Bien entendu !

Vu la complexité de l'affaire et l'impasse dans laquelle elle stagnait, Victoire en était arrivée à absorber, telle une éponge, toutes informations susceptibles de l'aider à répondre aux questions qui commençaient à s'agglutiner dans son cerveau. Elle prenait soin de les compartimenter au fur et à mesure de ses découvertes, mais à force de les empiler, elles pullulaient, et certains tiroirs débordaient… Ce qui lui donnait la désagréable sensation d'avoir la tête comme une citrouille. Car à chaque fois qu'elle arrivait à avancer d'un pas, d'autres inconnues s'ajoutaient aux équations. Comme à cet instant précis lorsque, montée à bord de son véhicule, elle fut assaillie par deux interrogations. La première concernait Angels, seule victime toujours en dehors du cadre, depuis le début et à chaque nouvelle avancée. Que ce soit son âge, son établissement scolaire, ou son lieu d'enlèvement, rien ne correspondait au profil des autres victimes, encore moins après le rapport d'autopsie puisque ses restes mortels ne comportaient aucun signe de maltraitance ni de lacérations animales… Vic se demandait ce qui pouvait la relier aux cinq gamines. À l'identique de son cas personnel, source de sa seconde question. Hormis son centre de vacances situé dans les Aspres, ses 7 ans en 1997 n'ayant aucun rapport avec celui croissant des autres victimes – vu les 15 ans de Joana, la dernière en 1996, la suivante en toute logique aurait dû avoir 16 ans – elle n'avait aucune chance d'avoir pu croiser la route de ces adolescentes, d'autant que sa scolarité s'était déroulée à Vinça, dans le Conflent.

35

Avant de réintégrer le service, Victoire n'avait pu résister à faire un crochet aux archives du journal *L'Indépendant*. Après avoir visionné les journaux des années 90, elle avait trouvé quelques articles sur les Sardanes de 1992, 1993 et 1994, mais aucune photographie, ni même identité des vainqueurs ne correspondait à celle des victimes. En revanche, lorsqu'elle s'attaqua à des recherches spécifiques sur le challenge scolaire du centenaire de la Révolution, elle tomba sur LE cliché. LA révélation. La lumière éclaira soudain son long tunnel qui ne faisait que s'assombrir depuis le début de cette enquête. Même si la qualité de la photo ne permettait pas de reconnaître les fillettes présentes, avec précision, la légende stipulait leur identité.

« Félicitations aux lauréates qui représenteront le canton des Aspres au challenge scolaire départemental des Pyrénées-Orientales pour le Centenaire de la Révolution : Chloé Battle, Agnès Cau, Sonia Chemarin, Clara Coll, Jana Guisset, Prescillia Rodriguez, Anaïs Rosa et Joana Vila. »

— Yes ! hurla Vic, à la fois satisfaite d'avoir enfin relié les victimes et surprise de découvrir que Prescillia, la soeur cadette d'Angels, faisait partie des lauréates.

Son enthousiasme frôlant l'hystérie, les identités d'Agnès Cau et Sonia Chemarin la firent redescendre d'un étage, en imaginant l'existence de deux victimes potentielles, inconnues au dossier. Cette nouvelle information chamboula ses pensées, proches de l'ébullition. Tout s'orchestrait dans sa tête à vitesse grand V en favorisant la connexion avec l'information délivrée par la cheffe d'établissement.

Le Challenge scolaire de la Révolution relie bien toutes les victimes. Toutefois, vu qu'il date de 1989 et que la première victime répertoriée est Clara Coll en 1992, peut-on envisager l'existence de deux autres victimes en 1990 et 1991 ?

Son analyse lui glaça le sang.

En sortant, elle voulut partager son avancée cruciale avec Vincent, sans succès. Consciente que d'ordinaire, le capitaine de gendarmerie décrochait immédiatement, elle se demanda, en grimpant dans son véhicule, si son ami lui en voulait encore pour son intervention de la veille au domicile de Sanchez. Elle rejeta en bloc cette idée saugrenue, préférant l'imaginer en pleine réunion avec la cellule DiANE…

Sur le trajet, elle bifurqua vers Thuir, plus précisément vers le photographe attitré des établissements scolaires sur le canton des Aspres. La chance souriant aux audacieux, Victoire remerciait l'alignement des étoiles en cette journée pourtant fournie en turbulences. Maurine, la responsable du studio, lui indiqua avoir racheté le fonds de commerce en 2015, mais l'ancien propriétaire lui avait laissé un stock d'épreuves et négatifs antérieurs dans l'éventualité où la clientèle aurait souhaité des tirages plus anciens. Elle accompagna la policière au sous-sol et lui fit découvrir la quantité astronomique de cartons, empilés du sol au plafond. Devant la tête déconfite de Vic, Maurine lui remonta le moral en désignant les dates répertoriées en bas à droite de chaque carton… L'année 1989 repérée, elles s'aidèrent mutuellement à le désimbriquer de la pile, et quelques minutes suffirent à mettre la main sur la photo tant désirée. Là, les visages beaucoup plus identifiables, Victoire fut en mesure de reconnaître les cinq victimes, Prescillia, Agnès et Sonia, les deux *inconnues*, encadrées par une quadragénaire, sans doute une professeure des écoles, responsable du challenge scolaire. Elle demanda l'autorisation d'emprunter le cliché puis remercia chaleureusement Maurine pour sa gentillesse avant de la quitter.

De retour sur le parking du commissariat, vingt minutes plus tard, elle appelait une dernière fois Vincent avant de rejoindre son service quand Véronique la contacta.

— J'ai du croustillant ! annonça-t-elle en prémices de ses informations.

La bibliothécaire lui fit la synthèse de « Jan de l'Os (Jean de l'ours), l'homme sauvage », un texte de Jean Abélanet dans *Lieux et Légendes du Roussillon et des Pyrénées Catalanes*. L'auteur évoquait la légende de Roland et de son conte « Jan de l'Os », sans doute à l'origine du folklore archaïque et des traditions carnavalesques encore d'actualité dans les villages du Haut-Vallespir. Le genre de conte de la « Vora Del foc » raconté le soir, au coin du feu, lors d'une veillée familiale et qui faisait frissonner les enfants.

— Dans cette histoire, un ours enlève une jeune fille pour en faire sa compagne. Il la séquestre dans sa tanière dont il prend soin de refermer l'entrée par une énorme roche à chaque fois qu'il part chasser. De leur union naquit un enfant mi-ours, mi-homme, dénommé Jan de l'Os, qui, quelques années plus tard, devient grand et fort. Assez puissant pour réussir un jour à déplacer la grosse pierre qui les empêchait de s'enfuir. Devenus libres, l'enfant et sa mère rejoignent le village mais l'homme-ours, différent, n'arrive pas à s'insérer. L'impossibilité de jouer avec les enfants et de faire des études, car il terrorise tout le monde, l'incite à partir à l'aventure en sillonnant les contrées… Au fil de ses péripéties et de ses rencontres, Jan de l'Os constituera un groupe avec des amis pourvus de dons particuliers, avec lesquels il continua à parcourir le monde. Le géant Bufinbufaïna, Fi d'oïda, Llarg de vista…

Véronique termina son laïus par la moralité de cette histoire, en lisant la conclusion de l'auteur :

« Le mythe de Jean de l'Ours, être hybride né de l'Ours et de la Femme, a une portée qui n'apparaît pas de prime abord : au-delà du simple conte destiné à distraire les enfants, il est, comme tous les contes – les psychanalystes s'accordent pour l'affirmer – l'expression des tendances les plus profondes de l'âme humaine. Nous y retrouvons l'idéalisation de la force physique, le désir de puissance et de domination sur les éléments naturels, l'envie de richesse facilement acquise, le besoin d'épanouissement sexuel, la peur devant les forces occultes du monde souterrain et, en même temps, la volonté de revanche sur ces mêmes forces, etc. »

Victoire devait reconnaître une similitude avec son affaire mais ce conte sortait tout droit de l'imaginaire d'un écrivain et son côté cartésien ne pouvait se résoudre à prendre en considération ce genre d'affabulation.

— J'entends bien Véro. Mais tu avoueras que même si certaines similitudes peuvent s'apparenter à mon affaire, il n'y a rien de très concret dans cette histoire.

— Au contraire, c'est en lien direct ! contrecarra son amie. Vu que le rituel des fêtes de l'ours relate à travers des mimodrames, les principaux éléments inhérents à la légende de Jan de l'Os. Écoute le déroulement de la fête décrite par l'auteur :

« Un des organisateurs, affublé d'une peau d'ours, visage, bras et jambes, enduits de suif et de noir de fumée, part se cacher dans la nature ou la grotte. Un autre en tenue de chasse et armé de son fusil, parcourt le village, précédé de la cobla de musiciens : il bat le rappel, exhortant tous les hommes valides et courageux à se joindre à lui pour délivrer le village de la bête malfaisante, qui a eu l'audace d'enlever une jeune fille. »

Le téléphone rivé à l'oreille, Victoire avait traversé le commissariat en trombe, en saluant les collègues d'un simple hochement de tête. Stoppée dans l'entrée de l'escalier et assise sur les premières marches, elle écoutait religieusement la bibliothécaire dont certains éléments faisaient de plus en plus écho à son enquête…

— Les chasseurs finissent par attraper l'ours et l'enchainent pour le ramener au village. Là, hué par la foule, il se rue par moments sur les filles et leur barbouille le visage avec une mixture à base de boudin noir et de muscat. Ensuite, sur la place, il est jugé et condamné à être rasé. Ce que s'affairent à réaliser les barbiers, tous de blanc vêtus, équipés d'une hache !

Commençant à trouver le temps long, Vic réagit à ces éléments troublants :

— Vêtements blancs, rasage à la hache, réitéra-t-elle.

— Oui, tu as bien entendu. Ces barbiers sont d'ailleurs dénommés les « blancs » en opposition au « noir » incarné par l'ours. Si on se fie aux explications de Robert Bosch dans *Fêtes de l'Ours en Vallespir*, ils représentent la normalisation de la société et sont censés humaniser l'ours pour sa réintégration dans le giron social.

— Et à travers tes recherches, as-tu trouvé un lien ou une connotation religieuse ?

— Robert Bosch le définit comme un culte de l'Ours-Totem ! Des manifestations et rituels néo-païens issus du syncrétisme religieux, à savoir, la religion de l'ours. Et je terminerai par cette analyse d'Odile Impériali :

« La légende de frère Gari souligne l'importance du rôle du pape et atteste de l'existence de monstres mi-bête mi-homme : les païens restés sous l'influence du démon. C'est l'image de la Chrétienté triomphante qui s'impose. Peut-être est-il possible de voir dans ces êtres les sémiots mi-hommes mi-monstres du Vallespir. »

L'esprit encombré par toutes ces informations rocambolesques et fantasmagoriques, Victoire accéda enfin à son bureau. Elle s'installait devant son ordinateur prête à s'atteler à la rédaction du procès-verbal concernant les faits circonstanciés de l'agression à l'école primaire Anatole France, quand un autre beau blond aux yeux bleus, à l'allure de surfeur mais « des neiges », débarqua dans son bureau. Contrairement à son air jovial habituel, le visage de Michaël, le compagnon de Vincent, d'origine helvétique, transpirait l'inquiétude. Victoire l'invita à s'asseoir afin de lui permettre de retrouver son souffle, tant il était affolé. Trop impatient d'être entendu, il s'exprima aussitôt :

— Hier soir, Vince m'a envoyé un SMS pour me dire qu'il aurait du retard, car il avait un « *truc à vérifier* » mais il n'est pas rentré… Je ne suis pas du genre à l'emmerder toutes les cinq minutes car je sais que son boulot n'est pas toujours facile. Ce matin, quand j'ai vu qu'il n'était pas rentré de la nuit, je l'ai appelé plusieurs fois en laissant des messages sur sa boîte vocale… et toujours pas de nouvelles ! s'inquiéta-t-il. Comme ça ne lui ressemble pas, je me suis permis de téléphoner à la gendarmerie mais personne ne l'a vu au service depuis hier soir… Je sens que quelque chose de grave est arrivé !

Victoire avait fait le même constat. Vincent considérait le téléphone portable comme son outil de travail et ne s'en séparait jamais. Inutile d'imaginer une panne de batterie ou une éventuelle détérioration, le problème serait réglé dans l'heure qui suit chez l'opérateur…

— Et que t'ont dit ses collègues ?

— Ils pensent que Vincent est parti seul sur une mission car il aurait emporté une mallette des TIC avec un Blue Star et du Luminol.

Vic percuta immédiatement en lâchant un souffle de soulagement.

— Aucune inquiétude à avoir, je sais où il est ! Hier, je lui ai soumis l'idée de chercher des traces de sang sur une *supposée* scène de crime à Banyuls-dels-Aspres… Une zone si isolée qu'elle doit être dépourvue de réseau ! Viens, je t'y emmène, proposa-t-elle à Michaël qui semblait quelque peu rassuré.

Si elle avait essayé d'apaiser l'inquiétude de Michaël, Victoire restait tout de même dubitative. Une heure grand maximum aurait dû suffire à Vincent pour passer au crible l'ensemble de la cabane au Blue Star... Mais vu l'heure tardive et le manque de visibilité sur la propriété de Sanchez, elle craignait qu'il ait fait une mauvaise chute dans la cabane. Ce qui laissait présumer, si elle avait vu juste, que son ami était inconscient depuis vingt-quatre heures… Si jamais il lui était arrivé malheur, elle en serait la première responsable et ne s'en remettrait jamais.

Passant à proximité de Trouillas pour rejoindre Banyuls-dels-Aspres, la policière eut l'idée de faire un crochet à son domicile pour embarquer Mec. Une sécurité supplémentaire au cas où…

Quelques minutes plus tard, à la fois rassurés mais toujours inquiets, les deux amis constataient la présence du véhicule de Vincent, stationné devant le terrain en friche de Sanchez. Le moteur de la Clio à peine coupé, Mec s'éjectait de la banquette arrière pour s'enfoncer dans la pénombre en bon éclaireur. Son tour de reconnaissance fut de courte durée. Les deux amis se situaient à environ cinquante mètres de la cabane quand ils l'entendirent déjà aboyer à l'intérieur. Accourus en quatrième vitesse, leur chemin éclairé à la lampe torche, ils le trouvèrent assis, la langue pendante, devant un trou béant d'environ quatre-vingts centimètres de diamètre. Accroupie, Victoire aperçut à la lumière de sa lampe, à plus de deux mètres de profondeur, le corps de Vincent, inanimé, gisant sur le sol. Réalisant son impossibilité de remonter si elle sautait, elle s'empressa de récupérer la longe de Mec dans le coffre de son véhicule.

Revenue auprès de Michaël, Vic réfléchissait au meilleur moyen d'agir, quand elle repensa au chêne, utilisé par le criminel pour suspendre ses victimes. Levant la tête, elle découvrit les trappes des étages supérieurs ouvertes et comprit que Vincent avait découvert le pot aux roses…

Elle décida de suivre le même procédé, en nouant la longe autour de sa taille, espérant que la longueur de 10 mètres soit suffisante, et donna les instructions à Michaël. Positionné au second palier, son rôle consistait à tirer sur la corde – la grosse branche servant de poulie – et si besoin lui conseilla de descendre à l'étage inférieur pour faire contrepoids et permettre de hisser Vincent…

En place, il retint suffisamment la corde pour déposer Vic au fond du trou, sa mini lampe de poche serrée entre les dents. Au contact de Vincent, elle contrôla rapidement ses signes vitaux et remarqua le sang séché sur l'arrière de sa nuque. Elle préférait l'extraire de cette cavité et le placer en PLS en surface, dans l'attente des secours. Au moment d'enrouler la corde autour de sa taille, son bras droit frémit. Quelques secondes à lui parler suffirent à le réveiller. Conscient, mais totalement groggy, il lui fallut quelques minutes pour émerger et se rappeler les circonstances de sa chute. Visiblement, si la trappe avait résisté au poids-plume de la boxeuse, elle avait cédé sous son quintal.

Vincent relevé, en position semi-fléchie et adossé à la cloison métallique, regardait le noir ambiant autour de lui.

— Tu te rends compte du calvaire de ces gamines, enfermées ici. Blessées, les os fracturés, seules… à cet âge…

— Oui… pauvres gosses ! Et quand je pense qu'à cause de moi, tu aurais pu y rester également, je m'en veux terriblement, dit-elle en se blottissant contre lui, trop heureuse de l'avoir retrouvé sain et sauf.

À peine redressée, avant de sortir, et par acquit de conscience, Victoire balaya l'espace à l'aide de son faisceau lumineux qui se posa, au fond, sur quelques ossements éparpillés au sol, au travers d'oripeaux, vestiges d'une aube couverte de salissures.

— Voilà sans doute Joana Vila, notre sixième et dernière victime, en conclut Vincent, amer.

— Comme tu dis, « sans doute », répéta Vic avec une retenue évidente…

Elle lui expliqua avoir avancé à pas de géant dans ses investigations, en découvrant notamment que le centenaire de la Révolution reliait toutes les victimes. Avec la surprise de constater, sur une photographie de groupe, que Prescillia Rodriguez figurait sur cette liste ainsi que deux nouvelles adolescentes, Agnès Cau et Sonia Chemarin, qui ne figuraient pas au dossier…

En frottant la protubérance à l'arrière de son crâne, il réalisa la prouesse de son amie. En quelques jours, elle avait réussi à déterrer le passé, là où ses collègues de l'époque avaient échoué en dix ans d'enquête. Malgré le fait d'avoir mené ce dossier de main de maître, leur promiscuité avec Sanchez leur avait été fatale, en l'écartant d'emblée de la liste des suspects. D'autant plus qu'il représentait la pierre angulaire de l'affaire. Aujourd'hui, le coupable était identifié, le lieu des séquestrations localisé, et le mode opératoire des sévices corporels découvert… Vincent s'interrogeait déjà sur la meilleure méthode à employer pour annoncer ces avancées notoires au lieutenant-colonel Privat, sans risquer de s'attirer la foudre. La ténor des affaires non élucidées n'allait certainement pas apprécier de se faire devancer par des petits *péquenauds* de province.

Tous deux à genoux, ils observaient, consternés, les restes mortels de Joana, quand Michaël les rappela à son bon souvenir :

— Oh ! Vous comptez dormir là ou quoi ? Il se fait tard et je commence à me les peler !

La voix de son compagnon lui déclencha un rictus.

— Je vois que tu as amené du renfort ! Allez, on a du taf. Faut appeler Privat… même si je ne sais pas encore comment je vais lui expliquer notre découverte, encore moins ma présence ici. Mais je préfère que ça vienne de moi et non qu'elle finisse par l'apprendre d'une manière détournée.

En bon professionnel et chef d'une brigade territoriale, il devait assumer et respecter les règles de la procédure, à savoir contacter en priorité les techniciens de l'identification criminelle, seule unité autorisée à intervenir dans une telle situation.

— Bon, comment on s'y prend pour sortir d'ici, s'enquit-il en tendant les mains en haut de la cavité métallique.

Malgré son gabarit, ses doigts touchaient juste le rebord de l'ouverture sans avoir pour autant la possibilité de s'y accrocher.

— On va utiliser sa méthode, décréta Vic, en enroulant de nouveau la corde autour de sa taille. Honneur aux femmes, si tu n'y vois pas d'inconvénient, insista-t-elle en lui décrochant un clin d'œil appuyé. Et puis, vu ton poids, il est préférable que j'aide Michaël au cas où on rencontrerait des difficultés à te sortir de là.

Le dispositif du criminel leur permit de remonter à la surface en moins de dix minutes, même si, pour hisser Vincent, Victoire et Michaël avaient dû décupler leurs efforts…

Réunis à trois devant la cabane, l'esprit enfin détendu et rassuré, le surfeur des neiges suisse ne put s'empêcher d'exprimer son incompréhension :

— Au risque de passer pour un abruti, je ne vois toujours pas comment ce fumier procédait ! Et à quoi lui servaient ces trappes !

Son compagnon se fit un plaisir de l'éclairer en retraçant le mode opératoire aux frontières de l'innommable :

— Grâce à son installation, il sortait chaque fillette de sa geôle, comme on vient de procéder, mais en la hissant jusqu'au second étage. Là, il inversait le sens de la corde sur la branche – ce qui lui évitait de retirer l'entrave de sa victime –, puis il la suspendait en la balançant à son bon vouloir, s'amusant à la laisser à la merci de l'ours…

— Là, par contre, j'ai un sérieux doute ! l'interrompit Vic. J'ai tout scruté au peigne fin et je ne vois vraiment pas où Sanchez aurait pu garder ce monstre en captivité…

Du bout des doigts, le gendarme fit crisser les poils drus sur son menton. Bientôt deux jours qu'il ne s'était pas rasé, ni lavé. Il avait hâte de prendre une bonne douche. Dubitatif aux propos de son amie, il relança :

— Un mystère supplémentaire à décrypter. Toujours est-il que ces gamines se faisaient griffer au sang à chaque fois qu'elle se balançait au bout de cette foutue corde ! Et quand leur tortionnaire le décidait, il libérait la corde du piton, les propulsant ainsi dans le vide, à cinq mètres de hauteur !

— Une chute qui leur occasionnait de multiples fractures, contusions et autres hématomes, ajouta Victoire, sur un ton teinté d'effroi. Ces gamines étaient condamnées à souffrir en silence, avec l'impossibilité de crier leur douleur à cause de leur bouche scellée à tout jamais !

Sans se concerter, ils observèrent une minute de silence, la tête baissée, les mains jointes, en souvenir de ces six gamines retirées de leur milieu familial qui avaient vécu l'enfer dans ce lieu sinistre. Le recueillement terminé, Vincent se décida à contacter la LCL Privat et dans l'attente des renforts, des TIC, du médecin-légiste et peut-être des autorités policio-judiciaires, il demanda à Victoire et Michaël de quitter les lieux. Sa fin de service risquait de s'éterniser tard dans la nuit…

— Juste un truc à te dire avant de partir, balança-t-elle. Ce serait une grossière erreur de croire que cette affaire est terminée ! À mon humble avis, on en est encore loin.

Le visage marqué, les traits tirés, elle énuméra avec gravité toutes les zones d'ombre encore à éclaircir. À commencer par le mobile de Sanchez. Pour quelles raisons aurait-il enlevé les lauréates d'un concours ? Et pourquoi se serait-il acharné ainsi sur elles, avec une telle barbarie ? Ensuite, élucider la présence suspecte du véhicule Citroën LNA noir chez les Rodriguez, ainsi que les incohérences concernant Angels Rodriguez en totale inadéquation avec les autres victimes. Victoire estimait important de creuser également du côté de sa sœur cadette Prescillia et d'identifier Agnès Cau ainsi que Sonia Chemarin, les deux nouvelles adolescentes de la photographie…

— Et pour terminer, répondre à cette question qui me hante depuis le début de cette affaire ! Qu'est-ce que mon père et moi venons foutre dans cette histoire ?

36

— Docteur Baixàs ? Bonjour. C'est Xavier, le fils de Pierre… Je ne vous dérange pas ?

— Non, pas de problème. Comment va l'ami Pierrot ?

— Doucement, doucement. Il se remet difficilement de cette sombre affaire qui m'a valu des péripéties judiciaires, expliqua le vigneron.

— Ce que j'avais compris à demi-mot quand vous m'aviez demandé de traiter directement avec ce mafieux de Perpignan pour les déchets de la clinique.

— Exact, confirma-t-il. Désolé mais je voulais éviter que mon nom apparaisse dans cette affaire.

Raison pour laquelle Xavier, déjà informé du *deal*, avait laissé Antonin gérer le trafic, en jouant au passage à l'innocent offusqué. Il marqua une pause, ne sachant pas vraiment comment aborder le sujet qui le taraudait depuis quelque temps. Il réfléchissait quand le psychiatre exprima son inquiétude :

— Ne me dites pas qu'il y a un problème avec le chargement ?

— Non, tout va bien, le rassura-t-il immédiatement. Même si nous avons pris un peu de retard à cause de la grève des agriculteurs, aucune crainte à avoir. En revanche, mon appel concerne une flic de Perpignan, un peu trop zélée, qui a une fâcheuse tendance à faire des ravages partout où elle passe. Et si j'en crois les bruits de couloir, c'est ce qu'elle aurait fait dans votre clinique…

Le spécialiste réagit à brûle-pourpoint :

— Victoire Rhéxaas ! Aussi teigneuse sur un ring que dans la rue, cette emmerdeuse !

— Nous parlons bien de la même personne, valida-t-il. Elle qui, à travers ma condamnation, a jeté l'opprobre sur notre famille et a anéanti mes parents et nos proches. À tel point qu'ils n'osent plus sortir faire leurs courses de peur d'affronter le regard des gens.

— Les pauvres, après tant d'années de respectabilité, compatit le spécialiste. Il faut les tranquilliser en leur expliquant que ce n'est qu'un mauvais moment à passer. Les gens oublient vite. Regardez en politique, même des personnalités « finies » ont réussi à revenir par la grande porte ! Preuve que dans quelque temps, cette histoire sera loin derrière eux et ils retrouveront leur vie d'avant.

Un blanc s'invita dans la conversation. Trépignant d'impatience, le psychiatre le brisa avant qu'il ne s'installe durablement :

— Sinon, que puis-je faire pour vous ?

— J'aimerais que nous unissions nos forces pour démolir cette flic ! proposa Xavier, le mors aux dents. Vous avez suffisamment d'influence sur le département pour lui couper les ailes et la réduire à néant.

— Figurez-vous que j'hésitais à contacter le directeur départemental de Perpignan pour me plaindre de son comportement. Vous venez de me convaincre de le faire sur le champ et si d'aventure cela ne suffisait pas, faites-moi confiance, je taperai plus haut, soit à la préfecture, soit au parquet. Je n'ai que l'embarras du choix, se gargarisa le médecin, la voix pleine de suffisance.

Le vigneron n'en attendait pas moins. Satisfait que la conversation ait tourné à son avantage, il lui renouvela le consensus tacite qui liait leurs familles respectives depuis de longues années.

— Je vous en remercie docteur Baixàs, nous n'oublierons pas. Au plaisir de vous renvoyer l'ascenseur…

— Je n'en doute pas une seule seconde. Passez le bonjour à Pierrot de ma part. Au revoir !

37

Comme Vincent le pressentait, il s'était fait laminer au téléphone par la lieutenante-colonelle. Mais contre toute attente, son attitude s'était avérée beaucoup plus mesurée et plus diplomate quand elle avait débarqué avec *la cavalerie*. La gradée avait apprécié que le capitaine, dans ses petits souliers, ait fait amende honorable. Après tout, il avait œuvré pour concourir à la manifestation de la vérité dans le seul but de faire avancer l'enquête, avec des méthodes, certes, peu conventionnelles et discutables, mais qui avaient porté leurs fruits. Privat sut le reconnaître :

— Vous m'avez fait gagner un temps précieux avec toutes ces informations. Et de nos jours, le temps c'est de l'argent. Raison pour laquelle je m'interdis de faire remonter vos agissements *borderline* à la hiérarchie. Après tout, si je suis devenue analyste du comportement et aujourd'hui nommée à la tête du département des sciences du comportement en tant que cheffe de la cellule DiANE, c'est grâce à mon initiative et ma détermination à faire bouger les lignes. Ce serait un comble, de ma part, de vous jeter aujourd'hui la pierre, capitaine !

Alors que les techniciens en identification criminelle, suivis du légiste, investissaient la cavité, elle entraîna Vincent en retrait de la cabane, une mallette à la main. Son visage arborant une fierté affichée, elle plongea son regard dans le sien et reprit son monologue avec une once de mystère dans la voix :

— Puisque vous avez partagé vos découvertes, à mon tour de vous annoncer nos belles trouvailles.

Elle ouvrit la valise et éclaira de sa lampe une énorme tête d'ours, une peau de bête et deux pattes, toutes enveloppées séparément dans un scellé plastifié. L'ensemble recouvert d'une pellicule d'algues vertes, pourrissait au fond de l'étang. Après avoir insisté sur la longueur des griffes acérées, à la limite de transpercer le sachet, la gradée sortit la peau d'animal et lui présenta l'ouverture entre les deux pattes arrière.

— Ce psychopathe devait l'enfiler comme une grenouillère, et se servait de cet accoutrement pour terroriser et martyriser ces pauvres gamines…

Le gendarme réalisa que leur théorie d'un ours en captivité venait de s'effondrer. Sanchez endossait ce rôle en lacérant ses victimes, les mains gantées de pattes animales et affublé de sa peau de bête.

— Vous ne la trouvez pas un peu trop petite pour un adulte ? décréta le capitaine, l'œil affûté.

Les bras fléchis, Privat la rapprocha à quelques centimètres d'elle, à la hauteur de ses épaules, en guise de comparaison. Elle avoisinait les 1,70 m et la peau d'ours ne touchait pas le sol.

— Bien vu, capitaine. Je vois que rien ne vous échappe. Mais rassurez-vous, nous avons vérifié le dossier militaire de Sanchez. Il mesurait exactement 1,65 m et il rentrait bien dans ce… truc ! finit-elle par dire sans réussir à définir ce qu'elle tenait entre ses mains.

Elle laissa choir la peau dans la valise à ses pieds en marquant volontairement une pause. Elle scanna du regard l'effervescence des techniciens autour de la cabane et reprit là où elle s'était arrêtée :

— Et ce n'est pas tout. En drainant l'étang, mes gars ont également retrouvé des restes mortels... Un crâne à moitié décomposé et deux fémurs détériorés... L'ensemble est déjà parti à l'IML de Montpellier.

Vincent repensa illico à l'annonce fracassante de Victoire quelques minutes auparavant.

— J'ai peut-être une idée sur l'identité de cette victime. Selon toute vraisemblance, deux gamines n'ont pas été listées dans ce dossier, pour une raison encore inconnue... Il pourrait s'agir de l'une d'entre elles, Agnès Cau ou Sonia Chemarin.

Malgré la pénombre, il sentit le regard de la supérieure scruter son visage.

— Décidément, vous m'impressionnez, capitaine ! Vos ressources sont inestimables, estima-t-elle en relevant les identités sur son bloc-notes. Tout ceci, en tout cas, conforte vos découvertes chez Sanchez. Reste maintenant à déterminer le mobile de ces enlèvements et le pourquoi de cette violence à leur égard. Car il y a toujours un motif... Vous m'entendez, capitaine, il y a toujours un motif !

Vincent acquiesça de la tête sans émettre le moindre bruit, conscient de n'avoir informé Privat que de la partie émergée de l'iceberg, dévoilée par Victoire. D'abord, par prudence, car certaines théories demandaient encore à être vérifiées, ensuite, parce qu'il voulait éviter que cette unité DiANE récolte tous les lauriers aux yeux du ministère. Après tout, il n'éprouvait aucune honte à prêcher pour sa paroisse et tenter de valoriser sa brigade territoriale.

La guerre des polices existe toujours, même au sein de la gendarmerie !

Désireux d'en savoir plus, il tenta une incursion dans leurs investigations :

— Et sinon, vous avez découvert d'autres éléments intéressants dans les pavillons ?

En position semi-fléchie, sa lampe de poche entre les dents, Privat remisait les scellés correctement dans la mallette. Elle se contorsionna pour l'éclairer et mieux le dévisager.

— N'abusez pas de ma gentillesse, capitaine, le tacla-t-elle en refermant la valise. Pour tout vous dire, nous avons à notre disposition beaucoup de preuves qui attestent d'une collaboration étroite entre Rodriguez père et Sanchez…

La LCL expliqua que ces deux copains d'école primaire, ayant servi plusieurs années dans l'armée, avaient travaillé pendant plus de dix ans dans la même entreprise de BTP. Puis Rodriguez avait réussi à obtenir un meilleur emploi dans une société de macadam, période à laquelle Sanchez avait été congédié pour vol de matériel. Ces deux hommes renfermaient certainement des blessures personnelles, dues en partie à une éducation stricte de leurs pères respectifs, anciens vétérans de la guerre d'Indochine, qui les avaient éduqués à la dure. Une violence quotidienne qui avait dû générer chez eux une telle frustration intrinsèque qu'elle avait fini par resurgir quelques années plus tard en engendrant un désordre psychique inévitable.

Selon la spécialiste en analyse comportementale, Rodriguez était un écorché. Confronté aux affres de la vie, livré à lui-même, il avait sans doute été soumis à de dures épreuves dans son adolescence, après le décès de son père. Il masquait ses failles en paraissant *normal*, calme et posé, aux yeux de son entourage professionnel, mais en rentrant le soir au domicile, il extériorisait sa violence engrangée en se défoulant sur son épouse et ses filles.

— Typique d'un TDI, un trouble dissociatif de l'identité. À ne pas confondre avec le dédoublement de la personnalité. En résumé, il avait le profil parfait du schizophrène !

Le cas « Sanchez » était différent. Devenu asocial avec le temps, il vivait reclus jusqu'au jour où l'idée d'enlever des gamines lui avait traversé l'esprit. Soit par pulsion, soit par opportunité. Elle envisageait une maltraitance subie au cours de son enfance, au vu des actes commis envers ses victimes, en particulier de la méthode utilisée qui s'apparentait à de l'enfantillage. Prouvé par l'absence de sévices sexuels.

— En résumé, deux êtres perturbés, qui *survivaient* tant bien que mal avec leurs tourments en évacuant leur colère d'une manière différente, décréta la spécialiste en analyse comportementale. Mais ils œuvraient ensemble, je ne sais toujours pas à quel degré, mais leur complicité ne fait aucun doute.

Ses allégations découlaient de la présence de la Citroën LNA noire – appartenant à Sanchez et remplacée par la Peugeot 205 blanche –, épave retrouvée dans la propriété de Rodriguez. Ce dernier l'aurait dissimulée chez lui après son décès, de manière à éviter des questions dérangeantes qui, par extension, auraient pu se retourner contre lui…

— Comme vous pouvez le constater, en si peu de temps, mon équipe et moi avons bien avancé. Nous sommes sur la bonne voie et avec la découverte de Joana Vila, notre dernière victime, nul doute que nous pourrons clore ce dossier dans les meilleurs délais. En attendant, allez à l'hôpital faire examiner cette plaie à l'arrière du crâne. C'est un ordre ! ajouta-t-elle, convaincue que le capitaine minimiserait sa blessure.

38

La nouvelle n'avait pas tardé à se savoir et à inonder les médias. Même les chaînes d'info nationales du service public, y compris celles en continu de la TNT, s'étaient emparées de l'information en relayant la découverte de la dernière Disparue de l'autoroute A9.

C'était à prévoir...

La silhouette s'était empressée d'ouvrir le journal *L'Indépendant*. Comme d'habitude, l'article ne donnait que très peu d'éléments concernant l'enquête dirigée par la Lieutenante-Colonelle Privat de la Cellule DiANE. Toutefois, le lieu de la découverte à Banuyls-des-Aspres apportait quelques indications sur le site ciblé par les gendarmes.

Rien à craindre de ce côté-là. Après toutes ces années, tout a dû disparaitre et il ne doit plus rester grand-chose à exploiter.

Que tu crois...

Quoi qu'il en soit, personne ne remontera jusqu'à moi !

Oh que si... car tu as laissé un témoin.

De ce côté, je ne risque rien non plus. Elle est terrorisée.

À ta place, je me méfierais et j'assurerais le coup... en la mettant hors-jeu. Définitivement !

39

La veille, épuisée par sa longue journée et son trop-plein d'émotion, Victoire s'était effondrée sur son lit dès son retour, sans même prendre la peine de se restaurer. Résultat, à l'aube, criant famine, son estomac l'avait réveillée.

Au petit-déjeuner, après avoir concocté une omelette, accompagnée de rondelles de tomate et de concombre, elle s'était empressée de la savourer en consultant son téléphone portable sous le regard attendrissant de Mec, quand l'idée de taper « Agnès Cau » et « Sonia Chemarin » dans un moteur de recherche lui avait traversé l'esprit. Sa démarche infructueuse, elle avait réitéré l'opération sur les réseaux sociaux, Facebook et Instagram, en obtenant le même vide sidéral. À croire que ces deux identités n'existaient pas, mieux, que ces femmes n'avaient jamais existé.

Prête, bien avant l'heure habituelle de décoller pour le commissariat, elle décida de profiter de ce laps de temps pour faire une séance de sport. Son sac embarqué, elle s'arrêta à sa salle de fitness habituelle située sur son itinéraire. Un quart d'heure plus tard, elle se trouvait déjà à l'échauffement sur un vélo elliptique à l'Orange Bleue à l'entrée de la zone commerciale de Pollestres. Elle commença sa séance de musculation des épaules par des exercices de tirage à la barre en se concentrant sur l'explosivité, en effectuant des répétitions rapides avec des charges moyennes. Après ses quatre ateliers, elle termina par des séries en pyramide pour les bras, biceps-triceps, aux haltères. Une dépense d'énergie de quarante minutes à s'efforcer de bien exécuter les mouvements en contrôlant ses positions dans les miroirs, sans réelle motivation… Elle qui, d'ordinaire, était toujours dynamique et vaillante, se posait de sérieuses questions sur son manque récurrent d'énergie.

Sous la douche, Vic analysait sa prestation bien en deçà de ses habitudes. Au moins cette séance lui avait permis d'évacuer et de s'aérer les neurones. La magie du sport. Outre le fait d'agir sur son mental, de l'apaiser et de lui ouvrir les chakras, l'activité lui apportait également des ondes positives avec parfois son lot de surprises, de réponses, ou de solutions… En l'occurrence, ce matin, le moyen de trouver Agnès et Sonia venait de lui être servi sur un plateau pendant qu'elle s'évertuait à pousser de la fonte.

Quelques minutes plus tard, les cheveux encore mouillés, elle saluait le personnel en quittant l'établissement quand, à la sortie, elle croisa Enric. Surprise, elle manqua cruellement de diplomatie :

— Qu'est-ce que tu fous là, toi ? Tu me suis ou quoi ?

Interloqué par son attaque frontale, le beau brun ténébreux se renfrogna. Remarquant son casque à la main, et croyant reconnaître son blouson en cuir noir, elle balaya le parking à la recherche de son engin et trouva un Piaggio MP3 stationné entre deux véhicules. Elle poursuivit sur sa lancée en le charriant :

— Un équipement au top pour un scooter de vieux, c'est ballot ! Fais gaffe, il va bientôt te falloir un rehausseur pour grimper sur ton engin, plaisanta-t-elle, un sourire jusqu'aux oreilles.

Ce pic acerbe obligea le jeune brigadier à décrocher un rictus forcé sans pour autant battre en retraite. Au contraire, il retroussa les babines :

— Pour ta gouverne, je suis inscrit dans cette salle depuis la rentrée et que je sache, tu n'es pas le centre du monde !

Pressée, Victoire préféra ne pas relever et fila vers sa Clio. Lui, revint à la charge :

— C'est trop con d'en rester là, Vic ! cria-t-il de loin. Faut qu'on se parle !

— Je n'ai rien à te dire ! rétorqua-t-elle avant de monter en voiture.

Le moteur en marche, elle démarra en faisant crisser ses pneus, et lorsque ses roues le frôlèrent, elle évita son regard insistant.

Sur la route, à peine cinq minutes après leur échange électrique, elle regrettait déjà son attitude. Quinze jours auparavant, elle appréciait Enric. Mieux, il lui plaisait bien. Elle avait même envisagé une relation après l'avoir fait patienter pendant plusieurs semaines. Tactique qui lui permettait de cibler ses prétendants et de sonder leur sincérité. En général, la plupart d'entre eux lâchaient prise après quelques jours alors qu'une poignée d'irréductibles s'accrochaient, preuve de leurs réels sentiments. Mais encore une fois, à ce petit jeu, bon nombre avaient quitté le navire alors que certains, au profil de maître-nageur, auraient très bien pu la sauver du siphon dans lequel elle se noyait au fil du temps.

Voilà pourquoi, à jouer les duchesses, t'es toujours seule... à bientôt 34 balais !

Et puis, pour tenter de minimiser et de se rassurer, histoire de conforter ses principes, elle avait pu constater que sortir avec un collègue apportait plus de désagrément que de plaisir. Par le fait de dissimuler leur relation aux autres, afin d'échapper aux railleries et autres blagues salaces. Mais aussi à éviter de se ronger les sangs l'un pour l'autre quand les missions s'avéraient périlleuses. L'inquiétude lui fit repenser à Jérôme et à cet après-midi raté en sa compagnie, à cause de son comportement inacceptable. Si absorbée par son enquête qu'elle l'avait totalement négligé. Le pauvre avait dû se sentir bien seul pour la quitter aussi précipitamment sans même lui dire au revoir…

En consultant l'heure indiquée à l'horloge du tableau de bord, elle estima que son détour la retarderait d'environ une demi-heure pour sa prise de service. À l'aide de son kit mains-libres, elle téléphona au service et prétexta avoir rencontré des problèmes mécaniques avec sa vieille voiture. Son chef ne tergiversa pas pour lui témoigner tout le bien qu'il pensait d'elle :

— Ça tombe bien, t'es pas trop en odeur de sainteté en ce moment ! Le toubib de la clinique de Thuir s'est plaint de tes débordements au Boss, et il m'est tombé dessus ce matin à la première heure. Alors, prends quelques jours, reste chez toi et fais profil bas, c'est un conseil que je te donne ! l'incendia-t-il avant de lui raccrocher au nez.

Sidérée que ce psychiatre ait osé informer son service, elle était encore sous le coup de cette remontée de bretelles en bonne et due forme, que son portable résonna. Son coach lui annonçait l'accord signé entre les deux managers pour un prochain championnat de France fixé, par le promoteur de l'évènement, à Paris, le samedi 22 février 2025…

5 mois !

Elle qui prévoyait *a minima* six mois de préparation, allait devoir mettre les bouchées doubles si elle comptait reconquérir son titre. Son entraîneur lui fixait rendez-vous le soir même à la salle de boxe pour faire le point sur sa condition physique. Sa reprise risquait d'être terrible dans son état...

Et mon manque de niaque manifeste. À en croire tes prouesses de ce matin, t'as du souci à te faire, ma cocotte !

Dix minutes de trajet, et la Clio se garait dans l'avenue Jean-Giraudoux, devant le magnifique bâtiment immaculé et high-tech, agrémenté d'une énorme peinture représentant trois visages bleu-blanc-rouge de la DSDEN[24].

À l'accueil, contrairement aux habituels personnels administratifs réticents à répondre aux doléances ou questions posées, la secrétaire s'avéra non seulement agréable mais également très coopérative. Elle donna des explications si claires et explicites que la policière trouva rapidement l'étage et le bureau des archives... En quelques clics sur un clavier d'ordinateur – puisque toutes les données remontant aux années 1980 étaient aujourd'hui informatisées – la préposée fut en mesure de lui sortir les résultats du challenge organisé à l'occasion du centenaire de la Révolution, l'année 1989, les noms des lauréats dans les Pyrénées-Orientales, en particulier celles du canton des Aspres. En cliquant sur l'identité d'Agnès Cau, la secrétaire annonça une terrible nouvelle :

— Désolée, mais je vois que la pauvre gamine est décédée en juillet 1990... et je n'ai aucune information complémentaire à vous communiquer à son sujet.

Abasourdie, Victoire eut le réflexe de sortir son portable Néo[25] et pianota l'identité d'Agnès en précisant la date de décès. Mais

24. La direction des services départementaux de l'éducation nationale.

25. Nouvel équipement opérationnel et terminal mobile police et gendarmerie.

les faits remontant à presque trente-quatre ans, sa recherche resta vaine. Il en fallait plus pour la réfréner. Persuadée qu'une procédure relatant ces faits se trouvait au service des archives de la gendarmerie, elle contacta dans la foulée Vincent qui retrouva rapidement le rapport d'accident mortel ayant eu lieu sur l'aire de repos du Village Catalan. Ce dernier, transmis par mail, Vic en prit immédiatement connaissance.

« Ce jour, samedi 21 juillet 1990, à 22h45, nous rendons sur l'aire de repos Le Village Catalan sur la commune de Banyuls-dels-Aspres, pour un accident de la circulation. Sur place, les Sapeurs-Pompiers ont prodigué les premiers soins mais le docteur du Samu a constaté le décès de la victime dénommée Agnès Cau, âgée de 9 ans, demeurant à Brouilla. L'enfant s'est fait renversée par un véhicule de tourisme roulant à une vitesse excessive selon la distance de freinage estimée en fonction des traces relevées sur le bitume. Avons procédé aux vérifications du taux d'alcoolémie qui se sont révélées négatives. Avisée des faits, la Brigade Accident de Thuir a géré la procédure et l'OPJ de permanence a pris attache auprès des parents M. et Mme Cau Patrick. Après avoir recueilli le témoignage de plusieurs personnes, l'enfant, affolée, aurait traversé sans regarder et aurait été percutée de plein fouet par le véhicule quittant l'aire de repos. Toutefois, la sœur de la victime, âgée de 6 ans, expliquait qu'Agnès, terrorisée, se sauvait du petit bois à proximité, poursuivie par un animal sauvage, apparenté, selon sa description, à un ours. Mais vu le manque d'éclairage du parking et la noirceur sous les arbres, il y a tout lieu de penser à une affabulation enfantine... »

Victoire achevait sa lecture, encore imprégnée par les dernières lignes poignantes retranscrites par le gendarme intervenant, quand la préposée l'extirpa de ses pensées. La seconde recherche, concernant Sonia Chemarin, avait par contre porté ses fruits. Elle lui désigna son écran, où figuraient sa date de naissance, son école primaire et son adresse familiale à Llupia… Victoire était satisfaite, tous ces éléments allaient lui faciliter ses recherches. La feuille imprimée, elle remercia la dame et dans le hall d'entrée, en constatant le rideau de pluie qui s'abattait dans la rue, elle patienta, le nez collé à la vitre. Le temps que l'orage passe, elle décida de rappeler Vincent et lui expliqua sa découverte au sujet d'Agnès Cau. De son PC, il avait également parcouru la procédure et put lui relater quelques informations non dénuées d'intérêt.

— Figure-toi que Magali et Patrick Cau étaient tous deux instituteurs et venaient d'obtenir leur mutation en Corse. Ils ont déménagé cet été 90, ce qui explique pourquoi ils ne se sont jamais manifestés par la suite, malgré les autres enlèvements.

— C'est un truc de malade cette histoire ! Personne n'a voulu croire à la version de sa petite sœur alors qu'Agnès avait sans doute échappé à l'agression d'un ours…

— Non, déclina Vincent. Il s'agit en réalité de la première tentative d'enlèvement de Sanchez. Et pour terroriser sa victime, il enfilait une peau animale.

Le gendarme l'informa des avancées de la cellule DiANE, et les découvertes réalisées dans l'étang. Victoire en restait bouche bée. Ne restait que Sonia Chemarin pour l'aiguiller, cette fois, sur la bonne voie. Elle comptait bien se renseigner au plus vite pour savoir ce que cette gamine était devenue depuis tout ce temps et si, comme Agnès, elle avait subi une agression de Sanchez.

Une fois raccrochée, avant de sortir, elle remonta son blouson au-dessus de la tête pour se protéger de la pluie qui tombait dru sur le parking. Arrivée à sa Clio, elle se réfugia rapidement dans l'habitacle. Les quelques gouttes qui avaient réussi à s'immiscer dans son col, coulaient maintenant le long de ses cervicales et lui déclenchèrent un frisson.

C'est certainement pas le moment de tomber malade ! se maudit-elle en regrettant de ne pas s'être couverte plus chaudement.

Assise au volant, elle leva les yeux et put apprécier la noirceur inquiétante du ciel. Avec cette pénombre soudaine, ajoutée aux bourrasques de vent, pliant les arbres jusqu'à leur point de rupture, elle avait l'impression d'être en hiver… Le portable en main, elle s'activa en visionnant les pages de l'annuaire téléphonique en quête d'un monsieur Daniel Chemarin, père de Sonia. Devant l'absence de résultat, elle imagina une femme veuve, en recherchant une madame Monique Chemarin, en vain. N'ayant pas de filiation complète, ni le nom de jeune fille de la mère, Vic se trouvait dans une impasse dans l'éventualité où le couple aurait divorcé. La seule solution était de s'y rendre en espérant qu'un membre de la famille demeurait toujours à la même adresse.

Sur place, au domicile des Chemarin, Carrer de la du à Llupia, Victoire sut qu'elle était à la bonne adresse au prénom affiché sur la boîte aux lettres ; Mme Monique Régeant. Un coup de sonnette au portail de l'ancienne maison de village rénovée, d'une blancheur immaculée et une dame d'environ 65 ans se présenta et l'accueillit avec courtoisie. Les présentations faites, l'objet de ses recherches abordé, la policière annonça la nécessité de contacter sa fille Sonia, écolière à l'époque et lauréate du challenge sur le centenaire de la Révolution en 89…

À cet instant précis, la policière sentit un changement radical dans l'attitude de son hôte. Ses traits figés, le regard fuyant, l'inquiétude se lisait sur le visage de madame Chemarin.

— Rien de grave, je vous assure. J'ai juste besoin de m'entretenir avec elle, tenta-t-elle de la détendre. Pour comprendre…

— Il n'y a rien à comprendre, répondit-elle sèchement.

Le ton employé ne faisait que conforter les soupçons de Victoire. Sa présence venait de remuer les souvenirs et elle n'était plus la bienvenue. Avant de capituler et de quitter les lieux, elle comptait bien en définir les contours…

— Écoutez, madame Chemarin, votre fille figurait sur cette photo, relança-t-elle en la déposant sur la table. Et c'est la seule qui a réussi à s'en sortir alors…

— Ce que vous croyez ! la coupa la mère. Sonia fut la première à être enlevée en juillet 1991 alors qu'elle se trouvait en vacances dans un centre à Banyuls-dels-Aspres.

Encore et toujours ce centre névralgique, localité du Village Catalan !

Cette information produisit l'effet d'un Scud dévastateur dans le cerveau de la policière. Elle n'en revenait pas. Aucun procès-verbal n'avait relaté ces faits. Elle la laissa poursuivre.

À cet âge, Sonia était une enfant gâtée, et très espiègle. Rêveuse, elle s'inventait des histoires souvent cocasses, invraisemblables, et plongeait parfois ses parents dans des situations embarrassantes où ils devaient se justifier ou réparer les dommages causés par ses élucubrations… Alors cette nuit en question, quand leur fille était revenue en pleurs au centre de loisirs, qu'elle avait raconté qu'un ours l'avait enlevée… personne ne l'avait prise au sérieux.

— Vous connaissez l'adage. À force de crier au loup… Eh bien, nous sommes tombés dans le panneau. Et malgré les griffes sur ses bras, qui nous semblaient provenir de branchages, lors de son escapade nocturne, nous avons pensé que l'échec de sa fugue l'avait incitée à inventer cet enlèvement.

— Et j'imagine que l'année suivante, la disparition de Clara Coll vous a mis la puce à l'oreille ?

— Même pas. Nous avons cru à un mauvais concours de circonstances. C'est deux ans plus tard, en 1993, lorsque Anaïs Rosa a été enlevée que nous avons réellement fait le rapprochement.

Une sensation enivrante s'immisça en Victoire. Elle débarquait toujours lorsqu'elle sentait la fin de son enquête approcher. Et là, elle venait d'en percevoir l'échéance imminente, en voyant la ligne d'arrivée en bout de route. Elle s'indigna tout de même suite aux dernières déclarations de madame Chemarin :

— Et pourquoi n'en avez-vous pas parlé aux enquêteurs ?

— Par peur, avoua-t-elle, les doigts tremblants. Après cette tentative d'enlèvement, nous avons eu la faiblesse de croire que si nous nous taisions, il ne lui arriverait rien. Et quand Chloé Battle a disparu en juillet 1994, nous avons profité de notre divorce, et du départ de mon mari en Angleterre pour que Sonia l'accompagne et quitte la France.

Victoire comprenait mieux maintenant pour quelles raisons elle n'avait retrouvé aucune trace de la gamine.

— Votre fille n'est jamais revenue en France ?

— Si…

La mère hésitait. Ses mains tremblaient et elle semblait terrorisée à l'idée de poursuivre ses explications. Comme si la menace des années 90 pesait toujours sur sa fille et que le meurtrier rôdait alentour. Victoire se sentit obliger d'apaiser ses craintes :

— Vous ne risquez plus rien, madame. Ça remonte à 33 ans ! Et si nous avons vu juste, le coupable est mort et enterré depuis des lustres ! temporisa la policière en pensant à Sanchez.

— Je vous le répète, c'est ce que vous croyez... à tort ! la contredit-elle. Quand Sonia est rentrée au pays, en 2015... avec son nom d'épouse, en louant un appartement dans le Haut-Vallespir... elle a reçu un courrier quelques jours après son installation.

— Et quel était le contenu de cette lettre, de si terrifiant ?

— Un avertissement : « *Si tu l'ouvres... tu les rejoindras* ! »

40

— Nous venons de retrouver Joana Vila, la dernière disparue. Enfin ! Et nous sommes à deux doigts de résoudre l'énigme de leurs enlèvements. Je suis convaincue que Sonia me permettrait de clarifier certains détails, emmenez-moi la voir, avait insisté la policière.

En usant de sa force de persuasion, elle avait ensuite employé tous les moyens possibles et inimaginables pour convaincre madame Régeant de la conduire chez sa fille à Saint-Laurent-de-Cerdans.

Après un long trajet sinueux de moyenne montagne, elles arrivèrent au pavillon de Sonia. La maîtresse de maison leur ouvrit la porte, un sourire pincé en guise de bienvenue. Dès qu'elle mit un pied dans le hall d'entrée, Victoire sentit l'atmosphère pesante, confirmée par le regard *assassin* lancé par la fille à sa mère. La policière essaya d'apaiser les tensions en expliquant l'objet de sa démarche. Elle réitéra les mêmes propos énoncés lors de son arrivée chez madame Régeant avant d'évoquer la résolution proche de l'enquête.

— J'ai juste besoin de quelques précisions afin de clore le

dossier, dit-elle en lui présentant l'article de *L'Indépendant*. C'est grâce à lui que je suis remontée à vous…

Sonia saisit la coupure de journal du bout des doigts et la consulta avec grand intérêt. Victoire décela dans ses yeux une tristesse non dissimulée.

— Elles sont toutes là. Toutes les *Disparues* ! déclara-t-elle solennellement. Toutes enlevées et décédées…

— À part Agnès, Prescillia et vous ! précisa la policière en anticipant la fin de sa phrase.

La quadragénaire remua la tête en signe de désaccord puis rectifia :

— Que je sache, Agnès n'avait rien à voir avec notre affaire. Si mes souvenirs ne me trahissent pas, elle est décédée dans un accident de voiture, annonça-t-elle en la désignant sur la photographie.

— Si, hélas. Figurez-vous que dans le rapport de la Brigade Accident, le témoignage de sa sœur stipule la présence d'une bête, apparentée à un ours, qui aurait poussé Agnès, apeurée, à traverser le parking sans prendre garde.

Cette information bouleversa Sonia. Le temps de réaliser, choquée, elle plaqua ses mains sur le visage et ferma ses yeux.

— Ce qui implique que toutes les gamines de ce challenge étaient bien des cibles. Alors, hormis Prescillia, vous êtes la seule capable de m'apporter des réponses, insista Vic.

— Si je peux aider, consentit-elle en les invitant de la main à entrer dans le salon.

La policière emboita le pas à la mère et s'installa à ses côtés dans le canapé. Sonia se positionna en face d'elles et éprouvait visiblement quelques réticences à entendre la policière :

— Nous avons compris que la famille Rodriguez vivait sous

l'emprise d'un père violent. En attestent les blessures constatées sur sa fille cadette et son épouse. Mais leur proximité avec le voisin Sanchez suscite quelques interrogations. Auriez-vous des éléments à m'apporter sur votre tentative d'enlèvement ? Des détails sur votre agresseur par exemple…

Assise sur le bord de son fauteuil, Sonia baissa les yeux, aussi évasifs que si son esprit partait gambader dans des contrées lointaines. Elle remuait sans doute ses souvenirs afin d'en extraire quelques bribes. Un retour en arrière de 33 ans…

— C'est si loin, débuta-t-elle en joignant ses deux paumes de mains comme si elle s'apprêtait à prier. J'étais si petite, tenta-t-elle de se dédouaner dès le départ.

Victoire mit fin immédiatement à son *cinéma* :

— Vous savez, il y a un élément dont j'ai évité volontairement de vous parler. En juillet 1997, j'avais 7 ans, quand un type a tenté de m'enlever dans le centre de loisirs où je me trouvais. Je figure dans le dossier des Disparues… et je me souviens très bien des faits de cette nuit en question, malgré mon jeune âge. Alors je suis de tout cœur avec vous…

Déstabilisée, Sonia reprit :

— Cette nuit en question, notre mono avait consommé plus d'alcool que de raison, alors pendant qu'il cuvait dans sa chambre, nous en avions profité pour faire le mur et jouer à cache-cache au milieu du bois. L'instant d'après, alors que j'étais isolée, dans le noir complet, une forme animale m'a surprise par derrière. J'étais morte de peur et incapable de crier. Le temps d'identifier l'ours, il m'avait déjà griffée puis frappée et je suis tombée dans les vapes. Quelques minutes plus tard, je me suis réveillée quand ma tête a heurté une pierre. Là, j'ai réalisé qu'il me tractait sur le sol en me tirant par les chevilles… J'ai attendu le bon moment et je lui ai porté un coup de pied au niveau du torse, qui l'a déséquilibré. Il a chuté, je me suis relevée et enfuie sans demander mon reste.

Impossible d'obtenir une description plus précise de l'individu, la noirceur du sous-bois l'avait empêchée d'entrevoir son visage. Sonia se souvenait par contre de son regard, froid, haineux et sanguinaire…

— Le genre qui vous terrifie, même à distance ! Au point d'en faire encore des cauchemars aujourd'hui.

Victoire réalisa rapidement que Sonia ne lui apporterait aucun élément probant susceptible d'éclairer certaines zones d'ombre. Toutefois, elle revint à la charge concernant l'incohérence de la chronologie des faits.

— Nous sommes convaincus que Sanchez était le meurtrier qui sévissait dans les centres de vacances. Mais il reste deux problématiques. Primo, il y a tout lieu de croire que l'accident de voiture de Rodriguez, lui ayant coûté la vie, aurait pu être consécutif à une attaque, en attestent les griffures au niveau de son cou. Or, Sanchez étant décédé, qui aurait pu l'agresser alors qu'il conduisait ? Secundo, dans ces conditions, qui aurait commis l'enlèvement et le meurtre d'Angels ?

Alors que la policière venait de jouer son va-tout, n'attendant rien de concret en retour, la réplique de Sonia fut assassine. Et ciblée.

— Vous savez, votre interrogation concernant les dates de décès est légitime. Et malgré mon incapacité à vous apporter une réponse concrète, je peux en revanche vous assurer qu'un rapport de constatations ou un certificat de décès peut se falsifier… On peut tout faire à partir du moment où on s'adresse à la bonne personne.

Estomaquée, Vic écouta la suite avec le plus grand intérêt, impatiente de constater si ces allégations étaient gratuites et sans fondement ou si elles allaient se muer en accusations solides et irréfutables.

Selon Sonia, Angels Rodriguez aurait très bien pu mourir quelques jours avant la mort de son père… voire même celle de Sanchez. Elle partait du principe que les parents de cette enfant *différente*, suivie par le corps médical depuis de nombreuses années pour troubles de la personnalité, avaient fini par nouer des liens avec le psychiatre. Au point d'envisager, à en croire les mauvaises langues du village, une relation extra-conjugale entre la mère et le spécialiste. Avec la possibilité de différer les dates de décès. Tout devenait envisageable…

— Mais cela sous-entend la complicité du médecin-légiste ! en déduisit Victoire.

— Rien de plus facile. À cette époque, c'était le frère du psy qui suivait Angels, répondit la mère, brûlant la politesse à sa fille.

— Oui, confirma Sonia. Ensuite il a accepté une nomination à l'IML de Montpellier et il vient de réintégrer la clinique de Thuir à la demande de son frère lors de l'ouverture de la nouvelle aile dédiée à la morgue…

Vic percuta. Elle sursauta sur le canapé, un nom en tête.

— Ne me dites pas que…

— Si. Ce sont les frères Baixàs ! Des spécialistes très connus et réputés dans leur domaine respectif. Deux sommités du corps médical des Pyrénées-Orientales !

41

Vincent était sorti de la clinique, rassuré. Les examens avaient révélé une légère commotion cérébrale suite à sa chute mais son état ne nécessitait pas d'hospitalisation. Juste du repos. Il s'était engagé auprès du médecin à *décrocher,* le temps que l'hématome se résorbe.

Deux collègues l'avaient ramené à la gendarmerie afin de récupérer quelques affaires personnelles utiles pour sa convalescence. Bien décidé à ne pas s'éterniser dans les locaux, au risque de devoir régler certaines démarches administratives ou gérer des problèmes logistiques, il s'apprêtait à fermer son bureau quand le signal caractéristique de l'arrivée d'un message dans sa boite mail se fit entendre. Incapable de résister, il en prit connaissance. Surpris par l'identité de l'émetteur, il comprit rapidement que la lieutenante-colonelle Privat l'avait, sans doute par erreur, intégré dans la liste des destinataires. Il put ainsi bénéficier des nouveaux éléments de l'enquête adressés au magistrat instructeur et aux hautes instances policières.

La première information était relative à l'examen du médecin-légiste des restes mortels découverts dans la cavité de la cabane. Il avait relevé une fracture de la boîte crânienne, enfoncée de la crête latérale frontale à l'écaille occipitale, prouvant que la jeune fille âgée d'environ 15 ans avait chuté d'un point élevé et que son crâne avait percuté une structure solide, du genre roche ou grosse pierre en saillie. Un choc si intense que des fragments osseux avaient pénétré la matière cérébrale... Un compte rendu qui faisait froid dans le dos au regard des souffrances qu'avait enduré la pauvre adolescente. Le crâne en bouillie, elle avait succombé à ses blessures dans les pires conditions.

Le second élément s'avérait crucial puisque la reconnaissance faciale entreprise par comparaison entre la photographie du permis de conduire de Sanchez et le visage de l'homme-ours du cliché retrouvé dans le mausolée au second palier de la cabane, attestait qu'il s'agissait de la même personne. Après contact auprès des différentes associations gérant les fêtes de l'ours dans le Haut-Vallespir, la cellule DiANE apprenait que Sanchez avait participé à de nombreux évènements de 1980 à 1988, à Saint-Laurent-de-Cerdans.

Le dernier point mentionnait les recherches effectuées au sujet du véhicule Citroën LNA noir appartenant à Sanchez, signalé volé par ses soins en 1995. Comme par hasard après que des témoins avaient repéré la présence d'une 104 Peugeot ou d'une Renault 5 de couleur noire aux abords du Village Catalan et près d'un centre de vacances... Dans le coffre, les techniciens en identification criminelle avaient prélevé plusieurs fibres de vêtements qui correspondaient aux aubes revêtues par les victimes, et des traces de sang qui confortaient l'hypothèse que ce véhicule avait servi à transporter les corps vers leur sépulture...

Vincent restait toutefois dubitatif quant à la présence de cette épave entreposée sous une bâche dans la propriété des Rodriguez. Même si Sanchez avait préféré la dissimuler dans la grange de ses voisins, convaincu que les gendarmes ne viendraient pas la dénicher chez eux, cette dissimulation de preuves laissait présumer beaucoup plus qu'une simple complicité amicale. Les Rodriguez avaient non seulement conscience des actes criminels de Sanchez mais ils les cautionnaient !

42

Victoire était restée sonnée pendant quelques secondes après ces révélations pour le moins déstabilisantes. Tous les voyants s'allumaient dans sa tête comme des guirlandes autour d'un sapin de Noël. Il n'y avait jamais de fumée sans feu, et là, avec ce que Sonia venait de lui apprendre, elle sentait, au plus profond d'elle-même, que l'incendie risquait de ravager des années d'omerta dans la région.

Preuve que j'ai la faculté de déceler les mauvaises âmes. Je ne m'étais pas trompée vis-à-vis de ce psy. Il me sortait par les trous de nez...

Bien décidée à creuser pour le faire tomber, elle devait récolter le maximum de *biscuits* pour espérer se faire épauler par sa hiérarchie et, surtout, ne plus commettre d'erreurs de jugement, comme ce fut le cas au début de cette enquête.

Car les dés étaient pipés dès le départ !

Non seulement Sanchez avait été écarté de la liste des suspects par ses amis gendarmes, mais en supplément, comme si cela ne suffisait pas, la famille Rodriguez avait également bénéficié de la complicité de ces deux frères médecins. Un magma de fausses pistes, de mensonges et d'impasses qui expliquait l'échec des enquêteurs de l'époque…

— Vous désirez un café ? Un thé ?

Extirpée de ses réflexions et de retour dans le monde des vivants, Victoire consentit à répondre :

— Juste un verre d'eau, s'il vous plaît.

Sonia, occupée dans la cuisine, Vic se tourna vers sa voisine. Elle cherchait la meilleure façon d'aborder le sujet, de peur de la froisser :

— Pour en revenir au courrier reçu en 2015… Même si je comprends l'attitude de votre fille, à ne pas réveiller le passé, je ne saisis pas votre volonté à taire la chose. Imaginez, si un drame était survenu, vous ne vous le seriez jamais pardonnés !

Madame Régeant acquiesça, la tête basse, en guise de repentance. Elle avait conscience de ses erreurs et admettait les reproches légitimes de la policière.

— Je ne me voyais pas aller à l'encontre de ma fille alors qu'elle venait à peine de revenir en France. C'est égoïste, je sais, mais je tenais à ce qu'elle reste auprès de moi…

— Et puis, rien ne nous prouvait que le criminel, ou un de ses complices, n'aurait pas renouvelé son acte en intentant à ma vie ! ajouta Sonia, qui n'avait visiblement rien raté de la conversation.

Elle se présenta dans le salon, les mains encombrées par un plateau où étaient disposés deux tasses de café, un verre d'eau et quelques gâteaux. Elle déposa le tout sur la table basse et planta son regard sombre dans celui de la policière avant de s'adresser à elle :

— Je ne sais pas si vous vous rendez bien compte du tsunami que représente l'arrivée d'un tel courrier !

Terrorisée par cette tentative d'enlèvement à l'âge de onze ans, Sonia avait été surprotégée, au point d'obliger ses proches à l'accompagner dans tous ses déplacements et d'équiper d'alarmes toutes les pièces de son domicile. Ce meurtrier avait fait de sa vie un enfer. Deux ans plus tard, on l'avait obligée à quitter son pays et à tirer un trait sur sa famille, ses amis, ses activités…

— Et vingt-et-un ans plus tard, je reviens en prenant soin d'éviter les Aspres, avec un nom différent, et deux jours après mon arrivée, *on* me replonge dans le passé avec ce courrier. Je n'en dormais plus ! Alors, oui, je suis faible. Oui, je n'ai pensé qu'à moi. Oui, j'aurais dû informer la police. Mais, à ma décharge, et à l'exception de mes parents, personne ne s'est jamais soucié de ce que je ressentais, au jour le jour, avec mes peurs continuelles et mes cauchemars récurrents…

Que rétorquer face à un tel cri du cœur. Victoire avait rencontré tant de victimes au cours de sa carrière, perdues, terrorisées, et marquées à jamais, qu'elle ne pouvait l'accabler de s'être tue. Sans compter les erreurs parfois commises, de part et d'autre, par le système policio-judiciaire qui, hélas, permettaient aux criminels de passer à travers les mailles du filet. Le temps lui avait même donné raison puisque neuf années plus tard, elle était toujours en vie. Le fait d'avoir envisagé la complicité d'un auteur avait renvoyé Vic à l'image floutée de son paternel. Et l'envoi de ce courrier, si l'en était l'auteur, prouvait qu'il était encore en vie en 2015. Cette pensée l'obsédait…

— J'imagine que vous n'avez plus cette lettre ?

— Oh que si. Je l'ai conservée pour bien me souvenir des risques encourus si un jour, l'envie folle me prenait d'évoquer ces faits. Je vais vous la chercher.

Une minute à patienter et Sonia lui tendit l'enveloppe. Par réflexe, Victoire enfila au préalable une paire de gants en plastique avant de la saisir du bout des doigts.

— Oh vous savez, je l'ai tellement manipulée que vous n'y trouverez plus que mes empreintes !

— Je préfère prendre des précautions, et parer à toute éventualité, même après toutes ces années. Avec les avancées de la science dans le domaine criminalistique, nos techniciens seront peut-être capables de prélever de l'ADN si l'auteur a eu la bonne idée de lécher l'enveloppe avant de la cacheter.

Elle marqua une légère pause, le temps de la consulter sous différents angles. Elle remarqua entre autres que le tampon postal mentionnait la ville de Perpignan. Logique, l'émetteur n'aurait pas commis l'erreur de poster sa lettre dans son village… Elle poursuivit :

— Et si on part du principe que ce courrier aurait été envoyé par le complice de Sanchez, vous auriez une idée de son identité ?

Sonia hésitait, les lèvres pincées. Après un temps de réflexion, elle finit par se prononcer :

— Je n'ai jamais pensé à un complice… En revanche, annonça-t-elle sur un ton posé, en mesurant chaque mot, j'avais en tête la seconde rescapée de cette histoire sordide. La fille cadette des Rodriguez, devenue Prescillia Gomez.

— Mais dans quel but, envoyer une telle menace ? Par crainte que vous la dénonciez… Ce qui laisserait supposer qu'elle n'avait pas la conscience tranquille et préférait assurer ses arrières au cas où vous dévoileriez un secret ou un fait préjudiciable… Preuve que vous détenez peut-être, sans le savoir, la clé de cette affaire !

— Non, pas de cet ordre, trancha Sonia. Juste éviter de voir ressurgir le passé sulfureux de sa famille dans les médias. Car, à l'époque, étant maire d'une commune dans les Fenouillèdes, elle briguait un mandat de députée aux élections législatives de 2017. Et dans sa position, il n'est jamais bon de remuer la m… enfin, vous voyez ce que je veux dire !

43

Victoire avait regagné son véhicule, l'esprit plus léger. Non seulement, elle avait retrouvé Sonia Chemarin, témoin capitale dans cette sombre histoire, mais elle lui avait aussi permis de récolter des éléments très instructifs pour la suite de l'enquête. Avant de monter à bord, elle s'empressa de prendre des nouvelles de son ami.

— Alors comment vas-tu ? Pas trop mal à la tête ?

— Je suis bon pour rester à domicile, avec obligation de rester allongé huit jours minimum.

— Ça ne te fera pas de mal, je trouve que tu te tires un peu trop sur la couenne depuis un moment.

Victoire ne manquait pas de toupet. Elle qui courait dans tous les sens et qui, parfois, négligeait même ses repas… Il allait la tacler quand elle le devança :

— Et sinon, avec Privat, ça s'est bien passé ?

Vincent lui narra l'arrivée de la cellule DiANE sur la propriété de Sanchez, suivie de toutes les autorités concernées.

— Je n'ai pas à me plaindre, elle a apprécié tous les éléments que tu m'avais communiqués…

— Encore heureux ! intervint Vic. Manquerait plus qu'elle fasse la fine bouche alors qu'on lui a mâché le boulot !

Vincent jugea inutile de relever, son amie semblait tenir une superbe forme, dans tous les sens du terme, y compris celui de la répartie.

— Ne sois pas si dure, elle a également partagé ses avancées. Notamment la découverte dans l'étang d'une peau d'ours, de pattes animales munies de griffes, et d'un corps, enfin ce qu'il en reste… sans doute ta deuxième inconnue.

— Impossible, j'ai retrouvé Sonia Chemarin et elle est bien vivante !

Après lui avoir vanté sa perspicacité à la retrouver, elle aborda la lettre de menaces remontant à 2015.

— Tu te rends compte, on va pouvoir contrôler si ce corbeau est bien mon père ! s'enflamma-t-elle avant de redescendre, assaillie par le doute. Si le labo peut encore prélever de l'ADN après toutes ces années ?

— Aujourd'hui, ils font de sacrées prouesses dans le domaine, alors pourquoi pas, avança-t-il en soulevant une réserve relative.

Vincent profita de l'occasion pour enchaîner avant que son amie ne lui brûle la politesse :

— Sinon, j'ai eu la chance de recevoir un mail destiné au magistrat instructeur et aux autorités du pôle *Cold case*… et j'ai bien peur que l'enquête en reste là.

Malgré la relation étroite établie entre Rodriguez et Sanchez, et les spéculations sur leur implication dans les enlèvements, rien ne prouvait réellement leur culpabilité dans les meurtres des *Disparues de l'A9*… En revanche, de fortes présomptions pesaient sur Sanchez, qui aurait agi seul, des maltraitances aux meurtres. Le décès du suspect mettait hélas fin à toutes poursuites pour cause d'extinction de l'action publique. Raison du départ de la cellule DiANE dans quelques heures. Victoire s'indigna :

— Mais le courrier en notre possession est bien la preuve formelle d'une complicité ! Et quand bien même Sanchez serait LE coupable, on n'a toujours pas percé à jour son mobile. Pourquoi les avoir enlevées, puis les avoir traumatisées et martyrisées avant de les tuer ?

Même si son amie avait raison, Vincent n'avait pas le pouvoir de contrecarrer les décisions du parquet du pôle *Cold case* de Nanterre. Les *Disparues* retrouvées, rendues à leur famille, les protagonistes et suspects décédés… L'affaire était entendue et Privat estimait ne plus pouvoir intenter la moindre intervention capable de faire avancer la procédure.

Victoire tenta le tout pour le tout en évoquant des soupçons de falsification des certificats de décès de Rodriguez et de Sanchez, sans doute à l'origine des incohérences sur la chronologie de leurs morts accidentelles. Elle n'hésita pas à désigner le médecin-légiste en cause, frère du psychiatre Baixàs.

— Et tu voudrais qu'on ferme les yeux sur ces faits ? Impossible ! Il faut que j'aille jusqu'au bout… Je sentais depuis le début que ce type manquait de franchise, qu'il dissimulait quelque chose. Maintenant j'en ai la certitude, c'est un véreux. Il n'y a qu'à se fier à ses deux derniers patients qui ont sauvagement agressé leur propre mère. Hors de question que ce toubib reste impuni ! Je peux te jurer que je vais me charger personnellement de son cas !

— Tu dérailles ma pauvre, reprit le contrôle le capitaine de gendarmerie. Dans quel cadre pourrais-tu intenter une action contre lui ? Le dossier sera clos dans quelques jours, le temps que le magistrat se prononce. C'est mort !

— T’inquiète, je trouverai bien un angle d’attaque… Fais-moi confiance !

Son ami salué, Victoire avait raccroché, l’esprit rageur. Regonflée à bloc, elle s’était calmée quelques minutes avant de reprendre la route. Un quart d’heure plus tard, la Clio amorçait sa descente sinueuse du Haut-Vallespir, quand, à la sortie du village, un panneau « Domaine Dejesùs » attira son attention. Elle crut entendre les paroles de Rosy résonner dans sa tête : « *De Jésus* ». Poussée par une inextricable envie de vérifier son intuition, elle décida d’emprunter la D3 en suivant cette direction.

Plus elle remontait plein sud, sur les hauteurs, en direction de la frontière espagnole plus le décor lui semblait familier… La végétation, les vignes, les montagnes, tout était identique à ses flashs. Comme si Rosy l’avait poussée à venir ici. Dans cet environnement, sur ces terres.

Puis, un peu plus loin, ce fut le choc. Le pied de Victoire écrasa la pédale de frein devant une énorme grille en fer forgé, usée par le temps, donnant sur une interminable allée bordée de sapins dont les têtes pointaient vers le ciel azur. Au fond, à environ trois cents mètres, se dressaient plusieurs bâtiments agricoles masqués en partie par un magnifique mas provençal sur deux niveaux, dont la façade immaculée rayonnait sous l’intensité du soleil.

Incroyable ! La même propriété…

Le moteur coupé, Vic s’avança et découvrit que le portail, rouillé, ne fermait plus. Le manque manifeste d’activité alentour l’incita à s’aventurer à l’intérieur. Elle avançait sur cette longue allée, en laissant ses empreintes de pied sur le sol détrempé par la pluie de ces derniers jours. Elle remarqua le nombre incalculable de parcelles de vignes entourant la propriété, à perte de vue. En approchant du mas, les volets fermés indiquant l'absence des propriétaires, elle décida de le contourner pour tenter de trouver un éventuel employé. Inutile de chercher, un individu se présenta, un fusil dirigé vers elle. Le quinquagénaire, tête recouverte d'une casquette, le visage rougeaud aussi rond que son ventre, ressemblait à la perfection à l'archétype du paysan. Par réflexe, le regard de la policière se posa sur sa main. Son doigt sur la détente ne tremblait pas, preuve de sa détermination.

— Vous voyez bien que tout est fermé ! Vous n'avez rien à faire ici !

— Baissez votre arme, Police ! annonça-t-elle sans ménagement.

Victoire avait une sainte horreur de se faire accoster de la sorte, encore pire de se faire braquer. L'agriculteur inclina le canon et se frotta le haut du crâne en soulevant légèrement sa casquette.

— Désolé, mais je suis le gardien des lieux, en attente que soit réglée la succession, s'excusa-t-il.

— Les propriétaires sont décédés ?

— Monsieur Dejesùs est décédé depuis dix ans... Madame est morte voilà deux ans.

— Un problème d'héritiers sans doute, sinon la succession aurait été déjà réalisée, suggéra Victoire.

Prétextant ne pas être dans la confidence, le quinquagénaire détourna la conversation.

— Et quel est le motif de votre visite ? Une enquête de police ?

— Oui et non, répondit Vic, un peu gênée.

Elle hésita, cherchant une échappatoire, mais aucune idée lumineuse ne vint à son secours. Elle tenta une sortie scabreuse :

— Je suis à la recherche d'une certaine Rosy...

Elle détecta d'emblée que l'individu la connaissait. Mais il esquiva :

— Non, ça ne me dit rien…

— Et vous pourriez me donner les prénoms de M. et Mme Dejesùs s'il vous plaît.

— Morales et Marie-Rose… Bien, écourta-t-il, si vous avez terminé, il faut que je retourne à mes occupations.

Victoire avait relevé son embarras. Ses questions l'avaient mis mal à l'aise. Elle le salua et rebroussa chemin en direction de sa voiture.

Grimpée à bord, elle démarra, mais au lieu de descendre dans la vallée, sur Céret, son instinct lui insuffla de remonter encore plus en amont, cette fois à quelques encablures de la frontière. Arrivée dans un cul-de-sac, elle repéra un vieux pavillon totalement isolé dans la nature, à flanc de montagne. Visiblement, l'habitation était encore occupée.

Elle sonna au portail et une dame âgée d'environ quatre-vingts printemps, les cheveux blancs et le dos voûté s'avança pour lui ouvrir :

— Bonjour madame ! Je suis de la police, se présenta-t-elle en arborant sa carte professionnelle, et je suis à la recherche d'informations sur une dame prénommée Rosy.

— Tout le monde l'appelle ainsi depuis qu'elle est venue au monde. Roselyne est ma sœur. Nous vivions ici, dans le pavillon de nos parents, mais sa maladie d'Alzheimer nous a hélas séparées. Cela devenait compliqué voire impossible de cohabiter. Elle est à la clinique de Thuir. Je vais la voir une fois par semaine, mais elle ne me reconnait plus, se désola Jackie, diminutif de Jacqueline. Et vous lui vouliez quoi, à ma petite sœur ?

— Quand je l'ai rencontrée là-bas, elle m'a appelée Marita.

Et dernièrement, elle m'a parlé « de Jésus »… et je viens de percuter qu'en réalité, il s'agissait de la famille Dejesùs.

La sœur de Rosy décrocha une moue prononcée en hochant la tête.

— Preuve que ses souvenirs sont toujours là, mais entremêlés et dans le désordre. Il est vrai qu'étant jeunes, nous travaillions tous les étés au domaine pour nous faire un peu d'argent de poche et avant la rentrée des classes, nous ne rations jamais la période des vendanges. Nous connaissions bien la famille Dejesùs, les parents, Morales et Marie-Rose, et leur fille unique. Elle s'appelait Maria et effectivement, Rosy a dit vrai, vous êtes son portrait craché !

44

Vincent avait suivi à la lettre les recommandations du médecin. Allongé sur le canapé, il était resté amorphe une bonne partie de la journée devant son poste de télévision. Vers 17 h 00, après une sieste de deux heures, assommé par son traitement médicamenteux, il se décida à retourner à la pharmacie du village pour récupérer le complément de son ordonnance, persuadé que prendre l'air lui ferait le plus grand bien. Depuis son affectation à la gendarmerie de Thuir, il avait imprimé un tel rythme de travail que rester cloîtré chez lui à ne rien faire l'insupportait.

Parti initialement pour un aller-retour du domicile à la pharmacie, Vincent ne put résister à l'envie de faire un crochet à sa brigade, histoire de vérifier si tout se déroulait correctement en son absence. Son adjoint le rassura en l'informant des dernières missions effectuées. La *boutique* tournait sans lui, preuve que sa présence était loin d'être indispensable… À la fois satisfait et touché dans son amour-propre, il avait repris la route en direction de son domicile.

Au moment de quitter la gendarmerie, l'envie de retourner sur les lieux de son accident le tirailla. Sans réellement savoir ce qui l'avait attiré à revenir dans cette cabane de malheur et rejetant en bloc la pseudo-théorie du trouble post-traumatique, il préféra se conforter au besoin de la découvrir à la lumière du jour.

Ou simplement pour conjurer le sort ! s'autorisa-t-il à penser.

Sur place, il ne ressentit aucune émotion particulière. La terre retirée sur le pourtour de la cavité, dorénavant balisée et protégée par des barrières, laissait apparaître une coque métallique. De toute évidence, il s'agissait d'une ancienne cuve de gaz qui avait servi à la récupération des eaux pluviales, dont l'excédent alimentait l'étang. Nul doute que les canalisations, bouchées au rythme des saisons et du temps, avaient asséché cette cave permettant de l'utiliser à des fins de séquestration… En jetant un œil dans l'ouverture, il put apprécier la hauteur à laquelle il avait chuté et s'estima chanceux de s'en être sorti avec aussi peu de séquelles.

Estimant avoir satisfait sa curiosité, Vincent remonta le terrain. Revenu sur le devant de la propriété, il s'apprêtait à remonter en voiture quand un homme âgé s'approcha. Dans ce secteur isolé, ne restant qu'un seul pavillon habité sur les trois, il ne pouvait s'agir que du dernier résidant.

Ce fameux voisin dont tout le monde me parle mais que personne n'a pensé interroger !

Profitant de l'occasion offerte, il le salua brièvement avant de le questionner :

— Je trouve étonnant que le comportement de Sanchez ne vous ait jamais intrigué. Vous n'avez jamais rien vu ni entendu ?

— Je connaissais Sanchez depuis des lustres. Il a toujours été solitaire. Même un peu rustre… mais il n'avait pas le fond méchant.

— Pourtant, ce que nous avons trouvé dans la cabane située dans ce bois, là-bas, désigna-t-il l'endroit approximatif de l'index, nous incite à penser le contraire.

Le sénior perdit soudain l'équilibre dans les hautes herbes et se retint au dernier poteau du grillage encore debout. Il dévisagea le gendarme avant de se prononcer :

— Sanchez n'utilisait pas cette cabane. Il l'a construite pour la fille aînée des Rodriguez. Ils s'entendaient à merveille. Sans doute parce qu'elle était aussi sauvage que lui.

— Vous parlez d'Angels ?

Le voisin opina du chef. Le regard à l'affût comme s'il redoutait que quelqu'un entende ses propos, il reprit :

— Cette gamine ne nous inspirait que méfiance. Pour le peu que nous la croisions, elle nous faisait peur. Elle avait un tel regard !

— Qu'avait-il de si particulier son regard ?

— Il était d'une noirceur incroyable. Et vous transperçait jusqu'au plus profond de votre âme. Comme si elle avait le pouvoir de vous posséder !

Vincent perçut des trémolos dans la voix du vieil homme. Ses émotions à fleur de peau, il s'exprimait comme si Angels se trouvait encore à quelques mètres de lui, dans la propriété de Sanchez.

— Je vois que cette gamine vous a marqué…

— Oh oui. Un jour, notre labrador a eu le malheur de traverser le grillage et d'aller courir sur le terrain de Sanchez. On l'a retrouvé mort le lendemain, étendu devant notre porte d'entrée. Le corps lacéré de griffes et la gorge mordue à sang… Elle nous l'a ramené comme un chat apporte une souris morte à ses maîtres… Une sorcière. Une malade !

— Mais qui vous dit que ce n'était pas Sanchez ?

— Sanchez était chasseur, mais il ne tuait que pour se nourrir. Par obligation. Il aimait les bêtes, particulièrement les chiens.

Il n'aurait jamais fait de mal à notre Bébert. Elle si. Je vous le répète, c'était une malade. D'ailleurs elle était suivie par un psy, mais ne prenait certainement pas ses médicaments…

Selon lui, Angels préférait s'isoler dans sa cabane plutôt que de vivre entourée de ses proches dans le pavillon familial. Hormis les deux mois d'hiver, quand les températures chutaient considérablement…

— Je me demande bien à quoi elle pouvait passer son temps…

— À prier peut-être, avança le capitaine.

— Si vous le dites… En tout cas, la gamine aurait dû être internée. Mais sa mère avait toujours refusé. Elle avait tellement souffert de ne pas pouvoir enfanter, que lorsque ce bébé est arrivé, il fut considéré comme un ange. D'où son prénom. Elles étaient très fusionnelles et le papa ne tarissait pas d'éloges sur sa fille chérie... enfin, avant que ne lui soient diagnostiqués ses troubles psychotiques, raison, je pense, qui l'a poussée à s'éloigner de son domicile, ajouta M. Rigaud.

Le sénior connaissait visiblement bien la famille Rodriguez. Mais son attitude laissait à penser qu'il en savait beaucoup plus qu'il ne le laissait entrevoir. Vincent décida de le pousser dans ses retranchements, pour l'inciter à se livrer :

— Mais pourquoi ne pas avoir déclaré tout ceci aux gendarmes pendant l'enquête ?

— Par peur de représailles. Ma femme était terrorisée à l'idée de rester seule à la maison en mon absence. Surtout après avoir appris au marché du village, par une amie infirmière à l'hôpital de Thuir, que la mère et la fille cadette avaient été gravement blessées. Le Mal avait gangréné nos deux voisins et nous voulions préserver notre foyer !

45

— Je te dis qu'elle ressemble comme deux gouttes d'eau à Maria ! insista Jean-Paul.

Le téléphone portable collé à l'oreille, le visage de l'agriculteur s'empourprait tant la situation était invraisemblable. Cette rencontre impromptue l'avait retourné… Pourtant, Dominique, son épouse, doutait sérieusement de ses propos :

— T'es vraiment sûr de toi ? Parce que je ne vois pas par quelle opération du Saint-Esprit elle aurait pu débarquer au domaine ?

— Moi non plus… En tout cas, une chose est certaine, j'ai cru voir Maria, trente ans en arrière ! confirma le quinquagénaire. Du temps où on bossait ensemble dans les vignes. Et je suis bien placé pour le savoir car à l'époque, j'étais amoureux d'elle…

Maria, splendide jeune fille de vingt ans à l'époque, typée méditerranéenne, affolait les esprits et attisait les regards de bon nombre d'employés lors des vendanges. D'abord par son joli minois, ensuite par ses courbes affriolantes, et enfin par son caractère bien trempé. Elle avait du *chien*, ressemblant à s'y méprendre à Éliane, l'héroïne du film *L'été meurtrier*, incarnée par Isabelle Adjani. Et le fait d'être la fille des Dejesùs, les propriétaires du domaine, ajoutait du piment à sa convoitise.

— Tu parles, vous étiez tous à renifler son cul comme des clébards en rut ! s'énerva Dominique. Qui aurait cru que Manuel, le bel étalon espagnol, vous coifferait au poteau en remportant le gros lot !

Un silence s'installa dans la conversation, le temps que l'orage se disperse. L'épouse revint à la charge :

— J'ai du mal à comprendre... La dernière fois qu'on a entendu parler d'elle dans le journal, lors de son titre de championne de boxe, elle ne ressemblait pas tant que ça à sa mère !

— Exact, valida Jean-Paul, sans doute à cause de ses cheveux courts. Aujourd'hui, avec sa nouvelle coupe, la ressemblance est flagrante !

— Et tu crois qu'elle a atterri là par hasard ou elle sait vraiment quelque chose ?

— Elle m'a parlé de Rosy. Cette vieille folle a peut-être balancé un truc qui l'a poussée à venir jusqu'ici, envisagea Jean-Paul. Sinon, je ne vois pas comment elle aurait pu être informée de ce qui se trame en ce moment.

— Alors, on a du souci à se faire, oui ou non ? le força-t-elle à se prononcer.

Jean-Paul ne répondit pas. Il tournait inlassablement dans la cour du domaine, tel un lion en cage, le regard rivé sur le sol. L'inquiétude se lisait sur son visage grimaçant.

— Écoute, le testament stipule qu'en l'absence d'héritier en ligne direct, l'ensemble du domaine est légué au frère de Morales et à la sœur de Marie-Rose. Mais comme ces derniers sont également décédés, l'héritage revient de droit à la génération suivante, à savoir leurs enfants, ton cousin espagnol, ton frère et toi... Alors on ne risque rien tant que le notaire n'a aucune trace de son existence. En revanche, si elle venait à se faire connaître et à réclamer son dû, j'ai bien peur que tout nous passe sous le nez !

— Hors de question de s'asseoir sur cinq millions d'euros ! s'emporta son épouse. Pas si près du but !

Elle marqua un blanc, nécessaire à laisser émerger la partie la plus sombre de son âme. Sans avoir besoin de se forcer, ni de le fomenter, un plan machiavélique se dessina d'une manière évidente dans son cerveau.

— Alors faudra la stopper avant qu'elle ne vienne fourrer son nez dans nos affaires ! Dire qu'on a patienté depuis des lustres que les vieux crèvent et maintenant qu'on a la possibilité de récupérer le gros lot, elle débarque de nulle part et risque de nous rafler la mise ! Hors de question ! Faut s'en débarrasser. T'as saisi ?

— T'es devenue folle ? On ne va quand même pas commettre...

— Oh c'est bon, commence pas à jouer les faux-derches ! l'invectiva Dominique, excédée. Après le prélèvement des frais de succession et la répartition entre mon frère et mon cousin, il devrait nous revenir un million ! UN million d'euros ! répéta-t-elle en insistant sur chaque mot. Tu es capable de tirer un trait sur une telle somme ?

Dominique attendit une réaction de son époux mais voyant qu'elle tardait à arriver, elle renchérit, cette fois sur un ton grave, qui ne laissait aucun doute subsister sur sa détermination :

— Moi pas ! Alors on doit agir.

— On ne va quand même pas la...

— Mais non ! le coupa-t-elle. Si on en croit les médias, des accidents impliquant des sportifs sont très courants dans la région. Un joggeur s'est encore fait faucher sur le bas-côté de la route pas plus tard que la semaine dernière... Il suffit donc de se trouver sur le bon itinéraire, au bon moment ! *Entès ?* (Compris ?)

46

Toujours sous le coup de l'émotion, Victoire restait chamboulée suite aux révélations faites par Jackie, la sœur de Rosy. Son histoire. Celle d'un bébé non désiré, non pas par ses parents, mais par Morales et Rose-Marie Dejesùs, ses grands-parents. Pour la simple raison que Manuel, son père, recherché par les Carabiniers espagnols après un homicide, n'était pas le bienvenu au domaine. La vieille dame s'était immédiatement empressée de la rassurer :

« *Ne te mets pas de fausses idées en tête. Manuel n'avait rien d'un meurtrier, mais à l'époque, il était aussi vaillant et fougueux qu'un taureau catalan. D'ailleurs, il avait pratiqué la boxe en amateur... Alors tu penses bien que lorsqu'un type lui a cherché des noises dans un bar, il s'est défendu. Trop bien même, puisqu'il l'a terrassé en deux temps, trois mouvements. Hélas, son adversaire a chuté et s'est mal réceptionné, s'occasionnant une fracture du crâne, et il est décédé à l'hôpital deux jours après la bagarre... engendrant des poursuites à son encontre pour coups et blessures volontaires ayant entraîné la mort, l'obligeant à fuir.* »

Le temps de sa grossesse, Maria avait tout organisé pour cacher son amoureux en France. Après l'accouchement, suite à l'interdiction de ses parents d'enregistrer la naissance de la petite Manureva à l'État Civil, vu sa situation de mère célibataire, Maria avait pris la décision de repartir en Espagne dès que possible. Mais la situation avait basculé quand Morales avait surpris Manuel et menacé de le dénoncer, anticipant leur départ. À l'aéroport, en observant les différents contrôles d'identité des forces de l'ordre, le couple avait vite réalisé qu'en présence du nourrisson, ils avaient toutes les chances de se faire repérer et arrêter… La seule solution était d'abandonner leur enfant dans l'espoir de le récupérer ultérieurement. Ayant repéré trois nonnes à proximité des sanitaires, Manuel avait tout entrepris pour qu'elles découvrent la petite Manureva, en oubliant dans la précipitation de mentionner son identité…

Quelques mois plus tard, le destin s'était acharné sur le jeune couple avec le décès de Maria. Une leucémie foudroyante qui avait laissé Manuel en plein désarroi, démuni et sans situation stable, l'empêchant de rentrer en France. Sauf en juillet 1997, quand la télévision espagnole avait évoqué plusieurs enlèvements de fillettes dans le secteur des Aspres. Il était revenu, hébergé par Roselyne et Jacqueline qui savaient, grâce au journal *L'Indépendant*, que la petite « Victoire » avait été recueillie par les carmélites de Vinça.

« *À cette période, bien avant Internet et ces foutus téléphones portables, les gens se parlaient beaucoup et le bouche-à-oreille fonctionnait encore très bien de village en village ! Et ma sœur et moi arrivions à obtenir des renseignements sur toi par personnes interposées. Que nous communiquions par lettre ou par téléphone à Manuel. Vivant dans des conditions très précaires, il préférait te savoir entre de bonnes mains, dans un foyer stable, plutôt que d'interférer dans ta vie. Mais dès qu'il a appris ton séjour en colo dans un centre de vacances des Aspres, cet été 97, alors que chaque année, une enfant disparaissait, ton père s'est empressé de revenir pour t'éviter le pire... Un mauvais pressentiment l'avait décidé à t'embarquer en Espagne !* »

Ce qui expliquait la bagarre avec Sanchez, le vol de son véhicule et l'intervention de l'animateur Miquel Carpalès, le gros Mimi, quand il avait surpris Manuel avec la fillette dans les bras. Raison de la méprise sur un éventuel enlèvement et de la présence de son ADN sur ses vêtements.

Tout était devenu limpide. Enfin !

Depuis le temps qu'elle espérait, Victoire était aux anges. Elle avait enfin obtenu des réponses et récolté des informations capitales sur son passé. Notamment son vrai prénom. Ses origines et sa signification. De racine tahitienne, « Manu » signifiait « oiseau » et « reva », « voler ». Manureva, sous-entendu *L'oiseau qui vole,* renvoyait ainsi aux connotations de liberté, d'aventure et d'évasion, avec également un fort ancrage avec le milieu marin et la navigation. D'où une certaine dualité entre ciel et mer... Un tel soulagement de connaître ses racines, l'identité de ses parents, et les raisons de son abandon... Le fait de savoir qu'elle était le fruit de leur amour inconditionnel la remplissait de joie. Un bonheur sans nom l'enivrait puisque, dès lors, ces révélations chassaient définitivement ses doutes sur l'implication de son père dans l'affaire des *Disparues de l'A9*. Une telle délivrance que le point qui lui comprimait le plexus solaire, capable parfois de lui couper la respiration, s'était envolé, comme par enchantement.

L'étape suivante consistait maintenant à chercher Manuel, en Espagne. Son ange gardien de l'ombre qui suivait son parcours depuis son enfance, à distance, sans jamais avoir osé interférer dans sa vie. Jackie avait même eu la gentillesse de lui retrouver, au milieu de ses vieux albums poussiéreux, une photographie de groupe lors des vendanges 89, où l'on apercevait Maria et Manuel l'un à côté de l'autre... Pour la première fois, Victoire avait découvert avec émoi le visage de ses parents et par là même sa ressemblance troublante avec sa maman. Avec ce cliché si précieux entre les mains et les renseignements délivrés par Jacqueline, Victoire ne devrait pas rencontrer trop de difficultés à retrouver son père. Toutefois, elle savait que la réussite de ce genre de quête initiatique nécessitait de disposer de toutes ses facultés. Or, en ce moment, son esprit, obnubilé par l'enquête des *Disparues*, était loin d'être apaisé. C'était sa priorité numéro un et elle avait bon espoir de la clôturer au plus vite... surtout qu'elle venait de faire un grand pas vers sa résolution.

Parce que tout le monde, y compris moi, a désigné Sanchez comme coupable sans réussir à identifier son complice ! Et puisque mon père est dorénavant écarté de l'affaire, il ne reste que Rodriguez... Mon premier suspect depuis le début !

La policière ressortit son carnet de bord où étaient relevées toutes les incohérences :

- Décès de Rodriguez (accident de la route avec traces de griffures au cou, alors que Sanchez est décédé depuis 15 jours !)

- Enlèvement d'Angels (Sanchez décédé depuis 1 mois et Rodriguez décédé depuis 15 jours !)

- Courrier adressé à Sonia Chemarin en 2015 (l'unique membre de la famille Rodriguez est Prescillia, la fille cadette) ajouta-t-elle suite aux récentes déclarations de la rescapée des enlèvements des années 90.

Selon les Chemarin, des malversations à la morgue auraient pu interférer dans les actes de décès de Rodriguez et Sanchez, grâce aux frères Baixàs, amis de la famille…

Rien à faire, j'en reviens toujours au même point. Le nœud du problème réside dans cette chronologie qui ne colle pas !

Il fallait éclaircir ce dilemme qui, selon elle, représentait la faille dans ce dossier. En repensant aux propos entendus à la clinique concernant la défectuosité d'une porte d'accès, l'idée de consulter les registres sur place avait germé dans son esprit. Ni une ni deux, elle s'était organisée une petite virée nocturne. Après avoir décommandé son entraînement prétextant une mission tardive, elle avait préparé son sac de sport en prévision d'une planque en bonne et due forme. Équipée d'un blouson sombre, une cagoule, et une paire de gants, elle avait également pensé au thermos de café accompagné d'une petite collation pour se maintenir éveillée, sans oublier l'appareil photo.

En arrivant à la clinique vers minuit, Vic avait pris soin de rester à distance du parking afin de ne pas attiser la curiosité du personnel et surtout de rester hors champ des caméras de vidéosurveillance. Après avoir tourné plusieurs fois dans le secteur, elle s'était stationnée à environ trois cents mètres et avait une vue imprenable sur la porte de l'aile C, celle censée avoir une serrure défectueuse…

Après la relève et le ballet incessant des véhicules, l'activité extérieure s'était résumée à une ou deux sorties des retardataires plongeant ensuite le secteur dans une noirceur écrasante. Trois malheureux lampadaires tentaient de rehausser l'ambiance morose mais la pluie incessante rendait la lumière de leur halo opaque et inopérante.

Calée dans son siège, Victoire étudiait les ouvertures et les différentes portes d'accès. De temps à autre, elle absorbait une tasse de café, agrémentée d'une rousquille, délicieux biscuit catalan enrobé d'un glaçage parfumé à l'anis et au citron qu'elle partageait avec Mec. Elle savait que ce genre de friandise lui était déconseillé mais il savait si bien œuvrer. Sans se donner la peine de réclamer, son rituel était bien huilé. Sa tête posée sur le haut du siège voisin, il l'observait manger avec un air si triste qu'elle craquait à chaque fois.

Instant magique où la nostalgie des planques en région parisienne refit surface. Avec le nombre d'heures incalculables passées à *chouffer* les transactions de drogue sur des points de deal dans les cités urbaines, à déterminer le rôle de chacun, du rabatteur, à l'acheteur, au charbonneur… Des heures de promiscuité à supporter les effluves de sueur, la mauvaise haleine de certains collègues, leurs problèmes intestinaux et leurs blagues salaces au ras de la ceinture…

Quel pied d'être seule ! En réalité, aucun regret…

01 heure 00. Un gardien du service de sécurité, identifié à son blouson et son pantalon de treillis bleu marine débarqua sur le site, puis pénétra dans la clinique par la porte de secours adossée. Une fois les consignes transmises à la relève, son collègue sortit un quart d'heure plus tard. Dès que son véhicule quitta le parking, Victoire se décida à tenter une intrusion.

Elle attendait le meilleur moment, les mains tremblantes à l'idée de se faire interpeller à l'intérieur sans motif légitime.

Réfléchis bien, Vic ! T'as déjà ta hiérarchie sur le dos, alors imagine si tu te fais chopper… Tu risques gros !

D'un autre côté, ses problèmes découlaient des propos incendiaires du psychiatre, qui ne s'était pas gêné pour la démolir, alors la découverte de documents compromettants le discréditerait et ne pourrait que lui être favorable… Cela valait donc le coût de tenter sa chance.

Elle enfila sa cagoule, puis sa paire de gants, referma son blouson, histoire d'empêcher toute identification, quand un quinze tonnes s'avança sur l'arrière de l'aile C au moment où elle allait sortir. Face à la porte de garage fermée, il signala sa présence par des appels de phares. Le gardien s'avança, salua le chauffeur puis réintégra le bâtiment pour déclencher l'ouverture du rideau métallique.

C'est le moment d'en profiter !

La policière sortit de son véhicule, referma discrètement sa portière laissant Mec en surveillance à l'arrière, et courut un *sprint* en direction de l'aile C. Tout de noir vêtue, sa silhouette se noyait dans la noirceur ambiante. En quelques secondes, elle se retrouva plaquée à un des montants de la porte de garage, dont le rideau était déjà redescendu à mi-hauteur. Il fallait prendre une décision rapide sinon elle serait obligée de modifier ses plans. Un coup d'œil à l'intérieur lui confirma que le gardien s'entretenait avec le chauffeur, dos à elle. Vic se jeta au sol, fit un roulé-boulé dessous le rideau puis se glissa sous l'essieu arrière du quinze tonnes. Elle put ainsi entendre leur conversation et le ton employé, bien loin d'être serein. La voix de l'un des deux hommes transpirait de nervosité, alors que l'autre tentait de le rassurer…

En rampant, la policière put apercevoir la partie inférieure des deux silhouettes. Elle assista ainsi à la remise d'une enveloppe, rétribution supposée de ses services que le gardien s'empressa de vérifier. Le montant fixé ayant été honoré, il l'invita à le suivre. Moment propice que choisit Vic pour s'extraire de dessous le camion et s'orienter vers la seconde issue. À la porte, avant de quitter le garage, elle jeta un regard vers le quinze tonnes.

Pas de doute, c'est bien le même camion qui se trouvait dans le hangar de Xavier !

Victoire laissa de côté cette information, elle en avait déjà bien assez avec sa propre enquête. Elle longea le couloir sans réellement savoir où se diriger, quand, à l'angle de plusieurs couloirs, des inscriptions murales indiquèrent la direction à suivre pour les différents services. Elle emprunta celui de la morgue, convaincue que les archives devaient s'y trouver…

En approche, elle entendit une porte s'ouvrir, suivi d'un autre bruit qui mit ses sens en alerte maximale. Elle pénétra dans la première pièce à sa disposition, resta dans le noir quelques secondes interminables, puis tenta une sortie. La porte ouverte délicatement, elle passa un œil puis deux, et la voie libre, se dépêcha de filer en direction de la morgue. Là, les deux portes vitrées se déclenchèrent à son arrivée, instant où Vic inclina la tête au cas où une caméra non détectée la filmerait…

À peine entrée sur la pointe des pieds dans le hall principal, la policière, aussi tendue qu'un string, entendit des bruits métalliques émanant de la pièce voisine. Connaissant la répartition habituelle des installations, Vic se doutait que la première renfermait les caissons réfrigérants nécessaires à la conservation des corps et au ralentissement du processus de putréfaction, et la seconde, destinée à l'accueil des familles endeuillées.

Le plus discrètement possible, elle ouvrit la porte dont la serrure grinça à son grand désarroi. À peine entrée, le détecteur de présence déclencha les néons qui crépitèrent avant d'illuminer la pièce de leur lumière blanche et austère. Vu la tranquillité des lieux, Victoire trouva étrange la présence d'un chariot en inox en attente devant un casier réfrigérant resté ouvert. Personne ne semblait s'intéresser à ce corps recouvert d'un drap immaculé. À l'affût du moindre bruit, pressentant l'arrivée éventuelle d'un employé, elle longeait le chariot quand elle crut voir bouger le linceul… La tension à son paroxysme, n'en croyant pas ses yeux, Vic resta quelques secondes en observation pour vérifier le bien-fondé de son hallucination. À force de scruter la forme oblongue étendue, elle finit par percevoir un autre frétillement. Prenant son courage à bras le corps, son cœur battant à tout rompre, elle tendit la main, les doigts tremblants, dans l'intention de soulever le drap quand soudain le buste du corps nu se redressa… Instant de stupéfaction où la tête du mort, au teint cadavérique, se retrouva nez à nez avec la sienne. Ils se mirent à hurler de concert, aussi terrifiés l'un que l'autre. Deux cris si stridents, et assourdissants, que Victoire lui balança par réflexe un crochet. Le mort s'écroula tête en arrière sur la table, retrouvant sa position initiale…

Il fallut tout de même quelques instants à la policière pour recouvrer ses esprits. En treize ans de police parisienne, elle avait été confrontée à des situations parfois ubuesques et surréalistes, avec des décès inexpliqués, mais jamais à un cadavre *revenu d'entre les morts*… En tirant sur le drap, elle découvrit l'individu et comprit l'objet de sa méprise. En réalité, deux corps dénudés se trouvaient sur le chariot. Une femme d'environ cinquante ans, le teint diaphane et la peau oscillant entre le blanc cassé et le jaune écru, dont la marque de strangulation bleutée autour du cou ne laissait aucun doute subsister sur les circonstances de sa mort. Quant à l'individu, âgé d'environ trente ans, lui était bien vivant. À en juger à la taille de son sexe en perte de vitesse, il s'adonnait à un acte de nécrophilie et Vic venait de le déranger alors qu'il violait ce corps sans vie.

Même un mort a le droit de conserver sa dignité ! enragea Vic.

D'ailleurs, en le faisant pivoter sur lui-même, elle remarqua le préservatif, bien trop grand, à présent, qui pendait lamentablement au bout de son sexe telle une fleur fanée.

Le fait de l'avoir bougé le fit reprendre connaissance. Écœurée par son acte, Vic redoubla d'intensité pour le secouer vigoureusement. Une fois en capacité d'entendre sa colère – même si en France, la nécrophilie ne constituait ni un délit ni un crime sexuel, et que, par définition, vu le vide juridique, il n'encourait qu'une peine pour « atteinte à l'intégrité d'un cadavre » et non « le viol » – elle tenait à lui donner une vraie leçon de catéchisme.

— T'es un grand malade, *Ducon* ! Tu baises des mortes ! Non mais allo, quoi !

Penaud, l'individu inclina la tête, en attente de se la faire trancher par la guillotine. Victoire n'en demandait pas tant, même si l'envie de le dérouiller la démangeait fortement. Elle avait d'autres projets en perspective pour ce détraqué.

— J'imagine que tu bosses ici ?

— Non…

— Comment ça, non ?

— C'est mon frangin qui travaille à la sécurité…

Que ce soit lui ou son frère importait peu. Elle voulait juste trouver les archives. Questionné, l'individu avoua son penchant pour les femmes matures, mais décédées. Complexé au possible, le regard des *vivantes* lui posait des problèmes… Féru en informatique, il faisait un échange de bon procédé avec son frère en lui donnant accès à des *snuff movie*, des vidéos *trash* du *Darknet*, mettant en scène le meurtre, la torture, le viol ou le suicide de victimes potentielles.

C'est le pompon ! Une vraie famille de détraqués !

— Bon, range tes attributs, j'en ai assez vu comme ça ! Et dépêche-toi, on va se rapprocher de ton frangin. J'ai besoin de lui et tu vas le convaincre de m'aider.

— Et pourquoi je ferais ça ?

Ayant dans l'idée de faire pression sur le frère, Victoire avait déjà envisagé tous les cas de figure, en particulier son refus. Elle le tacla dans la foulée :

— Parce que tu viens de violer ma mère, fils de pute ! lui cria-t-elle dans les oreilles. Et que mon frère est flic. Alors tu vas morfler grave quand il apprendra ce que tu as osé faire à notre pauvre maman…

Sa réplique produisit l'effet escompté. Ses doigts devenus subitement gourds, l'individu n'arrivait pas à remonter sa braguette, et son corps semblait frémir de la tête aux pieds. Jugeant son attitude trop hésitante, elle passa à la vitesse supérieure en le menaçant de ses poings :

— Et magne-toi sinon je te mets une branlée dont tu vas te rappeler !

Sa menace ayant porté ses fruits, ils arrivaient au garage cinq minutes plus tard. La policière le fit patienter derrière la porte, le temps de vérifier la présence du camion. Phares allumés, le chauffeur manœuvrait prudemment le quinze tonnes en marche arrière. Une fois à l'extérieur du bâtiment, elle attendit la fermeture du volet métallique pour surgir en poussant violemment l'individu devant elle. Estomaqué, l'agent de sécurité s'empara par réflexe de sa radio portative, prêt à donner l'alerte. Victoire le stoppa net :

— Si tu tiens à ton boulot, tu devrais réfléchir à deux fois avant de passer ton message !

— Ah… Et à qui ai-je l'honneur, questionna-t-il sur un ton hautain limite condescendant.

Bien décidée à le faire redescendre d'un étage, et à marquer son esprit, elle employa les mots justes, appropriés à la gravité de la situation :

— Juste une fille éplorée qui voulait se recueillir, en douce, auprès du corps de sa défunte mère. Et qui a surpris ton frangin en train de la violer…

— Et son frère est flic ! s'empressa de préciser l'individu, retenu fermement par une clé de bras.

Le veilleur de nuit comprit rapidement où était son intérêt. Sans tenter de négocier, il accepta ses doléances et concéda à la conduire au sous-sol, dans la pièce dédiée aux anciennes archives « papier ». Des piles de cartons, parfois éventrés, entreposés pêle-mêle sur le sol crasseux, recouvert d'une épaisse couche de poussière. Victoire savait, avant même de commencer, que retrouver les dossiers du psychiatre lui poserait de sérieux problèmes.

— Si je vous laisse bosser tranquille, on est quitte ? J'ai votre parole que rien ne sera ébruité concernant mon frère ?

— À la condition qu'il ne remette plus jamais les pieds à la morgue ! Sinon…

L'agent hocha la tête en signe d'accord tacite.

— En revanche, je n'ai pas fini avec vous, relança Vic, désireuse de découvrir en quoi consistaient les magouilles entreprises par ses ex-amis.

Ne pouvant réfuter cette accusation, le veilleur consentit à lui expliquer les tenants et les aboutissants de ce trafic de matières dangereuses.

Tout avait débuté lors des travaux d'extension de la clinique quand les ouvriers avaient découvert des matériaux radioactifs entreposés dans le sous-sol remontant aux années 2010, après l'arrêt du Cobalt-60 et du Césium-137, des radio-isotopes utilisés pour le traitement transcutané à distance des cancers. Les démarches d'évacuation d'une source inutilisée ou périmée, recommandées par l'IRSN[26] devenues complexes avec le temps, dû en général à l'impossibilité de contacter le fournisseur-repreneur, les hôpitaux ne pouvaient se permettre d'engager des frais exorbitants pour leur destruction en faisant appel aux services compétents…

— Plus les organismes attendent avant de s'en débarrasser, plus la facture grimpe ! Ce qui coûtait 3 000 € il y a dix ans, revient aujourd'hui à 20 000 €. Alors imaginez le coût pour des déchets entreposés depuis des années !

— Mais alors, où ce camion les achemine-t-il ?

— En Espagne, dans un terrain vague, soi-disant une décharge à ciel ouvert, répondit l'agent. Je n'en sais pas plus, on ne m'a pas mis dans la confidence.

Un véritable désastre écologique. Aveuglés par l'argent, ces malfrats n'avaient pas mesuré les répercussions néfastes sur l'environnement. Ce genre de déchets allaient polluer les sols avec des répercussions sur la population pendant des dizaines voire des centaines d'années, en contaminant la végétation, les cultures et les nappes phréatiques.

Réalisant que le gardien servait uniquement d'intermédiaire à leur trafic, Vic jugea inutile d'insister. Il se trouvait déjà bien assez dans l'embarras à devoir se justifier, et doublement, après la scène effroyable de son frère… Cela commençait à faire beaucoup pour un seul homme.

J'espère que cette nuit restera gravée dans sa mémoire et qu'elle lui servira de leçon !

26. L'institut de radioprotection et de sûreté nucléaire.

La policière le laissa vaquer à ses occupations et se plongea dans l'expertise des cartons. La couche de poussière résultait des années écoulées mais également des travaux récents entrepris dans l'aile du bâtiment. Les premiers dossiers consultés remontaient à 1980. Avant toute chose, Vic estima que la priorité était d'identifier ceux émanant du service psychiatrie. Elle réalisa rapidement que la couleur des pochettes permettait de différencier l'origine des soins apportés. Visiblement, le rose concernait le service du psychiatre Baixàs. Le blanc celui de son frère, médecin-légiste. Les années ne correspondant toujours pas à celle ciblée des années 90-97, Victoire continuait à ouvrir les cartons avec vigueur, souhaitant ne pas prendre racine dans ce sous-sol poussiéreux. À force, elle tomba sur des pochettes grises, uniquement estampillées par les deux cachets des médecins Baixàs. Intriguée, elle s'empressa de prendre connaissance du dossier en haut de la pile et remarqua que l'année correspondait à celle du premier consulté.

Nom de nom ! Ces fumiers falsifiaient les dossiers médicaux et conservaient des traces... mais les preuves de leur forfaiture ont disparu ! s'aperçut-elle en feuilletant les pages. Des numéros manquaient à l'appel.

Une évidence. Ces médecins n'auraient jamais laissé des preuves aussi flagrantes à la portée de n'importe quel employé de la clinique. Ces feuillets manquants devaient dormir au chaud dans le bureau du grand patron Baixàs. Accroupie au milieu des piles en vrac, elle se releva, prête à rappeler le gardien, quand elle aperçut une date sur un carton éventré qui lui provoqua une réaction hypodermique. 2011. L'année de la mort de Joan...

Si j'osais... après tout, c'est l'occasion ou jamais de vérifier qui dit la vérité dans cette affaire, soliloqua-t-elle en repensant à ce drame. Se trouvant sur les hauteurs de la plage de Paulilles, en compagnie de Vincent et Joan, elle se souvenait de l'altercation entre ses deux amis, de s'être interposée et d'avoir reçu un coup en pleine face qui l'avait mise K.O... Elle avait repris connaissance au moment où Vincent était descendu de quelques mètres sur l'éperon rocheux pour secourir Joan qui était tombé. Mais à partir de cet instant, Victoire avait eu droit à deux versions divergentes. Selon Vincent, Joan était décédé avant qu'il ne le rejette à la mer alors que Xavier décrétait que l'autopsie stipulait une mort par asphyxie...

Soit Xavier a bluffé soit Vincent m'a menti. Qui croire ?

Vic s'avança vers la pile de cartons, ouvrit celui qui l'intéressait, et commença à écarter les pochettes sachant pertinemment que l'autopsie ayant été réalisée à Montpellier, le rapport médico-légal se cantonnerait uniquement à l'examen externe du légiste lors de ses premières constatations. Du bout des doigts tremblants, elle retira le précieux document, au nom de Joan Montesa décédé en date du 16 août 2011… se demandant encore, avant de l'ouvrir, si elle voulait ou non savoir.

Tu es bien sûre de toi. Aucun risque ensuite de le regretter ?

En quelques secondes, elle prit connaissance des causes de la mort de son ami Joan. Les traits tirés, le visage fermé, elle immortalisa l'instant en photographiant les conclusions du légiste Baixàs à l'aide de son téléphone portable, puis réinséra la pochette à son emplacement initial. La teneur du compte rendu avait tant secoué Victoire qu'elle ne prêta pas attention à la silhouette qui venait de pénétrer dans la pièce, aussi subrepticement qu'une ombre maléfique. Au moment où elle décida de se relever, une frappe lourde s'abattit soudain sur sa nuque, la propulsant tête la première au milieu des piles de cartons…

47

— Oh, la pétasse ! Tu te réveilles ! vociféra le gardien, agitant sa carte professionnelle sous les yeux de Victoire. Alors comme ça, c'est pas ton frangin mais toi, la flic ! C'est pas bien de mentir…

Venant d'émerger, elle se sentait amorphe, sans énergie. Le temps de découvrir l'environnement, elle réalisa la position inconfortable dans laquelle elle se trouvait. Au milieu d'un bureau, assise sur une chaise, les mains entravées dans le dos, elle était à la merci de ces deux détraqués. À travers leurs yeux transpiraient leur perversité et leur noirceur d'âme.

— Vous allez voir, bande de nazes, ce qu'il en coûte de séquestrer une fonctionnaire de police dans l'exercice de ses fonctions !

— Arrête de pipeauter ! En service, sans flingue ni radio, ça m'étonnerait bien fort. D'autant que j'ai jamais vu un flic intervenir emmitouflé de la tête aux pieds !

— Puisqu'elle nous prend pour des burnes, on a qu'à jouer avec elle ! ajouta le nécrophile, excité au possible, en se frottant les mains.

— Si vous me touchez, faudra me buter après ! Sinon, moi, je ne vous raterai pas, bande d'enculés !

Les deux frères s'échangèrent des regards complices, un sourire de carnassier en travers du visage. Leurs yeux scintillaient à l'idée de ce qu'ils s'apprêtaient à faire.

— Non, non… tu ne risques rien de ce côté-là, la rassura-t-il. Mon frère n'est intéressé que par les macchabées et perso, je suis addict au mal dans toutes ses déclinaisons les plus perverses et sadiques. La torture, les sévices, les coups, enfin bref tout ce qui concerne la douleur exprimée à son paroxysme. C'est mon trip ! Alors, vu que t'es boxeuse, lui annonça-t-il en plaçant son écran de portable sous le nez…

À l'aide de son doigt, il fit défiler trois photographies de Victoire sur le ring lors de son dernier championnat du monde, avant de poursuivre :

— Je t'ai pas dit, avant je rêvais d'entrer dans la police…

— Impossible, t'aurais échoué aux tests psychotechniques ! mordit Vic, la rage aux dents.

L'agent de sécurité lui asséna une gifle qui faillit lui dévisser la tête. Elle accusa le coup en serrant la mâchoire.

— Bien, je vois que tu sais encaisser, apprécia-t-il. On va donc pouvoir s'amuser avec toi, juste pour connaître ton point de rupture. La question est de savoir combien de temps tu tiendras…

En détournant la tête, Victoire remarqua le matériel préparé sur la table voisine : poing américain, bâton et couteau à cran d'arrêt… Les *réjouissances* pouvaient débuter. Les deux frères retroussèrent leurs manches, puis commencèrent par la rouer de coups au niveau des flancs. Ils se relayaient et prenaient déjà un plaisir démoniaque. Pendant que l'un s'activait, l'autre filmait avec son portable. Vic, insensible à la douleur, leur donnait le change pour les satisfaire. Elle pliait sous les frappes, se tordait en jouant la comédie, tout en se demandant comment se sortir de ce mauvais pas. Soudain, elle reçut une droite en pleine face et sentit le sang perler par les narines. À cet instant précis, elle eut une pensée pour Jérôme. Et regrettait sincèrement que leur rendez-vous de dimanche dernier se soit terminé en queue de poisson…

Si c'était à refaire, je mettrais toutes les chances de mon côté pour que ça matche entre nous ! regretta-t-elle, un goût amer au fond de la bouche.

Le temps de cracher un énorme glaviot de raisiné sur le plus proche de ses tortionnaires, une pluie de crochets et de directs s'abattit sur son visage, lui *dévissant* la tête dans toutes les directions. L'arcade sourcilière, gonflée au maximum, finit par céder sous la pression en faisant gicler le sang. Moment fatidique où elle pensa à son chien. Mec était le seul à pouvoir lui porter secours.

Malgré ses qualités indéniables, le pauvre ne peut pas deviner ma situation. Il faut trouver une idée pour les conduire à lui…

Le nécrophile lui adressa un coup de coude qui fit craquer ses cervicales. À ce rythme, elle savait que malgré ses facultés kinesthésiques, son système nerveux finirait par se mettre en veilleuse afin de privilégier les autres organes vitaux. Le corps humain était ainsi constitué. Donc même si cela la contrariait, elle savait que, dans quelques minutes, sa perte de connaissance livrerait son corps en pâture à ces deux détraqués. En repensant à son arme de service évoquée par le gardien, elle tenta un subterfuge :

— Oh, les gars ! les stoppa Vic. C'est pas que je m'ennuie, mais votre petite branlée commence sérieusement à tourner au ridicule… Moi je pense qu'un autre jeu pourrait vous intéresser. Vous connaissez la roulette russe ?

— Bien sûr ! Mais pour ça, faudrait avoir un flingue !

— Eh bien, ça tombe bien, j'en ai un… il suffit d'aller le chercher dans ma Clio qui est sur le parking. Tu prends les clés de ma bagnole dans ma poche et tu le trouveras dans la boîte à gants.

Victoire savait que Mec se planquerait à l'arrière sur la banquette. Il attendrait que la portière s'ouvre et dès que le bras de l'individu s'immiscerait dans l'habitacle, il lui arracherait…

— Mais faut un revolver pour jouer à la roulette russe ! Et que je sache, tous les flics sont maintenant équipés d'un automatique avec chargeur ! percuta le veilleur de nuit.

Ce dernier semblait au final beaucoup moins abruti qu'il en avait l'air, mais Victoire avait déjà prévu le subterfuge capable de contourner le problème.

— Exact, mais pas moi. En tant que sportive de haut niveau, j'ai juste droit à un Ruger SP101 de prêt, l'ancien revolver des policières, avec un barillet à cinq cartouches ! mentit Vic en essayant d'y mettre toute sa force de persuasion.

— Vas-y, récupère les clés dans sa poche et va chercher ce flingue ! ordonna le gardien, les yeux pétillants d'impatience.

Le trousseau en main, son frère sortit du bâtiment et fonça tête baissée vers le parking. La Clio repérée, il ouvrit la portière côté passager et se rua sur la boîte à gants en y plongeant les mains. Comme l'avait pressenti Vic, Mec surgit tel un fauve et saisit le poignet du nécrophile en pleine mâchoire. L'intensité de la morsure le fit d'abord hurler de douleur avant de sombrer dans l'inconscience au moment de sentir ses chairs broyées jusqu'à l'os. L'ouverture béante permit au berger allemand de s'éjecter de la voiture et la truffe au sol, suivit la piste de sa maîtresse. Arrivé devant l'entrée de l'aile C, il ouvrit la porte adossée à l'aide de son museau et continua sa route. À l'approche du bureau du gardien de nuit, les propos véhéments de l'individu l'incitèrent à ralentir son allure. Collé au mur, à pattes de velours, il avança la tête lentement pour visualiser l'intérieur et apercevoir Victoire en mauvaise posture. L'homme se trouvant de dos, il ne tergiversa pas en sautant littéralement sur lui, le faisant basculer face contre terre. Le temps qu'il recouvre ses esprits, Mec avait déjà libéré sa maîtresse en cisaillant de ses crocs les serflex à ses poignets. Les mains enfin libres, Vic épongea sommairement le sang sur son visage puis s'empressa d'entraver le gardien de nuit, encore au sol. Laissé sous la surveillance de son chien, il lui fallut quelques minutes pour revenir avec son frère, le bras en sang, neutralisé également avec des serflex.

Sans perdre de temps, Victoire trouva le pass dans le blouson du gardien, accompagné d'un trousseau de clés. Elle vérifia l'heure. 03 h 45… Il ne fallait pas traîner.

La policière laissa les deux détraqués en compagnie de Mec, assurée qu'ils ne s'amuseraient pas à bouger le moindre cil, et s'aventura dans les couloirs de la clinique en quête du bureau du psychiatre. Malgré le manque de lumière dans les couloirs, elle arriva rapidement à s'orienter à la faible intensité des veilleuses et retrouva la porte du bureau du docteur Baixàs. Le pass lui permit de pénétrer à l'intérieur. Restait à fouiller les lieux pour déceler un espace à la fois discret et suffisamment grand pour y dissimuler des dossiers compromettants… Énervée de ne rien trouver, en cherchant du bout des doigts et en veillant à repositionner chaque chose à son emplacement initial, elle retourna brusquement tout sur son passage, du sol au plafond, en sondant les murs, en vérifiant même derrière les tableaux. Pas de double cloison derrière la bibliothèque, pas d'endroit secret dans le bureau, rien. Aucune cache mystérieuse. Déçue, elle allait battre en retraite quand son visage cabossé et sanguinolent se refléta dans le miroir du petit cabinet de toilette. Seul endroit où Vic n'avait pas tenté sa chance. Après une expertise rapide du local, du W.-C., de la chasse d'eau et du lavabo, il ne restait que le meuble à pharmacie à contrôler quand ce dernier bascula légèrement sur un des crochets de fixation.

Du jeu !

Assez d'indices pour retirer le meuble et découvrir à l'arrière, inséré dans la cloison, un coffre… dont l'ouverture ne pouvait se réaliser qu'à l'aide d'une clé.

Instant de stress intense où elle se remémora tout ce qu'elle avait trituré, fouillé, déplacé, depuis son arrivée, sans se rappeler avoir eu entre les mains la moindre clé correspondant à cette serrure. Elle hésita et se mit à la place du psy qui, pour des raisons pratiques, avait dû placer cette clé à un endroit accessible et proche de la serrure. Son regard balaya l'espace restreint et mis à part le lavabo d'un côté et le W.-C. de l'autre, elle ne voyait pas où…

La chasse d'eau ! Je l'ai ouverte mais je n'ai pas regardé en dessous du couvercle, pensa-t-elle en saisissant le socle en faïence. Bingo !

Vic décrocha le sachet plastique, collé en dessous, récupéra la clé et ouvrit le coffre. *La caverne d'Ali Baba* renfermait plusieurs pochettes. Et un nombre incalculable de dossiers de patients qu'elle se dépêcha d'étaler sur le bureau. Sachant, avant même de les consulter, qu'elle manquerait de temps, elle utilisa le photocopieur repéré au fond du bureau. Elle imprima les dossiers et classa chaque copie dans les pochettes en veillant à replacer les originaux dans le coffre. À la dernière pochette remisée, elle consulta son portable : 04 h 34… Il était l'heure de prendre la tangente.

De retour au bureau, Victoire resta quelques minutes devant les deux frères, à contempler leurs têtes de *vainqueurs*, à se demander le meilleur moyen d'échapper à des répercussions professionnelles. Elle n'osait imaginer le courroux de son commissaire s'il venait à apprendre son intrusion nocturne à la clinique, surtout après les allégations du psy à son encontre. Elle récupéra d'abord leurs téléphones portables et retira les cartes SIM qu'elle écrasa du pied. Puis les coques ouvertes, fit de même avec les smartphones sous le regard dévasté des deux frères. Le nécrophile s'insurgea contre cette injustice :

— Mais c'est dégueulasse, j'avais pas filmé avec le mien !

— C'est pour toutes les fois où tu l'as fait en compagnie de cadavres ! décréta Vic en lui décrochant un sourire forcé.

Le principal sauvegardé, elle proposa une alternative afin de ne léser personne :

— Il va sans dire que si j'envoie un message aux médias leur expliquant les tendances nécrophiles de ton frangin et la manière dont tu le laisses accéder à la morgue, vous allez prendre cher… D'un autre côté, si tu viens à parler de mon intrusion, je devrais me justifier et même si ça ne volera pas bien haut, c'est toujours emmerdant… Je te propose donc un deal.

Elle désigna le blessé dont le bras pissait toujours le sang.

— Lui, on s'est déjà mis d'accord, il ne remet plus jamais les pieds ici ! Et c'est non négociable ! Quant à toi, vu le souk dans le bureau du psy, tu risques d'avoir des soucis. La seule solution, c'est que tu sois intervenu et que tu te sois fait laminer. Et vu que tu aimes les coups, je te détache, et on règle ça entre nous, à la loyale ! Qu'en penses-tu ? Au moins tu auras des traces qui prouveront que tu as tenté d'agir…

Le gardien comprit son intérêt et accepta dans la foulée, trop heureux de faire sa fête à cette petite garce prétentieuse. Aussitôt ses mains détachées, si empressé de lui mettre une raclée, sans préambule, il déclencha une droite à Victoire qu'elle se fit un plaisir d'esquiver, l'ayant vue arriver trois heures avant. Les deux adversaires se toisèrent quelques secondes, le temps de s'observer sous le regard inquiet de Mec, assis, prêt à bondir si la situation basculait à l'avantage du gardien. En professionnelle du ring, Vic avait rapidement analysé la situation. Il ne risquait pas de la battre en se déplaçant à la vitesse d'un escargot, sur les talons, surtout en gérant aussi mal son effort. À ce rythme, elle savait déjà que dans environ quarante-cinq secondes il serait en manque d'oxygène. Elle tournait autour de lui tel un félin, sans qu'aucune de ses frappes n'arrive à la toucher. Ses coups arrivant dans le vide, il s'énervait de plus belle. Elle attendit le moment fatidique, celui où l'acide lactique se fixerait sur ses cellules musculaires, et quand il fut totalement asphyxié Vic lui adressa une pluie de coups qui le séchèrent littéralement. Le dernier uppercut le terrassa. K.O. debout, il s'effondra de tout son long sur le carrelage du bureau, aussi lourdement qu'un sac de patates. Sans perdre de temps, elle sectionna les serflex du nécrophile et, face à lui, en le fustigeant du regard, lui adressa deux crochets au visage.

— Ça te fait moins marrer que tout à l'heure quand tu prenais ton pied à me fracasser la tronche, espèce de…

Avant de terminer sa phrase, elle lui asséna un direct de toutes ses forces au menton qui lui déboita la mâchoire. Il cracha du sang accompagné de deux dents cassées. Le trentenaire se décida à monter sa garde mais trop tard, un coup de pied perforant au triangle génital le plia en deux et l'obligea à s'affaisser, genoux au sol.

— Et ça, c'est de la part de la pauvre dame que tu as osé souiller, *ducon* ! Et si un jour j'apprends que tu as recommencé, je viendrai personnellement te les couper chez toi, pendant ton sommeil !

Elle photographia devant lui leurs pièces d'identité avant de proférer ses menaces :

— Maintenant, je sais où vous créchez. Alors méfiez-vous, conclut-elle en quittant enfin les lieux, trop heureuse de s'en être seulement sortie avec quelques contusions.

Montée à bord de sa voiture, elle laissa Mec grimper à côté d'elle dans l'habitacle et se jeta sur lui pour l'enlacer. La tête inclinée, il se laissa embrasser et semblait apprécier ses remerciements.

— Je te dois une fière chandelle, mon pépère ! Sans toi, je n'ose imaginer ce qui serait advenu. T'es le meilleur !

Une demi-heure plus tard, Victoire sortait de la douche, le corps couvert d'hématomes et le visage aussi gonflé qu'après un combat de boxe. Le passage à tabac perpétré par les deux détraqués allait laisser des traces pendant quelques jours. Elle avait soigné ses plaies, badigeonné ses contusions et ses bleus avec de l'arnica et prit quelques granules homéopathiques à faire fondre sous la langue. Demain, elle risquait de ne plus se reconnaître dans le miroir…

Rien de grave car en ce moment, question rencard, c'est plutôt la Bérézina !

Avant de se coucher, elle contrôla son radio-réveil : 06 h 33. L'heure à laquelle Jérôme se levait. Son silence depuis son départ précipité de l'autre jour l'inquiétait… Avant de se coucher, elle lui rappela son bon souvenir par l'envoi d'un SMS.

« *Cc*

Jspr que tu vas bien... On se voit prochainement ?

Qu'on reprenne là où on s'était arrêtés... »

Victoire avait terminé son laïus par l'émoticône qui faisait un clin d'œil en tirant la langue, de manière à ce que son message soit assez explicite sur ses sentiments et sur l'éventualité d'un rapprochement.

Le temps de fermer son volet, de dire au revoir à Mec, elle éteignait la lumière de sa chambre quand son téléphone portable lui signifia la réponse de Jérôme. Elle ne correspondait pas vraiment à ses attentes.

« Cc Vic

Je ne sais pas trop... Vu tes activités trépidantes, j'ai l'impression qu'il n'y aura pas de place pour moi dans ta vie... Désolé. Bonne journée. »

48

Vincent n'avait pu se résigner à en rester là avec M. Rigaud, le voisin de Sanchez. Il l'avait convoqué à la gendarmerie de Thuir dès le lendemain à la première heure. Contre l'avis général de ses troupes, estimant que leur capitaine jouait avec le feu en ne respectant pas les recommandations du corps médical, il avait procédé à l'audition du seul témoin fiable de cette affaire. Toujours effaré de constater le changement de comportement quand le commun des mortels se trouvait dans le bureau d'un gendarme. M. Rigaud n'avait pas échappé à la règle. Il s'était épanché comme un jeune communiant avouant ses péchés au curé dans le confessionnal, livrant des éléments d'une importance capitale.

— Vous laissiez sous-entendre, hier, que personne n'avait été dupe… Cela demande à être développé !

Le voisin ne tergiversa pas. Il alla droit au but, en affirmant que Sanchez, chasseur et braconnier, ne se serait jamais blessé en plaçant ses pièges. Agissant ainsi depuis des années, de jour comme de nuit, il estimait ce pseudo-accident invraisemblable.

— Et selon vous, que se serait-il produit ?

— Mon épouse et moi avions remarqué une certaine effervescence chaque mois de juillet, comme par hasard à la période où disparaissaient des gamines dans les centres de vacances.

Les fenêtres ouvertes à cause des chaleurs estivales insupportables, le couple entendait les va-et-vient de leurs voisins. Sanchez sortait avec son véhicule Citroën dès le soir venu et rentrait parfois en pleine nuit à des heures indues. Et Rodriguez prenait le relais le lendemain, en utilisant la voiture de Sanchez aux mêmes horaires…

— Chaque année, pendant environ quinze jours, ils opéraient ainsi, en alternance, et dès que les médias évoquaient la disparition d'une fillette, le ballet des bagnoles s'arrêtait. Comme par enchantement ! En toute logique, on a fait le lien avec ces enlèvements. Tout le monde aurait fait le même rapprochement !

Mais la mort accidentelle de Sanchez avait redistribué les cartes. De prime abord, M. Rigaud avait imaginé une discorde entre les deux anciens frères d'armes. Du genre sexuel… dû en partie à un rapprochement entre Sanchez et Mme Rodriguez.

— On les voyait ensemble dans les magasins du centre-ville, au marché… Vous savez comme moi que dans ce genre de situation, les commérages vont bon train…

— Claudia était une jolie femme ?

— Oui. Et malgré sa taille, Sanchez avait également du charme si on en croit la gent féminine. Mais ce n'est pas tout. La vindicte populaire et la rumeur sont si cruelles. Le couple Rodriguez ayant rencontré des problèmes pour avoir un enfant, certaines mauvaises langues en avaient déduit que Sanchez aurait donné un coup de pouce à la nature !

À travers des chemins détournés, Vincent voyait où le voisin voulait en venir. La relation entre Angels et Sanchez n'était pas si anodine et expliquait pourquoi la gamine passait le plus clair de son temps sur la propriété du braconnier, dans une cabane construite par ses soins… à son intention. Une situation insupportable pour un père qui avait une relation fusionnelle avec sa fille chérie, *prunelle de ses yeux…*

— Et vous pensez que Rodriguez aurait découvert le pot aux roses, avança le capitaine.

— Avec une engueulade qui aurait mal tourné, obligeant Rodriguez à maquiller le meurtre de Sanchez en accident. Il avait préparé une fosse à sanglier, avec des pieux au fond, pour planter l'animal lors de sa chute. Une telle mort avait toutes les chances de faire disparaitre d'éventuelles traces de coups et blessures.

— Et vous n'avez toujours pas jugé utile de prévenir les gendarmes, constata le capitaine, amer.

M. Rigaud se renfrogna, conscient de son manque de courage à l'époque des faits. Il releva la tête, en se redressant sur sa chaise avant de plaider sa cause :

— Mon épouse et moi étions employés de mairie. Imaginez les répercussions dans le village et le tollé général si nous nous étions trompés ! Car je vous rappelle que nous n'avions aucune preuve !

Vincent hocha la tête tout en retranscrivant le plus fidèlement possible les déclarations du voisin. Ses doigts pianotaient sur le clavier à la vitesse d'une mitraillette. Il stoppa net et détourna son regard de l'écran pour s'adresser à M. Rigaud :

— Et vous auriez également une théorie sur l'accident de voiture de Rodriguez ?

— Là, je vous avoue que nous avons tout de suite pensé à un suicide. Provoquer une sortie de route sur cette longue ligne droite, il faut vraiment le vouloir. La conscience de Rodriguez devait être rongée par sa culpabilité…

— Les remords d'avoir tué son ami Sanchez ?

À cet instant précis, l'audition prit une nouvelle tournure. Comme si, soudainement, les deux hommes s'approchaient du point névralgique. Au cœur du problème. D'ailleurs, M. Rigaud modifia sa posture. Il s'avança sur le bord de sa chaise et le dos raide, posa ses mains sur le bureau, tel un enfant sage, à table. Vincent décela, à l'étincelle dans ses yeux, son enthousiasme non feint d'aborder cette étape cruciale.

— Pas que… oserais-je dire, se prononça-t-il avec une voix grave qui laissait présumer que la suite de son laïus le serait tout autant. En réalité, vous allez penser que je divague, mais je pense que Rodriguez battait son épouse. Depuis des lustres, mais en veillant à ne jamais laisser de traces flagrantes qui auraient pu alerter les proches sur ses violences conjugales. Mais là, il avait franchi un cap. En infligeant cette fois des blessures encore plus graves à Claudia mais aussi à Prescillia !

Le capitaine s'arrêta de taper à l'ordinateur. Cette annonce ne faisait que confirmer ses propres doutes au regard du rapport de la DDASS dans la procédure. M. Rigaud argumenta :

— Rendez-vous compte, à cette période, la mère et sa petite venaient d'être hospitalisées une seconde fois en moins de quinze jours de temps… Il est évident que Rodriguez était devenu fou après la mort de Sanchez. Il ne devait plus supporter ses actes et a voulu en finir.

— Bien, c'est noté ! annonça Vincent.

Il estimait avoir avancé à grands pas dans l'enquête *inachevée* par la cellule DiANE, qui s'était cantonnée à retrouver les *Disparues de l'A9* dans le seul but de permettre aux familles de faire leur deuil. Mais ces dernières avaient également besoin de réponses et réclamaient justice. Ce que s'évertuait à faire le gendarme qui mettait un point d'orgue à comprendre les tenants et les aboutissants de cette affaire.

— Et pour terminer, que pensez-vous alors de l'enlèvement d'Angels après ces deux morts « accidentelles » ?

— Vous allez croire que j'extrapole encore, mais là non plus, je n'y ai pas cru. D'abord à cause de son âge, bien plus élevé que celui des fillettes disparues, et ensuite, parce que les faits s'étaient déroulés dans la propriété de ses parents, et non en centre de vacances. Trop d'invraisemblances à mon goût. Ça sentait le coup monté !

M. Rigaud semblait plus évasif que lors de ses premières théories. Toutefois, il ne put se résoudre à en rester là. Il avança ses pions :

— Figurez-vous qu'un jour, je l'avais aperçue revêtue d'un déguisement en poil d'ours, les mains gantées de griffes... en train d'agripper une corde dans les branches d'un arbre près de la cabane de Sanchez. Non seulement elle semblait folle à lier mais en supplément, elle rugissait telle une bête. Terrifiant !

Le mode opératoire du criminel refaisant surface, Vincent sursauta en se redressant sur son siège.

— Vous êtes bien sûr qu'il s'agissait d'Angels et non de Sanchez ?

La question du gendarme le déstabilisa. Le doute s'immisça en lui, l'incitant à se frotter la tempe nerveusement comme pour rallumer une lumière éteinte depuis des lustres.

— Pour tout vous dire, c'était ma femme qui l'avait entendue puis vue, un soir, en rentrant de son cours de gym... Depuis ce jour, elle avait pris l'habitude d'épier cette « folle à lier » comme elle la surnommait.

Le capitaine sauta sur l'occasion offerte :

— Et il y aurait moyen d'auditionner votre épouse ?

— Mon pauvre monsieur, si vous saviez... se désola M. Rigaud. Elle m'a quitté et a disparu la nuit du 2 février 1995, comme ça, sans un mot ni même une explication. Évaporée la Simone ! mima-t-il avec ses mains. Après vingt ans de vie commune...

M. Rigaud avait d'abord cru à un accident mais son amie du club de gymnastique l'avait bien raccompagnée et déposée devant son domicile, le soir en question. Ce mystère le rongeait depuis trente ans.

Une révélation non dénuée d'intérêt qui fit réagir Vincent. La découverte de restes mortels au fond de l'étang pouvait corroborer avec la disparition de Mme Simone Rigaud qui, comme par hasard, avait eu lieu le soir de la Chandeleur. Avant de s'engager dans cette voie, le gendarme préférait entreprendre quelques vérifications. Il recolla au sujet traité, en revenant à la source :

— Et votre épouse avait aperçu quelque chose au bout de cette corde ?

— Non, rien de particulier, répondit-il, perplexe.

— Et cela ne vous a toujours pas traversé l'esprit de prévenir la gendarmerie ! Qu'est-ce qu'il vous faut ! s'énerva Vincent.

— Impossible. Vous connaissez l'adage « Pour vivre heureux, vivons cachés ». Pendant mes heures de service, je revenais en douce bosser à mon domicile en utilisant du matériel de la mairie... Il fallait que je reste discret au risque de me faire virer. J'ai choisi de ne rien dire, se dédouana M. Rigaud. Je me suis tout de même forgé ma propre opinion sur le drame qui se serait déroulé chez eux. Si Angels était très fusionnelle avec sa mère, elle aimait également beaucoup son père et je pense qu'elle n'a pas supporté sa mort. Elle s'est sans doute suicidée comme lui. Il n'y a que le rapport d'autopsie qui pourrait vous le confirmer, mais je mettrais ma main à couper qu'Angels s'est pendue au bout de cette corde, et que sa mère, par souci de discrétion, a laissé croire à un enlèvement…

Vincent tenta de se souvenir du rapport du légiste remontant à juillet 1999, après l'explosion du camion-citerne sur l'autoroute, soit deux ans après son enlèvement. De mémoire, la fracture de l'os hyoïde laissait présumer une forte pression au niveau des cervicales lors de la strangulation, acte qui confortait l'hypothèse du voisin. Les derniers propos de M. Rigaud retranscrits noir sur blanc, le capitaine relut l'intégralité de son audition. Relatés ainsi, les faits semblaient limpides et respectaient une chronologie implacable.

Les deux hommes se saluèrent par une poignée de main et avant de lâcher celle du voisin, Vincent tint à lui faire part de son sentiment :

— Si nous avons étayé la culpabilité plausible de Rodriguez et Sanchez, en revanche, nous ne savons toujours pas pour quelles raisons ils enlevaient ces gamines… Dans quel but ?

— Est-il nécessaire de chercher un mobile rationnel à ce genre d'actes si démesurés et barbares ? L'essentiel est d'avoir identifié le ou les meurtriers des *Disparues* parmi ce trio infernal, aux âmes aussi perdues que leur cruauté innommable. Et la meilleure preuve de leur culpabilité a été l'arrêt des enlèvements après leur décès !

M. Rigaud venait à peine de quitter son bureau que Vincent prenait attache téléphonique avec l'IML de Montpellier. Après expertise des ossements retrouvés au fond du lac, le légiste s'était prononcé sur la tranche d'âge de la victime, estimée entre quarante et cinquante ans.

49

En sortant de la gendarmerie, Vincent croisa sur le parking l'experte en psycho-criminologie de la cellule DiANE. Avec son look de bonne sœur, sa coupe de cheveux à la Mireille Mathieu, elle semblait parachutée des années 70. D'un geste de la main, il la salua avant de l'approcher :

— Je vous croyais partie depuis un moment ?

— J'ai joué les prolongations, répondit-elle, le sourire éclatant. J'ai profité de prendre quelques jours pour aller voir mes parents qui sont en vacances à Saint-Cyprien. Et là, je regroupe enfin mes affaires pour remonter à Nanterre.

La spécialiste du crime fourrait pêle-mêle ses cartons dans le coffre de son véhicule qui semblait bien trop petit. Le capitaine l'observait, hésitant, ne sachant pas comment aborder le sujet qui le préoccupait. Au moment où elle referma tant bien que mal son coffre, avant que la criminologue ne lui glisse entre les mains, il se lança et posa une des questions qui lui brûlait les lèvres :

— Dites-moi, je m'étais entretenu avec la lieutenante-colonelle Privat… Elle m'avait détaillé les personnalités complexes de Rodriguez et Sanchez, mais avant son départ, je n'ai pas réussi à savoir si votre cellule avait déterminé le mobile de ces enlèvements ?

— Bien entendu. En se basant notamment sur leur profil psychologique. Et il va sans dire que nous avions affaire à deux frustrés de la vie. L'un hyper violent et l'autre sans doute impuissant.

Vincent inclina la tête, le regard rivé sur le sol. Il se frotta le bas du visage et se permit de développer en abondant dans son sens :

— Rodriguez qui réprimait en journée sa violence mais l'extériorisait le soir en rentrant à son domicile, en se défoulant sur son épouse, et Sanchez, le loup solitaire qui n'a jamais fondé de foyer…

— Oui, deux êtres perturbés, sans doute par une enfance difficile, qui n'ont jamais su s'intégrer réellement dans le système imposé par la société. Même l'armée n'a pas réussi à leur définir un cadre ni leur apporter les bases fondamentales d'un équilibre. Et si Rodriguez donnait l'apparence de quelqu'un de normal, il restait profondément meurtri.

Il attendait patiemment que l'experte lui délivre le fameux mobile. La psychologue se prononça enfin, expliquant que ces deux criminels chassaient, séquestraient, et fracassaient ces gamines pour des raisons obscures, propres à leur enfance, voire leur éducation. Des pères autoritaires mais des mères qui devaient l'être tout autant, voire excessives, en prenant leur rôle très à cœur pour ne pas décevoir leurs époux. Elles ne laissaient aucun répit à leur fils respectif en l'absence du père, en jouant certainement du martinet ou autre objet bien plus martyrisant pour se faire entendre.

— « Entendre » ! réitéra-t-elle en s'appuyant sur sa portière toujours ouverte. Ces femmes devaient aboyer sur leur fils, du matin au soir. Et devaient les frapper à la moindre occasion. Rodriguez et Sanchez ont dû vivre un sacré calvaire.

Son analyse illustrait à la perfection le mode opératoire et la signature des meurtres. Les bouches collées pour empêcher les victimes de parler et les sévices de la corde, propices à l'avilissement…

— Mais pourquoi s'en prendre à des filles aussi jeunes ?

— Par transfert. Tout d'abord le sexe choisi afin d'extérioriser leur haine de la Femme. Ensuite, l'âge, qui correspondait sans doute à la période de leur enfance durant laquelle ils ont le plus souffert de cette barbarie maternelle. Preuve en est que le *modus operandi* nous semblait immature, presque enfantin. Ces monstres devaient se replonger dans ce contexte, lorsqu'ils martyrisaient ces pauvres gamines, d'où ce besoin de revêtir un costume d'ours… autre traumatisme supplémentaire pour Sanchez, qui a même tenté, en vain, de le refouler en endossant plusieurs années le rôle du plantigrade à l'occasion des fêtes traditionnelles.

Le capitaine écoutait religieusement l'experte. Non pas favorisé par son accoutrement de nonne mais plutôt séduit par sa facilité d'élocution, comme si chaque mot sorti de sa bouche prêchait la bonne parole. Tout semblait si limpide maintenant. Les morceaux du puzzle s'imbriquaient parfaitement à leur place en formant une vision implacable de l'ensemble de cette affaire.

— J'espère avoir répondu à vos interrogations, capitaine ? Je vous quitte, j'ai de la route à faire !

— Dernier point avant de vous laisser partir. Il y a tout lieu de croire que les restes mortels découverts au fond de l'étang proviennent de la voisine, madame Rigaud, disparue le 2 février 1995…

— Intéressant, acquiesça la spécialiste. Nous attendions les résultats ADN pour clore ce dilemme. J'en informerai la lieutenante-colonelle Privat. Merci.

Seul sur le parking, Vincent regarda le véhicule s'éloigner, l'esprit encore dans les hautes sphères. Apaisé que cette affaire criminelle soit enfin résolue. Même si l'impuissance de Sanchez, soulevée par la criminologue, venait contrecarrer l'hypothétique relation extra-conjugale de Claudia Rodriguez évoquée par le voisin Rigaud.

Un détail qui n'a que peu d'importance au regard de son expertise dressée au cordeau. On peut toujours entrevoir un amour platonique ! Qui sait, tout est permis, se surprit-il à sourire en montant à bord de sa voiture.

Le moteur en marche, il décida de faire une halte à Trouillas, empressé d'en informer Victoire…

Enfin, si miss « j'ai la bougeotte » est chez elle !

50

— Tu es sûr de toi ? le questionna José, dubitatif face au veilleur de nuit.

Les deux hommes s'étaient donné rendez-vous au parc Sant Vicens de Perpignan. Pour côtoyer Gilles depuis deux ans, l'Espagnol doutait sérieusement de sa version des faits. Déjà parce qu'il connaissait ses penchants sadomasochistes et ses goûts particuliers envers la torture sous toutes ses formes, qui expliqueraient entre autres les nombreux hématomes sur son visage tuméfié. Ensuite à cause de ses histoires à *dormir debout* que Gilles avait l'habitude de raconter pour se faire mousser dans les bistrots. Une mythomanie, si ancrée en lui, que ses propres fantasmes devenaient à ses yeux bien réels. Raison pour laquelle cette attaque nocturne à la clinique, par une fliquette encagoulée, paraissait totalement surréaliste…

— Et si tu dis vrai, relança José, pourquoi aurait-elle agi de cette manière ?

— Pour récupérer des archives ! Et certainement des dossiers confidentiels, répondit Gilles avec un léger zézaiement dû à la déformation de sa lèvre inférieure et au gonflement de la joue.

L'Espagnol estimait ce leitmotiv insuffisant puisque la policière détenait assez de moyens légaux pour récupérer ces documents… Il laissa de côté ce dilemme afin de s'intéresser à sa préoccupation principale, car José ne se cantonnait pas à transférer les déchets radioactifs dans son pays d'origine. Il avait trouvé judicieux de ne pas rentrer *à vide* dans les P.-O. en proposant ses services à Filipo, un ami d'enfance. Ce dernier, investi dans le *go fast* en provenance du Maroc, lui avait confié l'acheminement de cannabis de Figueras à Perpignan. Rien de plus facile, en traversant la frontière par des petites voies de circulation, de surcroit en pleine nuit… Si tout se déroulait à merveille depuis le début de ces trafics, la présence de cette policière à la clinique représentait un grain de sable dans son rouage hyper bien huilé.

— Et en quoi la présence du camion l'intéressait ?

— Elle m'a juste questionné sur la nature de la cargaison. Je lui ai simplement répondu que la loi exigeait le retrait des déchets et qu'il était préférable, pour des raisons de sécurité, de circuler de nuit, eu égard aux risques encourus sur la route.

— Bien vu ! le félicita-t-il. Et tu crois qu'elle a gobé ?

Gilles hocha la tête par l'affirmative, évitant ainsi l'épreuve suprême d'ouvrir la bouche et subir une déchirure de ses chairs, encore à vif.

Après avoir demandé une dernière fois à Gilles s'il n'avait rien omis de raconter, l'Espagnol s'éloigna, le téléphone portable à la main. Le long d'une haie de lauriers roses, il appela Antonin. Deux sonneries et l'agriculteur décrocha.

— C'est moi, annonça-t-il.

— Un problème avec la livraison de cette nuit ? s'enquit Antonin, suspicieux.

Un blanc. Hésitant, José réfléchissait à la meilleure manière d'évoquer l'incident.

— Disons que l'aller-retour s'est déroulé sans encombre, mais arrivé dans les P.-O., j'ai reçu un appel du gardien de la clinique.

L'Espagnol narra les mésaventures du sadomaso et l'intérêt d'une flic, porté sur leurs marchandises.

— Une boxeuse titrée si j'en crois ce qu'il m'a raconté. Cet abruti n'était déjà pas très net, mais avec la branlée qu'elle vient de lui mettre, cette fois, ses connexions sont complètement *out* !

Antonin se souvenait avoir vu Victoire sur le parking de la clinique et une visite de sa part en pleine nuit ne présageait rien de bon. Sa présence relevait-elle d'une simple coïncidence ou s'intéressait-elle vraiment à leur trafic de déchets radioactifs ? Il s'empressa de questionner son complice.

— Apparemment, cette fouille-merde cherchait des documents confidentiels, rétorqua José.

Antonin se trouvait face à une situation pour le moins complexe. D'un côté, il ne pouvait se permettre de prendre le moindre risque et de l'autre, il lui était impossible d'interrompre le trafic sous peine de représailles de la part des mafieux perpignanais... Le meilleur moyen de se faire trancher la langue pour la donner à bouffer aux rats et finir ensuite égorgé, au fond d'une ruelle. Sanction rédhibitoire quand on ne respectait pas sa parole... L'image de ses pauvres parents à la morgue, en pleurs devant son corps, lui était insupportable.

Je ne peux pas leur imposer ça !

Restait à trouver une solution et vite, afin de régler le problème « Victoire » dans les meilleures conditions possibles.

— Écoute, reprit Antonin, il nous reste deux livraisons. Donc dans deux semaines, on a terminé et on passe à autre chose. À toi de prendre toutes les garanties et d'être hyper vigilant. Si tu remarques un truc bizarre, au moindre doute, tu abandonnes et tu files. Et dans l'expectative où cette fliquette reviendrait à la charge et constituerait un danger pour notre entreprise, on règlera le problème d'une manière plus radicale… Tant pis pour elle !

Après tout, l'affaire judiciaire dans laquelle Victoire l'avait propulsé lui donnait encore des nausées en repensant à la honte imposée à ses proches… Il n'aurait aucun remords d'orchestrer une vengeance en bonne et due forme. De toute manière, depuis la mort suspecte de Joan, leur ami en commun, il savait, en son for intérieur, que leur histoire finirait mal. Il suffisait de patienter et d'attendre le moment opportun.

Estimant avoir été aussi persuasif que possible, il s'apprêtait à raccrocher quand il se ravisa :

— Dernier point. Si jamais il t'arrivait de croiser Xavier, inutile d'aborder cet incident de parcours ! Ce serait le meilleur moyen de mettre un terme à notre trafic…

51

Le réveil de Victoire s'était révélé plus difficile que prévu. Aucune souffrance extrême vu son potentiel kinesthésique, mais un état général dévasté. Jamais un lendemain de combat de boxe n'avait engendré autant de traumatismes... Après s'être occupée de Mec pour ses besoins matinaux, elle avait pris une collation composée de fruits et de deux tartines, agrémentée d'un thé.

Une fois dans la salle de bains, elle avait volontairement évité le reflet du miroir avant de pénétrer dans la douche, puis avait laissé couler l'eau bouillante sur son corps meurtri pendant plusieurs minutes. Enveloppée ensuite dans un large pull en laine, à pied de chaussettes, elle s'était installée sur son lit, l'ordinateur posé sur ses jambes nues croisées, en attente de visualiser les dizaines de photocopies récoltées dans le bureau du psychiatre. Restait le plus dur à faire, décrypter les rapports des patients. Son nouveau casque à conduction osseuse à oreilles libres installé, elle consulta sa playlist et choisit *Texas hold 'em*, la dernière chanson country de Beyoncé. La musique avait le don de la mettre en condition, en faisant le vide autour d'elle. Dans sa bulle, sa concentration était maximale.

N'ayant pas le droit de monter sur le lit, Mec tournait tel un fauve en cage, cherchant comment se positionner au plus près de sa maîtresse. Il aimait son contact. Exaspérée de le voir insatisfait, elle lui simplifia le dilemme en s'installant sur la moquette, le dos calé contre le montant du sommier. Aux anges, le chien vint immédiatement se coller à elle puis se retourna sur le dos, les quatre pattes en l'air, en expirant un gros soupir d'apaisement. Vic pouvait enfin commencer. Elle fit défiler les dossiers en scrutant les textes sans arriver à déceler la moindre mention erronée, à cause des termes médicaux employés, incompréhensibles.

À force de feuilleter les différentes pièces, la chance finit par lui sourire, quand deux documents piquèrent sa curiosité. Le premier concernait le rapport médico-légal de l'autopsie d'Angels Rodriguez en date du 30 juillet 1999. Le haut de la feuille grisé lui rappela les couleurs des pochettes afférentes aux différents services de la clinique. Sa volonté de toutes les vérifier l'incita à étaler le tas sur la moquette devant elle, comme un peintre en bâtiment proposerait son nuancier à un client.

Jaune, rose, grise, rose, jaune, blanche, rose... Toutes les falsifications sont répertoriées par un code couleur !

Ce rapport de l'examen interne stipulait la présence de fractures et déformations osseuses non consolidées, consécutives à des chutes répétées... en totale contradiction avec celui dont elle avait eu connaissance.

Là, j'ai du mal à saisir l'intérêt de dissimuler les blessures subies par Angels ? Si les frères Baixàs, amis de la famille, ont agi ainsi, ça n'était que dans le but de la préserver d'éventuelles poursuites pour maltraitance. Comme le père était décédé, la mère avait toutes les chances d'être inquiétée...

Dubitative, Victoire resta quelques secondes face à ce rapport d'autopsie falsifié. Toutefois, en voyant le tampon du service psychiatrie, elle rouvrit la pochette.

Angels Rodriguez était la patiente du docteur Baixàs ! Pour troubles de la personnalité et suivait un traitement à base de psychotropes.

Brusquement, sans crier gare, plusieurs informations s'entre-choquèrent dans son esprit. Son cerveau tentait de les analyser et de les replacer dans un ordre bien précis. Elle commença à visualiser un schéma pragmatique qui prenait forme. À l'identique d'une bague de mise au point d'appareil photographique que l'on manipule jusqu'à l'obtention de la netteté. Même si elle s'efforçait de laisser cette information en retrait, afin de ne pas véroler sa réflexion vu son animosité à l'égard du psychiatre, elle devait admettre que son nom revenait bien trop souvent sur le devant de la scène. Elle aligna les données en sa possession, en les triant à nouveau, mais cette fois bien décidée à les reporter noir sur blanc sur une feuille :

La Bête, Stéphane Baixàs (le frère cadet du psychiatre)

Psy de Nathan Perrera, l'auteur du meurtre de sa mère (en lui arrachant le coeur pour le dévorer ensuite)

Psy d'Aurélien Piérota, l'auteur du meurtre de sa mère (l'ayant décapitée avec une machette)

Psychiatre d'Angels Rodriguez, enlevée à son domicile et retrouvée enterrée sur l'A9

Les doigts tremblants, Vic n'osait imaginer la longue liste des patients dont elle n'avait pas connaissance. Des dizaines sans doute. Face à ce constat édifiant, même en rejetant en bloc l'existence d'un éventuel lien entre toutes ces affaires criminelles, Victoire ne pouvait ignorer une certaine similitude des faits. La Bête avait sauvagement agressé et dévoré ses victimes après les avoir démembrées, les deux autres patients avaient perpétré des actes de barbarie en tuant leurs propres mères… et Angels ?…

Et si ?

Vic consulta le second document, le compte rendu de l'examen externe du corps de Rodriguez lors de son accident de la route.

« *Il est à préciser que des traces de griffures sur le cou de la victime ont été relevées sur la face antérieure au niveau de la jugulaire et en latéralité droite au niveau de la carotide. Ces griffures profondes, étrangères au choc, seraient d'origines animales.* »

— Expertise que Vincent avait réussi à décrypter malgré les corrections et la preuve formelle que Sonia disait vrai. Le légiste avait l'habitude de falsifier ses rapports ! La question était de savoir dans quel but et pour préserver qui ? Claudia, la mère ? Ou sa fille Angels ?

La sonnette s'activa, affolant Mec. Il bondit de sa position, les oreilles droites, le regard affûté et la gueule ouverte, en attente d'instructions. Un petit coup d'œil à la vitre lui indiqua que Vincent attendait devant le portail.

Quand on parle du loup ! sourit-elle, satisfaite de pouvoir partager ses réflexions.

Elle déclencha le portier-villa et descendit lui ouvrir. Le face-à-face fut assourdissant.

— Bordel, Vic ! s'écria-t-il en découvrant l'état désastreux de son visage. T'es passée sous un train ?

Estomaqué par cette vision cauchemardesque, il resta bouche bée.

Le contour bleui de ses yeux, intensifié et uniformisé, lui dessinait une paire de lunettes imaginaire. L'arcade sourcilière, gonflée, masquait partiellement le haut de son orbite, et deux bosses sur le front ainsi que trois ecchymoses sur les joues et la mâchoire viraient au violet. Un spectacle si édifiant que Vic ressemblait à s'y méprendre à *Elephant Man*.

— Blague à part, qui t'a fait ça ?

— J'ai repris l'entraînement hier soir, consentit-elle à répondre, consciente que son mensonge éhonté tomberait vite à l'eau.

Elle fit entrer Vincent qui, visiblement, ne croyait pas à sa version des faits. En bon gendarme expérimenté, il la titilla pour sonder le vrai du faux :

— C'est quand même bizarre. En général, on reprend doucement les entraînements... Et au lieu de ça, ton *sparring partner* t'a mis une tête comme un compteur à gaz. Soit, il est urgent de changer de coach, soit tu me racontes encore des conneries. Et te connaissant, j'aurais plutôt tendance à pencher pour la seconde version.

Acculée dans les cordes, en bonne championne des rings, elle esquiva en l'entraînant dans sa salle à manger. Vincent découvrit la fresque murale avec un étonnement non dissimulé.

— Je vois que quand tu bosses sur un dossier, tu mets le paquet ! apprécia-t-il, admiratif.

Positionnée devant sa source de travail quotidien, Victoire ne boudait pas son plaisir d'avoir réussi sa diversion. Ayant capté l'attention de son ami, elle enchaina :

— Tu sais, depuis la réouverture de cette enquête, un truc me chiffonnait...

Comme un relent désagréable qui la poursuivait et lui collait aux basques, sans réussir à l'identifier, aussi tenace que l'odeur de putréfaction après une autopsie qui traversait les vêtements et finissait par imprégner la peau. Elle venait seulement de percuter, à l'instant, en repensant aux différents éléments énoncés par Véronique, son amie bibliothécaire. Cette affaire lui semblait familière tout simplement parce qu'elle lui rappelait l'enquête menée trois ans en arrière, lors de son retour dans les P.O. Celle impliquant ce pauvre gamin, différent, que sa famille avait renié, y compris ses deux frères médecins, obligeant leur père à s'expatrier et à l'élever comme une Bête, enchaînée à un pieu dans son enclos.

— La similitude de ces deux gosses malmenés par la vie vient de me sauter aux yeux ! Angels aussi était devenue une apatride au sein de son foyer, pour les mêmes raisons que la Bête. Asociale, violente, atteinte de troubles de la personnalité…

Des symptômes qui avaient favorisé la préférence de ses parents envers Prescillia, sa sœur cadette. Une fois cet état de fait intégré, Angels avait choisi elle-même de s'isoler en quittant son domicile et en vivant dans la cabane de Sanchez, sans doute parce qu'elle se sentait plus proche de son père biologique…

— N'allons pas trop vite en besogne, rien ne l'atteste pour le moment, tempéra Vincent. Néanmoins, c'est marrant que ton analyse t'aiguille dans cette direction, car figure-toi que la femme de Rigaud, le voisin, l'avait surprise à l'époque, déguisée en ours et jouant avec une corde près de sa cabane.

Victoire opina du chef, les lèvres pincées. Cela ne faisait que confirmer ce qu'elle supputait.

— Tu penses qu'elle aurait pu faire du mal aux gamines enlevées par le binôme Rodriguez-Sanchez ? suggéra-t-il. Et qu'on se serait plantés ?

À partir des documents fournis par Véronique lors de la dernière affaire de la Bête, Victoire avait envisagé l'appartenance à une mouvance sectaire, eu égard aux enlèvements et aux meurtres ayant des similitudes avec des rites païens et des sacrifices humains. Par analogie, ici, tout le laissait également paraître : victimes parées d'aubes blanches, mausolée avec bougies et photographie du Dieu mi-homme mi-ours. Des signes qui ne trompaient pas sur une croyance religieuse…

— Je pense à quelque chose de beaucoup plus machiavélique, du genre trio criminel. Les mouvances satanistes se multipliant dans les années 90, ces trois êtres malmenés par la vie et perturbés correspondaient tout à fait au profil de leurs adeptes… et capables de se laisser endoctriner. Soit par fanatisme, en quête d'un monde meilleur, soit par dévouement absolu, en adoration pour un hypothétique Diable, ayant l'apparence d'un Ours.

— Pourtant on l'assimile plus souvent à un bouc, non ?

— Oui, dans sa forme la plus répandue. Toutefois, au fil des siècles, son image a évolué, et selon les coutumes, les déviances sectaires ou païennes, certains illuminés lui confèrent une apparence différente en fonction de leur croyance. Tout est possible.

Le regard de la policière épousa la fresque murale et se noya dans la multitude de fiches et de notes. Une plongée dans les ténèbres, dans les tréfonds de l'âme humaine. Une brève étincelle de lucidité la ramena dans le monde des vivants. Elle termina son laïus :

— Et j'entrevois une répartition des rôles d'une noirceur affligeante. Sanchez en rabatteur, Angels en exécutrice et Rodriguez en fossoyeur… puisqu'il avait toutes les cartes en main pour inhumer les corps sur les lieux des travaux de l'autoroute A9 !

Consterné, Vincent resta de marbre, assailli par une question encore en suspens.

— Et tu as trouvé pourquoi ils avaient choisi ces gamines en particulier ?

— Oui et non. Si leur participation au challenge du Centenaire de la Révolution ne fait aucun doute et unissait toutes ces victimes, en revanche, je ne sais toujours pas ce qu'elles ont fait pour mériter une telle barbarie… J'ai encore besoin de quelques données supplémentaires pour le déterminer. Et la seule en capacité de m'éclairer est Sonia.

— Sonia ?

— Oui, l'une des rescapées dont je t'ai parlé.

— Mais je ne savais pas que tu l'avais déjà rencontrée ? s'offusqua Vincent qui avait la sensation d'être largué.

Vic l'enlaça et l'amadoua en l'embrassant sur la joue avec tendresse.

— J'allais le faire, t'inquiète… L'essentiel est d'avancer, non ? dit-elle, un sourire jusqu'aux oreilles agrémenté d'un clin d'œil appuyé.

Elle décrocha son casque audio, puis saisit son téléphone portable et composa le numéro de Sonia. Pendant que les sonneries s'enchainaient, elle continuait à raisonner à voix haute pour en faire profiter Vincent :

— On a le dénominateur commun, et si on arrive à trouver leur mobile, on comprendra les raisons de l'implosion de leur trio criminel. Car il nous manque toujours cet élément déclencheur qui les a poussés à s'entretuer…

— Ce qui expliquerait les morts accidentelles et successives de Sanchez et Rodriguez, suivies de l'enlèvement d'Angels, approuva le capitaine de manière à manifester son intérêt.

— Un faux accident de braconnage, un accident de voiture avec un rapport médico-légal falsifié, et un enlèvement qui n'en était certainement pas un !

Devant l'impossibilité de la joindre, la policière se résolut à contacter la mère mais essuya plusieurs échecs également.

Étonnée, elle décida de faire un saut à son domicile à Llupia, à quelques kilomètres de chez elle.

Au moment de monter dans sa voiture, Vincent proposa de l'accompagner avec son véhicule de fonction. Toute contente de ne pas s'y rendre seule, elle lui sauta sur le dos et l'embrassa dans le cou. Une habitude qui rappelait leur complicité d'adolescents…

— T'es trop chou ! le remercia-t-elle, au moment de remarquer une présence au portail.

Tapie dans l'ombre de la haie végétale, une silhouette observait la scène. Vic retrouva la terre ferme, un peu gênée par son comportement. Quand l'individu s'avança dans la lumière, elle reconnut Jérôme. Tout penaud, il expliqua l'objet de sa visite :

— J'étais sorti du boulot un peu en avance, alors avant de me rendre à mon cours de CrossFit, je m'étais dit qu'on aurait pu bavarder un peu… Je vois que je tombe mal.

— Désolé, mais là, on est sur le grill avec notre affaire, rétorqua Victoire de but en blanc. On part chez un témoin et c'est hyper important. Je te présente Vincent, un ami d'enfance.

Son air circonspect l'obligea à développer afin d'endiguer le tsunami en train de ravager son esprit :

— Aucune inquiétude à avoir, il est homo, marié et ils comptent même adopter prochainement un bébé ! balança-t-elle d'un bloc, avec un naturel qui frisait l'impertinence.

Elle ferma le portail à clé et détourna les talons en direction du véhicule de gendarmerie stationné dans la rue, laissant Jérôme en plan devant la clôture. Elle le salua d'un signe de la main :

— Je t'appelle au plus vite et on se fait une petite bouffe ! Bises…

52

— Bonsoir madame Régeant, je vous présente le capitaine Vincent Llambias de la gendarmerie de Thuir. Désolée de vous déranger, mais Sonia ne répond pas à mes appels et je n'arrivais pas non plus à vous joindre…

— Me concernant, c'est normal, ils sont en train de nous installer la fibre sur la commune, prétexta-t-elle. Toutes les lignes sont en dérangement ! Quant à ma fille, dit-elle en consultant sa montre, à cette heure, elle doit être en réunion. Que puis-je faire pour vous ?

Victoire marqua une pause, le temps de trouver le bon angle. En se basant sur le minimum d'indices en sa possession, elle tenta un coup de bluff :

— Votre fille et vous-même avez omis d'évoquer un fait qui, pourtant, pouvait s'avérer capital pour notre affaire. En rapport direct avec Angels. Du danger potentiel qu'elle représentait. Je me trompe ?

Avec l'expérience, Vic savait quand une de ses questions faisait mouche. En l'occurrence, le voile de culpabilité qui masqua le visage de madame Régeant confirmait qu'elle venait de toucher la corde sensible. Ce poids bien trop lourd à supporter sur ses frêles épaules, la mère de Sonia abdiqua immédiatement. Dans un premier temps, elle les invita à entrer, puis, une fois les enquêteurs installés dans le salon, elle admit, à contrecœur, s'être rangée à la volonté de sa fille.

— Comprenez-moi. Si elle ne faisait pas le premier pas, il était inconcevable de le faire à sa place. En réalité, même si le Mal s'est évaporé voilà 27 ans, Sonia pense que son spectre, lui, est toujours latent, prêt à resurgir à tout moment ! Pour vous dire, elle a fait une croix sur son rêve de fonder une famille, de peur qu'il arrive malheur à ses enfants…

Une déclaration teintée d'une telle gravité qu'elle faisait froid dans le dos. Vic réalisa à la teneur de ses propos l'étendue de l'effroi engendrée par sa tentative d'enlèvement. Ces psychopathes avaient distillé tant d'horreur sur leur parcours criminel que trente ans plus tard, la fillette devenue femme restait encore aujourd'hui traumatisée. Elle l'incita à poursuivre en lui témoignant sa compassion :

— Pour avoir vécu le même drame, je sais ce que Sonia a traversé. Et les cauchemars qui doivent hanter ses nuits, peuplés de criminels…

— Détrompez-vous, recadra la mère. Il ne s'agit pas de Rodriguez ni de Sanchez, mais bien d'Angels. C'est elle qui faisait régner la terreur. Nos gamines la décrivaient comme le Mal incarné.

Victoire se retint de sauter au plafond. Elle engrangea sa satisfaction au plus profond d'elle-même pour ne rien laisser transpirer mais son corps bouillonnait intérieurement. Elle avait vu juste !

De son côté, madame Régeant s'était arrêtée, le temps de reprendre le contrôle. L'émotion à fleur de peau, palpable à chacune de ses phrases, sa voix déraillait tant elle tremblait à l'évocation de cette terrible période. Après une grande inspiration, elle poursuivit :

— Je ne sais pas si vous pouvez vous en rendre compte, mais à l'époque, toutes les fillettes avaient peur de s'endormir… terrorisée à l'idée de se faire enlever dans leur sommeil. Sonia, encore pire que les autres, au regard de ce qu'elle avait vécu. Elle croyait dur comme fer qu'Angels reviendrait la chercher…

Si Vincent, assis confortablement dans le canapé en cuir, n'avait pas réagi à cette accusation caractérisée, Victoire ne put contenir sa surprise, désireuse de clarifier la situation :

— Sonia était sûre d'elle à l'époque ? C'était Angels qui enlevait les fillettes ?

— Sans aucun doute, confirma la mère. Cette gamine était le Diable en personne. Et elle avait reconnu son regard terrifiant, la nuit de son enlèvement. Malgré le grimage de son visage, elle ne pouvait se tromper. Un tel regard ne s'oublie pas. Selon ses propres mots, « *il vous transperce pour atteindre votre âme !* » Attendez, je vais vous montrer, vous allez tout de suite comprendre, les fit-elle patienter le temps de quitter la pièce.

Une minute à peine et elle réapparut, une grande photographie entre les mains. Vu la mauvaise qualité de l'article du journal, la mère de Sonia avait retrouvé un autre cliché en couleurs, offert à chaque lauréate par la DDJS[27] des Pyrénées-Orientales à l'occasion de la sortie organisée en leur honneur. Victoire identifia chaque victime et reconnut même le visage de Sonia. Elle découvrit celui de Prescillia, à côté de l'accompagnatrice, et s'interrogea de la présence d'une adolescente de l'autre côté, à l'écart du groupe.

27. Direction Départementale de la Jeunesse et des Sports.

— C'est Angels !

Le physique de l'adolescente, âgée de 14 ans, était largement supérieur à celui des fillettes. Et si elles arboraient des sourires enjoués, Angels, elle, semblait en colère. Le visage incliné, fermé, ses yeux chargés de noirceur crevaient l'objectif, comme si elle fustigeait le photographe avec une envie inexorable de l'étriper. Son accoutrement négligé et sa chevelure en bataille lui donnaient un aspect de clocharde, voire de marginale. En résumé, elle impressionnait. Pire, elle faisait peur.

— Vous comprenez maintenant ?

— Oui, elle est terrifiante ! Toutefois, je ne comprends toujours pas pourquoi aucune des familles n'a fait remonter à la gendarmerie ses soupçons à l'égard d'Angels !

Madame Régeant baissa la tête, le regard fuyant. Toujours cette même expression d'aveu de faiblesse. Percluse de remords, elle releva son visage attristé.

— Aucune famille ne se connaissait, ni même une seule de nos filles. Il a fallu quelque temps avant de réaliser que les victimes de ces enlèvements faisaient partie des lauréates du Challenge, se dédouana madame Régeant.

Son cœur s'emballait et le souffle court l'obligea à stopper ses explications. Le temps de prendre une profonde respiration, elle poursuivit :

— Comme Sonia n'apparaissait pas dans le dossier, c'est nous qui avons percuté les premiers à l'annonce de la disparition de Clara et Anaïs. Après avoir contacté leurs parents, nous avions pris la décision d'en informer les enquêteurs en fin août 1993, au retour des Rosa… mais leur accident a refroidi tout le monde.

Anéantis par la disparition de leur fille, le couple avait décidé de s'éloigner des Aspres pour s'isoler dans leur résidence secondaire, un chalet proche de Font Romeu. Trois jours après leur arrivée, les Rosa décédaient dans un incendie, déclaré la nuit, dont l'origine était restée indéterminée. Personne n'avait cru à cette version des faits.

— Nous avons tous interprété cet « accident » comme un avertissement, du style : « *Si vous parlez, vous serez les suivants !* » s'écria madame Régeant. Voilà pourquoi plus aucun parent n'a osé prononcé le prénom d'Angels, suite à ce drame !

Sa déclaration faisait écho à celle du voisin Rigaud, recueillie par Vincent, qui relatait la même peur viscérale à l'égard d'Angels.

— Une omerta tout à fait compréhensible, admit Vic qui imaginait l'inquiétude des parents à l'époque. Et sinon, vous aviez réussi à déterminer pourquoi Angels éprouvait tant de haine envers vos filles ? Et pourquoi uniquement des lauréates de ce challenge ?

— Tout bonnement parce qu'elles représentaient « le savoir », ce dont elle était dépourvue. Par sa faute, soit dit en passant, puisqu'elle avait abandonné le système scolaire de son propre chef.

Les propos de Véronique refirent surface, plus précisément le conte de Jan de l'Os et sa « différence » ne lui permettant pas de suivre des études. S'ensuivirent les images des corps frêles des victimes, des fragments et de leurs restes mortels, à l'IML de Montpellier, qui défilèrent. Celle en particulier de la momie, dont la bouche avait été scellée par de la résine.

— C'est ce qui l'aurait incitée à coller leurs lèvres ? l'interrogea-t-elle.

— Moyen primitif de renverser le rapport de force, de les dominer, en les empêchant de s'exprimer. Angels était la fille prodige de la maison jusqu'au 8 ans de sa sœur, jour où elle est rentrée de l'école avec des résultats supérieurs aux siens. Même si la mère temporisait, Angels s'est vue brusquement reléguée au second plan derrière Prescillia, devenue le centre d'intérêt de son paternel.

— 8 ans ? réagit Vic.

— Oui, en 1989, l'année où elle fut lauréate du challenge pour le Centenaire de la Révolution.

— Et un an plus tard, en 1990, Agnès, âgée de neuf ans, décédait dans un accident après une tentative d'enlèvement sur l'aire de repos du Village Catalan ! percuta la policière.

Ses cellules grises s'agitèrent dans tous les sens, à le recherche d'une connexion, et sa réflexion finit par aboutir à une solution pragmatique : tentative d'enlèvement de Sonia âgée de dix ans, en 1991, Clara en 1992, onze ans, puis Anaïs en 1993, douze ans…

— Mais oui ! Si les victimes avaient un an de plus à chaque enlèvement, c'est parce que leur âge correspondait à celui de sa sœur Prescillia devenue sa rivale. L'adversaire à éliminer ! Comment ai-je pu passer à côté d'une telle évidence ? se blâma-t-elle, amère.

Enjouée par sa trouvaille, Vic se tourna vers son ami qui, avachi dans le canapé, semblait apprécier le spectacle qui se déroulait sous ses yeux. Assoupi et abattu par son traitement médicamenteux, il récoltait le fruit de son dur labeur sans bouger un cil. Elle ne put s'empêcher de lui faire remarquer :

— Ça va, pas trop compliquée ta *life* ? Surtout ne t'endors pas, tu risquerais de rater un épisode !

Vexé de se faire rembarrer, il montra les crocs :

— Oh, t'es pas gonflée. Tu traces ta route et tu mènes la danse sans te soucier de mon avis, alors je t'écoute… que faire de plus !

Les yeux levés au plafond d'exaspération, Vic lui décrocha une mimique de gamine dont elle avait le secret. Satisfaite de son entrevue et des avancées notoires de l'enquête, elle opta pour rester sur une bonne note au lieu de s'encanailler avec Vincent. D'un bond, elle s'éjecta du canapé et se redressa sur ses appuis. Elle s'apprêtait à rendre la photographie à la mère de Sonia quand Vincent se réveilla :

— Vous nous avez bien dit que ce cliché avait été offert aux parents suite à une journée organisée par la DDJS en l'honneur des lauréates ? s'enquit-il, avant de renchérir après le hochement de tête de madame Régeant. Dans ces conditions, que faisait Angels sur cette photographie ?

Victoire resta scotchée par la pertinence de sa question.

— Tout simplement parce que cette journée avait été orchestrée par cette dame, ici, désigna-t-elle l'accompagnatrice, qui n'est autre que Claudia, la mère des deux filles Rodriguez. Elle ne se séparait jamais de son aînée.

Les deux amis s'échangèrent un regard complice. La même idée en tête, Vincent ouvrit le bal :

— Comme par hasard, la mère travaillait à la DDJS, service qui s'occupe de répertorier les centres de vacances et de délivrer toutes les autorisations nécessaires aux associations pour l'organisation de nuitées ou de séjours prolongés…

— Ce qui facilitait les recherches des centres fréquentés par les victimes, ajouta Vic. Il suffisait de consulter les listings et en fonction des dates et lieux, de trouver la gamine ciblée…

Elle laissa le temps à chacun d'analyser cette avalanche d'informations qui les éclairait sur les moyens dont disposaient les criminels pour parfaire leur mode opératoire. Non pas un trio comme elle l'avait envisagé mais un quatuor de psychopathes.

— Et cette sortie remonte à quand exactement ?

— De mémoire à février 90, juste après le challenge de fin d'année 89, répondit la mère de Sonia en retournant la photographie pour vérifier. Le samedi 3 février exactement, précisa-t-elle. Le lendemain de la Chandeleur et le début de la fête de l'Ours…

La réplique de madame Régeant jeta un froid glacial dans la pièce. Cette révélation retourna le cerveau des deux enquêteurs, en affolant leurs signaux d'alerte.

Les yeux fermés, Victoire s'enferma dans sa bulle pour mieux raisonner. Le mois de février ravivait le souvenir de l'inhumation des victimes, datée grâce au pollen du mimosa prélevé sur les corps et dans les sépultures. La fête de l'ours faisait référence à la participation de Sanchez à cette manifestation, au déguisement d'Angels, aux griffes sur les membres des fillettes et dans le cou de Rodriguez… Nul doute que cette journée représentait la pierre angulaire de cette affaire. L'élément déclencheur qui avait propulsé toutes ces participantes dans l'horreur !

— Et que s'est-il passé ce jour en question ? continua d'interroger Victoire, tel un pitbull, mâchoire fermée, qui ne comptait pas lâcher sa proie.

— Une chute malencontreuse. Les troubadours de la fête se sont jetés sur les jeunes filles, comme ils le font à chaque fois pour simuler leur enlèvement. Après une course-poursuite, l'ours avait réussi à attraper deux lauréates pour les mâchurer, en les barbouillant de suie et de suif, mais selon les témoignages la scène ressemblait plus à une agression qu'à une simple plaisanterie, incitant toutes les gamines apeurées, à se réfugier derrière leur accompagnatrice…

— Et ? activa Vincent, empressé d'apprendre comment cette épreuve s'était terminée.

— Sous la poussée de l'ours et de ses acolytes, coincées par les fillettes, Mme Rodriguez et Angels sont passées par-dessus le parapet et se sont écrasées quatre mètres plus bas sur les pavés… Si la gamine s'en est sortie sans trop de dommage, sa mère en revanche s'est fait plusieurs fractures, du crâne et des membres. Plongée dans le coma plusieurs jours, elle est restée handicapée au niveau d'une jambe…

Madame Régeant venait de leur servir sur un plateau, les raisons des tortures infligées aux victimes, avec le supplice de la corde, des chutes provoquées et des blessures infligées… Habits blancs des barbiers, rasage à la hache, l'utilisation de suie et l'offrande en guise de sacrifice, tout correspondait à la perfection avec cette fête traditionnelle de l'ours du Haut-Vallespir. Mis à part qu'en tentant de reproduire ce drame, l'esprit dérangé d'Angels inversait totalement les rôles. Elle, endossait celui de l'ours, en imposant son autorité, traumatisant physiquement et psychologiquement ses victimes séquestrées avant de les donner en offrande à son Dieu.

53

Dans le véhicule, en quittant Llupia, Victoire tenta de convaincre son ami de l'accompagner chez Prescillia Gomez. Vincent la rabroua sans ménagement :

— Il est hors de question de se pointer chez la députée ! Rien ne justifie d'aller la déranger à son domicile, et encore moins à cette heure.

Il donna deux coups de volant, vira à droite pour sortir du village et une fois sur la départementale en direction de Trouillas, il renchérit :

— Et puis quel intérêt, maintenant ? Tu viens d'obtenir toutes les réponses à tes questions… Les Disparues ont été retrouvées, rendues aux familles, et on a résolu l'enquête. Et quand bien même il y aurait encore quelque chose à gratter, toutes les personnes impliquées dans cette affaire sont décédées, donc fin de l'histoire, on rentre chez nous, on boit un coup et on passe à autre chose !

Victoire ne partageait pas son avis.

— Désolé, mais on ne sait toujours pas pourquoi le quatuor a implosé ! Pour quelles raisons ils se seraient entretués ?

— Si on en croit le voisin, on peut envisager une histoire d'adultère là-dessous. De sérieux doutes circulaient sur la relation intime entre Sanchez et Claudia, mais qui sait, peut-être payait-elle en nature les frères Baixàs en contrepartie de leurs falsifications… Va savoir !

— Justement, non. Ce dilemme nous taraudera le cerveau pendant des années sans avoir le fin mot de l'histoire !

Soudain, la radio du véhicule s'interposa dans leur débat. L'appel concernait l'intervention de la brigade territoriale sur les lieux d'un meurtre commis sur la commune de Tresserre.

« Interpellation d'un adulte, âgé de vingt-cinq ans, auteur du meurtre de sa mère à l'aide d'un couteau de boucher. Après l'avoir démembrée à la scie dans la baignoire de la salle de bains, il a entreposé les fragments de corps dans des sacs poubelle, ventilés un peu partout dans les pièces, dans le frigo, le four et le congélateur. Lors de notre arrivée, il était assis dans la salle à manger et mordait un bras à pleines dents comme s'il s'agissait d'une cuisse de poulet… »

Le message transmis plomba brutalement l'atmosphère de l'habitacle. Les deux amis observèrent le silence dans l'attente de plus de renseignements. Vu l'ampleur de l'affaire, Vincent décida de déposer son amie sur le trajet avant de rejoindre ses effectifs.

Quelques minutes plus tard, alors que Victoire descendait de voiture, les primo-intervenants transmettaient des renseignements complémentaires.

« Heure tardive, Clinique de Thuir fermée. Conduite du dénommé Patrick Aguilar à l'hôpital de Perpignan pour une expertise psychiatrique sur instructions parquet… »

Vincent décolla de Trouillas sur les chapeaux de roue, gyro-deux-tons en alerte maximale, direction la scène de crime à Tresserre. La nuit promettait d'être longue.

Victoire, l'esprit obnubilé par un détail, resta plusieurs secondes, le regard absent, braqué sur le véhicule de gendarmerie en train de s'enfoncer dans les ténèbres, illuminant sa traversée d'un bleu intermittent.

Fils qui tue sa mère. Circonstances particulièrement atroces. Auteur présentant des troubles psychiatriques... Patrick Aguilar... Ce nom me parle ! Mais à quelle occasion aurais-je pu croiser cette identité ? Je sais juste que c'est récent !

Elle fila dans le pavillon, monta à l'étage et le temps de saluer Mec, positionné en barrage en quête de son baiser sur le museau, elle finit par forcer le passage. Postée debout devant les photocopies des rapports falsifiés étalées sur le sol, elle laissa libre cours à son inspiration. La vue d'ensemble l'aida à détecter un dossier épais, mis de côté, qu'elle n'avait pas encore eu le temps d'étudier. La première page se présentait sous forme d'un tableau et le premier nom qui y figurait était Aguilar Patrick.

Bingo !

Elle ramassa le dossier comportant plusieurs feuilles agrafées et son index défilant, parcourut les noms classés par ordre alphabétique. Si la majorité lui était inconnue, certaines identités réveillèrent son instinct policier. Aguilar, Perrera, Piérota, Rodriguez... avec par colonne, des dates et des noms de médicaments, benzodiazépines, neuroleptiques, traitement aigu pour comportement agressif et impulsif, antidépresseurs, antiépileptiques thymorégulateurs, lithium pour une pharmacothérapie chronique... La feuille suivante répertoriait des approches curatives, que ce soit l'électroconvulsivothérapie, la psychochirurgie ou la prise en charge psychothérapeutique, combinée à une approche type comportementale de style thérapie communautaire...

Comme d'habitude, du charabia ! fulmina Vic. *Mais en tout état de cause, ce document atteste que tous ces malades du ciboulot sont passés entre les mains du psy Baixàs. Et tous ont tué, preuve que...*

Elle stoppa son analyse au moment où son regard se posa sur la ligne Rodriguez. En 1997 lorsque la psychothérapie d'Angels s'était arrêtée après son enlèvement, celui de Prescillia avait commencé... et continuait encore aujourd'hui !

Preuve que cette famille représentait un foyer de perturbés ! Je comprends mieux l'envoi de son courrier menaçant à Sonia lors de son retour dans les P.O. Prescilia voulait éviter que son passé ne resurgisse et que ses électeurs apprennent ses problèmes psychiatriques...

Bien qu'une différence flagrante apparaissait dans le tableau. Baixàs appréciait tant les codes couleurs que les colonnes de la députée bénéficiaient de vert depuis l'année 2016. À la différence des autres patients où l'orange et le rouge remplissaient la majorité des autres cases.

La thérapie de Prescillia a porté ses fruits, le psy a sans doute réussi à la « stabiliser ». Ce qui est de bon augure pour ses administrés !

Ces révélations ne faisaient que conforter son besoin de rencontrer Prescillia Gomez. Elle voulait mettre un terme à cette affaire des Disparues de l'A9 mais se refusait à enterrer définitivement le dossier sans avoir percé à jour le point nébuleux de cette discorde au sein du quatuor.

Il lui fallut moins d'un quart d'heure de recherches sur les réseaux sociaux pour déterminer la commune de la mairesse dans le Fenouillèdes, ayant la particularité d'être un territoire de langue occitane, le seul du département des Pyrénées-Orientales à ne pas faire partie de la Catalogne du Nord.

Une demi-heure plus tard, la Clio fonça à la lumière des phares vers Millas, puis commença à grimper dans le noir absolu sur les routes escarpées contournant le domaine de Força Réal. Une fois le Col de la Bataille franchi, puis longé le ravin de Caladroy avec ses lacets sinueux, elle débarqua enfin à Estagel, heureuse de retrouver quelques lumières et un peu d'activité. En virant à gauche, elle poursuivit sa route en ligne droite sur la départementale, sous la surveillance sinistre des montagnes de chaque côté, qu'elle devinait malgré l'obscurité. La pluie inonda soudain les rues lors de sa traversée du village de Saint-Paul-de-Fenouillet. À la sortie, elle bifurqua pour entrer sur la commune de la mairesse. Ne restait plus qu'à trouver une âme charitable susceptible de lui indiquer l'adresse de Mme Gomez…

Malgré sa plaque de police, Victoire galéra pour obtenir un renseignement, car certains villageois ne désiraient pas la lui communiquer et d'autres ne la connaissaient pas… Au bout de vingt minutes, elle finit par arriver devant la magnifique clôture de la députée. Une fois la sonnette activée, les présentations faites, l'ouverture du portail se déclencha permettant à la policière de pénétrer dans la propriété. Le temps d'accéder au pavillon, Prescillia Gomez, déjà sortie, l'attendait sur le perron, juste devant son coupé sport Range Rover dont le capot renvoyait de la vapeur sous la fraîcheur de la pluie battante. Une belle blonde aux yeux difficilement identifiables, oscillant entre le vert et le marron, se postait devant elle dans une tenue moulante ô combien décontractée, tout de noir vêtue, du sweat-shirt au blue-jean et baskets. Les mains ancrées sur le parapet en fer forgé, la députée, prête à mordre, la héla avec un sens de l'hospitalité déconcertant :

— La police chez moi ! À cette heure ? Ça doit relever d'une urgence vitale !

Son accueil censé impressionner la policière fut comparable à un coup d'épée dans l'eau car il en fallait beaucoup plus pour réfréner les ardeurs de Victoire. Même si elle venait d'être légèrement refroidie, elle s'interdisait de le laisser paraître et reprit le contrôle dans la foulée, sur un ton à la fois solennel et déterminé :

— Bonsoir madame Gomez ! Désolée effectivement de vous déranger à cette heure tardive, mais je n'avais pas le choix… La découverte de plusieurs victimes nous amène à envisager l'implication de votre famille dans leurs enlèvements, leurs séquestrations et leurs morts.

Si elle s'attendait à inverser la tendance en reprenant l'ascendant psychologique par son entrée en matière fracassante, Vic avait sous-estimé la députée.

— Il me semble que c'est la gendarmerie qui est chargée de ce dossier… Une cellule du pôle *Cold case* de Nanterre, si je ne m'abuse. Alors en quoi la police serait concernée ? Rappelez-moi votre nom ?

— Rhéexas. OPJ Victoire Rhéexas. Effectivement, c'est bien la cellule DiANE qui gère l'affaire des Disparues de l'A9, et moi j'enquête en parallèle sur le suivi thérapeutique de votre soeur Angels, prodigué par le psychiatre Baixàs… qui, pour ne rien vous cacher est actuellement en très mauvaise posture, vu les meurtres commis par plusieurs de ses patients. D'ailleurs, si mes renseignements sont exacts, il était non seulement l'ami de vos parents mais également votre thérapeute depuis 1997…

La policière marqua une pause, permettant à son interlocutrice d'analyser ses propos. Puis, elle porta l'estocade :

— Alors, j'entends votre surprise de me voir débarquer chez vous mais je pensais, à tort visiblement, qu'un entretien informel aurait été plus judicieux qu'une convocation officielle au commissariat de Perpignan. Si vous préférez, je vous auditionnerai en bonne et due forme demain, à mon bureau, bluffa-t-elle en détournant les talons, ça ne me pose aucun prob…

Touchée, Prescillia Gomez l'interrompit :

— Non, vous avez eu raison de venir chez moi ce soir. Veuillez m'excuser pour la manière cavalière avec laquelle je vous ai accueillie et entrez, nous allons discuter entre gens civilisés, l'invita-t-elle à pénétrer dans le hall d'un geste de la main.

Le mas provençal, de construction traditionnelle, typique de la région, était érigé sur deux étages. Si l'édifice datait du siècle dernier, des travaux récents avaient apporté un vent de fraîcheur contemporaine, agrémentée par une décoration et un mobilier aux couleurs modernes. À peine entrée, Victoire fut impressionnée par les dimensions des pièces. Rien que le vestibule représentait la surface de sa salle à manger. La maîtresse de maison la précéda dans le couloir qui les conduisit à la salle à manger, donnant sur une gigantesque terrasse où les lumières ténues éclairaient la piscine en arrière-plan, au milieu d'un parc végétal sombre à souhait. Elles s'installèrent face à face, dans les deux énormes fauteuils de ministre du salon. Vic prit soin de rester au bord du coussin, de peur de se faire *avaler* par l'immensité de l'assise. Lorsque madame Gomez planta ses yeux dans ceux de la policière, elle remarqua ses lentilles de contact colorées, qui lui donnaient un regard inquiétant.

— Je vous offre quelque chose avant de commencer ?

— Non, je vous remercie, déclina la policière d'un signe de la main. Je n'en ai pas pour longtemps, se justifia-t-elle en feuilletant son bloc-notes. Juste quelques précisions nécessaires à la clôture du dossier, notamment à l'alliance de votre famille avec le voisin Sanchez, sa relation avec votre mère, et l'existence de cette cabane, lieu de recueillement, de prières mais surtout de sévices.

Victoire commença son laïus en expliquant sa théorie, décrivant tour à tour le rôle de Claudia détentrice des documents DDJS concernant les centres de vacances, les repérages orchestrés par son père Francisco, le rabattage par Sanchez et les tortures infligées par Angels aux victimes séquestrées.

Au lieu de se trouver consternée par les accusations de la policière, la députée se mit à rire à gorge déployée, en forçant le trait. D'une manière si excentrique que la situation s'en trouvait presque ridicule.

— Je ne sais pas où vous avez été pêcher un truc aussi farfelu, mais je dois reconnaitre que vous avez une imagination débordante !

Prescillia prit une grande inspiration, ferma les yeux, cherchant par où commencer, puis décrivit la réalité des faits. Vic attendait avec impatience de cocher dans sa tête tous les points nébuleux de son carnet de bord. D'entrée, la députée fut obligée de reconnaître les troubles psychiatriques de sa sœur, sa violence quotidienne et son décrochage du système scolaire qui n'avait fait qu'accentuer son isolement.

— Et son accident en compagnie de notre mère, lors de la fête de l'ours à Prats-de-Mollo-la-Preste, n'a fait qu'empirer les choses en la propulsant dans l'horreur. Comme si quelque chose s'était rompue en elle. Une déconnexion totale, décuplant sa noirceur d'âme. À partir de là, elle n'a plus jamais été la même, l'idée folle en tête de punir toutes les filles présentes…

1 - L'élément déclencheur.

— Mais pourquoi ? intervint Victoire. Elles n'étaient en rien responsables de ce qui était arrivé à votre mère ?

— Si on veut... J'y étais. Et je dois reconnaître que dans un premier temps, nous étions si pétrifiées par l'agression de l'ours et la violence des intervenants, que nous sommes restées figées, bien incapables de réagir et complètement mutiques. Mais dans un second temps, quand on a constaté qu'Angels se relevait, certaines ont commencé à rire. Un rire contagieux qui s'est répandu dans le groupe, du genre nerveux, à l'opposé de tout amusement et qui retranscrivait plutôt l'anxiété collective provoquée par le drame qui venait de se dérouler sous nos yeux. Le reproche principal de ma sœur qui a interprété leur réaction comme une moquerie alors qu'elle portait secours à notre mère... Quelques mois plus tard, Angels s'est lancée dans des représailles en règle. Sachant que les lauréates partaient en séjour dans le secteur chaque été, elle s'arrangeait pour récupérer les listes des enfants sur les documents DDJS des centres de vacances que notre mère avait en sa possession et partait en…

— À ce sujet, la coupa Vic, j'ai été surprise de constater que votre mère ne fasse pas le lien entre les lieux d'enlèvement et ses documents ?

Madame Gomez tiqua. Elle se frotta le menton, puisant dans ses souvenirs.

— Vous vous trompez. Je pense que maman a fait le rapprochement au second enlèvement, en 1993. Car, à partir de cette date, elle cachait ses dossiers DDJS… mais visiblement, Angels arrivait toujours à les consulter.

— Ou alors votre mère les laissait à disposition, consciente que votre sœur les utiliserait... J'imagine que quand sa fille lui a retracé l'accident, elle n'a pas dû apprécier le comportement des lauréates... Animosité exacerbée par son récent handicap.

La théorie de Victoire venait de faire mouche. La députée, gênée, tenta d'esquiver en minimisant l'implication supposée de leur mère.

— Maman aimait trop les enfants pour consentir à la vengeance d'Angels... Même si, à y réfléchir, il est vrai que son comportement avait également changé après ce drame. En partie à cause du regard des autres. Avant, les gens se retournaient sur elle pour sa beauté, alors qu'après ce terrible accident, personne ne remarquait plus sa jolie silhouette, mais uniquement sa jambe raide. Elle était si affectée que parfois je l'entendais pleurer dans sa chambre...

La députée continua son récit en expliquant que le comportement dévasté de leur mère semblait attiser et renforcer l'ardeur et la détermination de sa sœur. Chaque nuit, de sa fenêtre, Prescillia l'observait partir en chasse, le visage grimé en noir, affublée de sa peau d'ours... celle de Sanchez retaillée à son gabarit déjà impressionnant pour une adolescente de quatorze ans. Depuis sa tentative avortée en 1990 sur le parking du Village Catalan et l'échec de son premier enlèvement en juillet 1991, sa haine amplifiée la boostait à parfaire sa manière d'opérer. Parfois, quand des bruits la réveillaient en pleine nuit, elle voyait Angels revenir avec du gibier mort entre les mains ou des carcasses beaucoup plus lourdes sur ses épaules. Certains jours, elle les dévorait même crues...

2 - Zone de confort.

Prescillia avait réalisé, bien plus tard, que sa sœur, en réalité, en profitait pour s'entraîner et peaufiner son plan machiavélique en prévision de son prochain enlèvement. Douée d'un sens animal inné, sa force était décuplée par sa préparation physique, ses marches forcées et ses repérages nocturnes. Tout était calculé et nourrissait son obsession. Elle devenait de plus en plus incontrôlable. Pour tenter de calmer sa furie, Sanchez, seul autorisé à pénétrer dans sa cabane, avait répondu à ses doléances, en équipant des trappes sur chaque palier.

— En âme charitable, Pablo avait cru, comme tout le monde, que ce dispositif aurait servi à charrier des dépouilles animales… et non à infliger des tortures à des adolescentes.

— Pourtant, cela aurait dû lui mettre la puce à l'oreille puisque la cabane était édifiée sur l'ancienne citerne enfouie, contrecarra Victoire.

La députée hocha la tête en signe de négation puis trancha :

— Si Sanchez avait su, je peux vous certifier qu'il ne l'aurait jamais construite à cet endroit. Personne n'en connaissait l'existence. J'ai moi-même découvert cette réserve en lisant les journaux… Ce soi-disant récupérateur d'eau pluviale a sans doute été confectionné par l'ancien propriétaire après la plus grosse sécheresse répertoriée dans les Pyrénées-Orientales, recensée en 1973. Bien avant l'acquisition du pavillon par les parents de Pablo. Il va sans dire qu'Angels était tombée sur cette cavité par pur hasard, et s'était bien gardée d'en parler…

— Même à votre mère ? insista Vic, l'idée prégnante que Mme Rodriguez, si fusionnelle avec son aînée, soit étrangère à tous ces enlèvements.

— Allez savoir ! rétorqua madame Gomez en modifiant son assise.

De manière à éviter une autre question dérangeante de la policière, elle poursuivit en décrivant les dérives continuelles de sa sœur. Dès que les trappes avaient été opérationnelles, Angels s'était perfectionnée, telle une athlète, en s'entraînant au maniement de la corde, en hissant des cadavres d'animaux…

3 - Le mode opératoire.

— Angels terrorisait tous les membres de la famille par son comportement agressif et imprévisible. Une vraie cinglée démoniaque ! Même le docteur Baixàs se sentait démuni face à son refus catégorique d'ingérer ses médicaments.

— Mais pourquoi ne l'ont-ils pas internée ? s'interrogea Victoire, incrédule.

Le psychiatre avait déconseillé son placement d'office à l'hôpital public de Thuir, estimant que l'établissement ne disposait pas de l'équipement ni du personnel qualifié pour traiter sa pathologie. Puis en juillet 1992, Clara Coll, la première fillette, fut enlevée à Trouillas. Mais rien ne laissait supposer une quelconque culpabilité d'Angels car personne n'avait rien remarqué. Au contraire elle semblait apaisée et beaucoup moins agressive. Raison pour laquelle la famille l'avait laissée vivre dans sa cabane, de jour comme de nuit, persuadée que l'isolement et la vie au grand air lui étaient bénéfiques. Puis tout avait basculé le 2 février 1993, quand le corps sans vie de la gamine, la tête rasée, les lèvres collées, et revêtu d'une aube blanche souillée, était réapparu sur le terrain de Sanchez, près de l'étang.

— À cet instant précis, mes parents ont cru que le ciel leur tombait sur la tête. Ils réalisaient que leur fille aînée était la meurtrière de Clara. Avec une terrible décision à prendre : soit dénoncer Angels, malade psychotique, soit ne rien dire de peur de voir leur responsabilité engagée, vu sa déficience mentale ! Un choix cornélien...

L'esprit songeur, la députée baissa le regard et du bout des doigts, frotta machinalement son cuir chevelu. Ressasser les épreuves de son enfance s'avérait plus difficile que prévu. Le visage marqué, un geste de la main balaya sa frange sur le côté avant de reprendre où elle s'était arrêtée :

— À cette période, mon père travaillait sur la réfection de l'autoroute A9… alors devant le refus catégorique de ma mère de dénoncer Angels, il a trouvé judicieux d'enterrer la gamine à l'endroit des travaux, sachant que personne ne serait en mesure de la retrouver.

4 - Sépultures le long de l'autoroute.

Puis l'été suivant, Francisco Rodriguez et son ami Sanchez avaient commencé des rondes aux alentours des centres de vacances, persuadés qu'Angels réitérerait ses actes. Hélas, même en se relayant chaque nuit, ils n'avaient pas réussi à éviter le pire. En juillet 1993, Anaïs Rosa, la seconde victime était enlevée à Saint-Génis-des-Fontaines. Et ainsi de suite, chaque année, en juillet, le calvaire des rondes de nuit, l'annonce de l'enlèvement dans la presse, les recherches infructueuses dans la cabane et aux abords pour retrouver la séquestrée, et la même découverte macabre de son corps meurtri le 2 février suivant…

— Avec cette impuissance caractérisée d'assister à ce cycle infernal, cet engrenage sans fin qui se terminait à chaque fois de la même manière.

— Vous avez une idée des raisons qui poussaient Angels à agir en juillet et relâcher les corps en février ? l'interrompit la policière.

— J'imagine qu'assouvir sa vengeance à la période de son anniversaire avait un sens à ses yeux. Peut-être même une référence identitaire ou un repère biblique ? Quant au 2 février, c'est la Chandeleur, date de commencement des fêtes traditionnelles de l'ours dans le Haut-Vallespir. L'adoration devant l'effigie de son Dieu Ours et les aubes blanches revêtues par les victimes nous ont incités à penser que les corps, véritables sacrifices humains, servaient d'offrandes. Allez savoir ce qui lui passait par la tête…

5 - Fréquence et signature.

Les Rodriguez ne pouvaient plus se résoudre à vivre ainsi, la peur au ventre. Abandonnés par le milieu médical, Francisco avait pris la décision en 1997 d'attacher et de séquestrer Angels la seconde quinzaine de juillet dans le seul but de l'empêcher de nuire. Mais en se libérant de ses liens, elle avait réussi à quitter la cave du domicile parental, traquée de nuit dans les Aspres par Rodriguez et Sanchez…

Victoire ne put s'empêcher d'intervenir :

— Si je comprends bien, votre sœur arrivait toujours à ses fins ! Non seulement elle déterminait l'endroit exact où se trouvait ses proies, mais arrivait même à se libérer de ses liens… et tout ça sans la moindre aide extérieure ? Permettez-moi d'en douter !

— J'entends votre scepticisme mais croyez-moi, à l'époque, j'étais si jeune, que ma seule préoccupation était de me préserver de ma sœur. D'ailleurs, cette nuit de 97, pendant que Pablo se faisait rouer de coups par un voleur de voiture, mon père a réussi à stopper Angels au moment où elle s'apprêtait à sévir… Et devinez qui était la dernière de la liste ? Moi ! Mes parents m'avaient envoyée dans un centre pour m'éloigner et me préserver. Quand mon père l'a attrapée, elle était à deux doigts de m'enlever. La garce !

6 - Nuit charnière de 1997.

Si Victoire n'avait pas réagi à l'évocation du voleur de voiture – et pour cause puisqu'elle en connaissait l'auteur –, en outre, la seconde révélation l'avait abasourdie. Angels nourrissait une telle vengeance à l'égard de sa sœur qu'elle avait tenté de l'enlever, la même nuit où Vic avait échappé au *kidnapping* de son père. Elle préféra ne pas intervenir, laissant la députée continuer sur sa lancée, impatiente de connaître la fin de cette dramatique affaire.

À la suite de sa séquestration, Angels était devenue encore plus démoniaque, raison pour laquelle, en son absence, Francisco avait demandé à Sanchez de veiller sur sa famille, l'obligeant à accompagner Claudia sur le marché, ou dans les magasins. Source de fantasmes et de ragots sur un éventuel adultère qui s'était propagée dans les rues du village comme de la mauvaise herbe…

7 - Relation infondée entre Claudia et Sanchez.

Et un jour, Angels avait réussi à déjouer la surveillance de Sanchez. En pleine crise de démence, elle avait attaché sa sœur avant de la propulser à plusieurs reprises du haut de la cabane, lui occasionnant plusieurs fractures. Dans un état second, pourvue d'une force démesurée, personne n'avait pu la contrôler pas même leur mère qui avait osé s'interposer pour porter secours à sa fille… Suspendue à la corde, Claudia avait subi le même sort.

— Ce qui anéantit votre théorie consistant à supposer que ma mère favorisait les exactions de ma sœur ! en déduisit la députée.

— L'un n'empêche pas l'autre, rebondit Victoire. Si on part du principe qu'elles formaient un binôme criminel, Angels a certainement agi de la sorte par dépit en voyant votre mère intervenir pour vous sauver...

— Pourquoi pas. Toujours est-il que lors de notre retour de l'hôpital, mes parents se sont retrouvés face à un sacré dilemme. Ne pouvant dénoncer Angels et la livrer à la justice, au regard de leur implication dans la dissimulation de cadavres, ils devaient faire un choix entre leurs deux filles. Soit laisser faire, au risque qu'Angels finisse par me tuer, soit se débarrasser d'elle pour me laisser vivre. Sacrifier l'une pour sauver l'autre !

8 - Premier séjour à l'hôpital.

Prescillia annonça que ses parents, acculés, ayant épuisé tous les recours possibles, s'étaient vus contraints et forçés de demander à Sanchez, leur ami fidèle, de préparer un piège pour qu'Angels se blesse mortellement. Même si braconner restait son domaine de prédilection, ils avaient dû user de persévérance pour le convaincre, en insistant sur la dangerosité de leur fille devenue une véritable bête sanguinaire. Face à l'urgence vitale, Pablo avait fini par consentir à préparer un piège à sanglier, en creusant une fosse garnie de plusieurs pieux aiguisés. Mais Angels, rusée, ayant flairé le stratagème, l'avait projeté dans la cavité avant qu'il n'ait eu le temps d'agir. Selon le légiste Baixàs, Sanchez, transpercé de part en part, aurait agonisé pendant de nombreuses heures…

9 - Meurtre de Sanchez maquillé en accident de braconnage.

— Elle était si machiavélique que nous l'avons même imaginée capable d'assister à la scène, assise à proximité, l'observant mourir jusqu'à son dernier souffle.

— Sa vengeance envers vous a dû être terrible ? observa Victoire d'une manière si évidente que la réponse se trouvait déjà dans sa question.

— Oh que oui. Elle s'est acharnée sur nous, obligeant mon père à nous conduire à nouveau à l'hôpital. Mais cette fois, quinze jours après notre première visite, le personnel soignant n'a plus adhéré à notre version de chutes fortuites en randonnée en constatant nos multiples fractures, hématomes et plaies ouvertes…

10 - Second séjour à l'hôpital. Violences familiales infondées.

La situation devenant invivable, la survie prioritaire, Francisco avait décidé d'en finir. Pour préserver son épouse et leur cadette, il avait fomenté un accident de voiture au cours duquel il comptait s'éjecter du véhicule, laissant Angels enfermée à l'arrière. L'ultime solution pour se débarrasser de ce fléau au sein de leur foyer.

— Le jour J, les services de gendarmerie nous ont averties de l'accident mortel de mon père sans information complémentaire concernant Angels. Le psychiatre Baixàs nous a prévenues que son frère, médecin légiste, avait relevé des lacérations sur le cou de Francisco, identiques à des griffes animales. Preuve que ma sœur avait déjoué le subterfuge, une nouvelle fois.

11 - Confirmation de l'accident de voiture et des traces de griffes.

— Je doute que votre sœur jouissait d'un don de voyance ! Ces deux meurtres prouvent donc qu'elle a bénéficié d'une aide extérieure. Et si on écarte votre mère, il faut chercher du côté du psy ou de son frère... D'ailleurs, le concernant, j'ai eu entre les mains son rapport médico-légal falsifié lors du pseudo-accident de votre père. Il a dû le rédiger à la hâte puisque des ratures aléatoires permettaient encore la lecture de certains passages. Et Angels, qu'est-elle devenue ?

— Elle revenait de temps à autre au pavillon et tentait de nous surprendre pendant la nuit. La peur au ventre qu'elle réussisse à nous agresser, nous étions continuellement sur le qui-vive, accumulant les nuits blanches... Ma sœur nous faisait vivre l'enfer ! Jusqu'au jour où nous avons réussi à la stopper lors de son intrusion. Et à la neutraliser, à deux. Et... euh... comment vous dire...

Les mains jointes entre ses cuisses, le regard rivé sur le bout de ses baskets, la députée hésita un long moment. Les yeux plissés, elle ne cherchait ni ses mots ni la manière de présenter les choses, mais analysait les conséquences qui découleraient de ses déclarations. Allait-elle devoir répondre de ses actes ? Risquait-elle des poursuites pénales ? Et surtout, y aura-t-il des répercussions irrévocables sur son avenir et sur ses ambitions politiques ? Elle releva la tête, observa le visage compréhensif de la policière et se lança :

— Personne ne peut s'imaginer le calvaire que ma sœur nous a infligé. Le néant dans lequel elle a plongé notre famille, tête la première. Elle représentait le Mal incarné et nous étions au bout du rouleau. Après cinq filles assassinées, nous venions d'enterrer notre ami de toujours et mon père. À cause d'elle. De sa folie meurtrière.

Son préambule terminé, Prescillia souffla, ferma les yeux et prit une profonde inspiration avant de livrer ses aveux :

— De toute manière, il y a prescription. Et nous étions en légitime défense... Lorsque nous maintenions Angels au sol, les mains de ma mère ont glissé au niveau de son cou et elle a serré. Mais peinant à l'étrangler, elle a crié, m'implorant de l'aider. Alors je l'ai imité et ensemble, nous avons serré, serré... mais Angels résistait, se débattait, encore, et encore, alors nous avons resserré encore plus fort... jusqu'au moment ultime où les yeux du monstre se sont révulsés. Qu'elle expira son dernier souffle. La Bête était enfin morte. Nous allions pouvoir reprendre le cours de notre vie.

12 - Meurtre d'Angels, puissance de la strangulation, supérieure aux autres meurtres, constatée avec la fracture de l'os hyoïde.

Suivant le même procédé utilisé par Francisco et après avoir repéré des travaux en cours sur une aire d'arrêt d'urgence le long de l'autoroute A9, elles avaient enterré de nuit le corps d'Angels. Un appel à la gendarmerie le lendemain avait suffi pour déclarer son enlèvement. Si l'affaire ne faisait que se complexifier pour les enquêteurs, de leur côté, elle était enfin terminée…

— Je comprends mieux maintenant, après de telles épreuves, le recours aux thérapies du docteur Baixàs, en déduisit Vic, abasourdie par cette histoire presque surréaliste.

La policière tentait d'imaginer dans quelle détresse se trouvait Claudia Rodriguez pour arriver à supprimer sa fille aînée, tant désirée...

Elle devait être au bord du précipice pour accomplir le pire acte qui soit...

— Au-delà du mal engendré par Angels, je culpabilise, encore aujourd'hui, d'avoir tué ma propre sœur. J'ai beau me persuader qu'elle incarnait le Diable en personne, un envoyé de Satan, pour avoir commis toutes ces atrocités… mais parfois il m'arrive de sombrer, avoua la députée, les mains tremblantes.

— Je vois que ces souvenirs sont gravés en vous, à vie. Le poids du passé qui influe inexorablement sur les blessures d'aujourd'hui. Raison de votre courrier menaçant adressé à Sonia Chemarin.

13 - Lettre de menaces.

Alors que le visage de Prescillia s'était décomposé au fur et à mesure de ses révélations, brusquement, ses traits se figèrent. Si Victoire n'arrivait pas à déterminer si sa question l'avait irritée ou agacée, en revanche, elle put observer un changement radical de son regard quand elle la dévisagea. Ses pupilles se dilatèrent, virant au noir abyssal, et le cerclage de ses iris se tinta de sang. Esquivant sa réponse, elle inversa les rôles :

— C'est elle qui vous a envoyée à moi ? s'inquiéta-t-elle, avant de se reprendre.

Les lèvres pincées, la moue prononcée, elle s'efforça de conserver le contrôle. Vic décela une trace blanche à la commissure de ses lèvres, preuve d'une salivation extrême résultant d'une colère contenue. N'obtenant pas de réponse, elle renchérit :

— Dès son retour au pays, je redoutais le pire. De peur que tout ce merd... pardon, que toute cette affaire ne revienne sur le tapis. Après la mort de ma mère en 2015, j'ai vendu le pavillon et j'ai quitté les Aspres pour le secteur des Fenouillèdes, à l'autre bout du département, pour tracer un trait sur le passé, recommencer de zéro. Je n'avais aucune envie, après tous ces efforts, de renouer avec mes vieux démons. J'ai donc proféré ces menaces. Croyez-moi, je n'en suis pas fière et je le regrette profondément.

Carton plein ! Toutes mes interrogations sont éclaircies, se félicita Vic.

Le téléphone de Victoire vibra dans sa poche révolver. Elle stoppa l'enregistrement discrètement et le sortit pour prendre l'appel. Madame Régeant, désemparée, la prévenait que Sonia avait disparu après avoir subi une agression à son domicile selon les constatations faites par son gendre, de retour du travail...

Accompagnée jusqu'au perron, madame Gomez n'eut pas le temps de prévenir la policière sur les marches glissantes, par temps de pluie, que Victoire perdit l'équilibre. Sportive, elle arriva à se rétablir en deux temps trois mouvements en s'accrochant *in extremis* au bras de la députée. Instant où un flash lumineux l'aveugla. Une vision, à la fois si réelle et si complexe, qui avait le don de l'énerver à chaque apparition étant donné ses difficultés à l'interpréter. Cette fois encore, elle avait juste eu le temps d'apercevoir une rue sombre dans un vieux village pittoresque, des murs en pierre du pays et un candélabre ancien… un décor commun à tous les sites touristiques de la région.

54

Le regard rivé sur le pare-brise, les mains agrippées au volant, soucieuse d'éviter une sortie de route par cette nuit noire abreuvée de rideaux de pluie, Victoire tentait de rester concentrée sur la route, s'efforçant de rejeter les réminiscences des déclarations recueillies. Malgré tout, les propos de la députée finirent par s'immiscer insidieusement dans son esprit. Ne pouvant s'empêcher de repenser au calvaire de cette famille, démunie, et vivant continuellement dans la peur. De même, il lui était impossible d'ignorer les troubles psychologiques d'Angels, si proches de ceux de Stéphane Baixàs, la Bête du Conflent... Deux êtres perturbés qui s'étaient retrouvés totalement exclus par leur différence.

Les lacets de la route l'obligèrent à lever le pied, dans ce décor de désolation où les rafales de vent déversaient par intermittence des seaux entiers sur son pare-brise. Moment propice où une ancienne affaire parisienne la rappela à son bon souvenir. Le genre de vision qui restait à jamais gravé sur la rétine du flic. Quand les effectifs de la BAC avaient débarqué sur place, ils avaient dû interpeller une mère qui venait de prendre la lourde décision d'assassiner sa fille handicapée. Ses aveux, à la fois terrifiants et si emprunts de détresse, refirent écho :

« On ne soulage pas le handicap, on apprend à vivre avec. Un combat de tous les jours. À force de voir ma fille rejetée, isolée, j'ai fini par me projeter en me demandant ce que l'avenir lui réserverait vu le peu d'espoir d'intégration professionnelle proposé par notre société. Et ce qu'elle deviendrait le jour où je disparaîtrai... »

La mère avait tout supporté, tout surmonté, que ce soit la honte d'avoir une enfant « différente » face aux regards de l'autre, ou les difficultés au sein de son couple qui, selon toute logique, vu les contraintes quotidiennes, avait explosé. Au-delà de tous ces désagréments, elle avait fait front en tenant la barre, s'oubliant même pour le simple bonheur de sa fille. Au point de s'épuiser, de tomber suite à un *burn-out*, sans même avoir le temps de se relever car sa fille ne lui laissait aucun répit. Comme si le piège se refermait petit à petit sur elle, inexorablement, aussi angoissant que la multiplication de barreaux à la fenêtre d'une prison... Jusqu'au jour où, à bout de force, la folie s'était emparée d'elle quand le corps médical lui avait appris une terrible nouvelle. Un cancer du pancréas... Il lui restait cinq semaines à vivre. Là, le moyen d'épargner à sa fille toutes les souffrances à venir et les difficultés de la vie à surmonter au jour le jour lui était apparu comme une évidence. Elle avait la possibilité de la libérer et par la même occasion de se libérer elle-même de ce poids devenu trop lourd pour ses épaules. Cette nuit en question, à l'aide d'un oreiller, la maman avait étouffé son enfant au cours de son sommeil...

L'image du corps de cette adolescente étendue sur son lit, sans vie, présentant les signes caractéristiques de l'asphyxie avec le visage cyanosé, les lèvres violettes et les taches pétéchiales au niveau des yeux, raviva les souvenirs difficiles de cette intervention. Et la mère en pleurs mais soulagée… pour sa fille.

Un acte commis également par Claudia Rodriguez. Et une vision de sa fille morte qui avait dû l'accompagner jusqu'à la fin de ses jours.

Comment a-t-elle réussi à vivre avec ce souvenir gravé en elle ?

La question était de savoir qui blâmer dans ce genre de drame. La mère, épuisée, qui avait tout tenté, la société incapable de soutenir les parents de ces enfants « différents » ou simplement le destin qui n'avait pas offert toutes les facultés nécessaires à ce bébé pour qu'il puisse vivre et s'épanouir comme les autres ?

L'acte ultime de madame Rodriguez, si proche de sa fille aînée, laissait perplexe Victoire. Les yeux plissés afin de suivre les méandres de la route, plongés dans les ténèbres, elle laissa libre cours à son raisonnement.

Tuer sa propre fille restait un geste inconcevable. Un acte commis dans des circonstances extrêmes, en totale perdition.

Et si l'accident de la fête de l'ours et son coma avaient affecté Claudia psychologiquement ? Raison qui pourrait expliquer son comportement, d'un côté l'aide apportée à Angels et de l'autre son manque de soutien à Francisco pour la stopper.

Il a fallu qu'elle s'en prenne à Prescillia pour que sa mère réagisse enfin !

Avec ses faibles moyens, la Clio continuait de se débattre contre les éléments qui semblaient s'acharner contre elle dans cet environnement hostile. Noirceur extrême, pluie, bourrasques, invisibilité… Après un périple d'environ une demi-heure, Victoire eut la sensation de sortir des enfers en voyant les halos lumineux des lampadaires à l'entrée de Millas.

Au lieu de couper par Thuir, Fourques et Llauro, avec l'assurance de rencontrer les mêmes difficultés, Victoire jugea plus prudent d'emprunter la D 66 en direction de Perpignan puis de suivre la D 900 pour traverser Le Boulou, Saint Jean-Pla-de-Corts, avant de grimper vers Saint-Laurent-de-Cerdans.

Le trajet beaucoup plus long dans ce sens, la policière arriva à destination à 22 h 05, sous une pluie beaucoup plus fine. Un véhicule de la gendarmerie se trouvant devant la clôture, elle pénétra dans la propriété le plus discrètement possible. L'allée recouverte de poudre de schiste rouge, elle semblait marcher dans de la vase, ses baskets s'enfonçant de trois à quatre centimètres à chacun de ses pas. Arrivée devant la porte d'entrée, elle croisa les deux gendarmes qui sortaient. Madame Régeant attendit qu'ils détournent les talons pour s'adresser à Victoire :

— Venez voir par où ils sont entrés ! dit-elle en l'invitant à la suivre sous son parapluie.

— Ils ?

— Oui, une personne seule n'aurait jamais pu enlever Sonia, rétorqua la mère. Croyez-moi, elle sait se battre ! Avec son parcours, nous l'avons toujours incitée à pratiquer des sports de combat, du judo à la boxe, en passant par le karaté, et depuis son retour dans les P.-O. elle pratique le krav maga. Des techniques de self…

— … de self-défense israéliennes, oui je connais, la coupa Vic en consultant les empreintes flagrantes sur le sol, à l'arrière du pavillon.

En relevant le nez, elle remarqua la vitre brisée de la fenêtre de cuisine restée entrouverte. Elle avança la tête et put constater les traces de pas qui saupoudraient de rouge le carrelage.

— C'est une catastrophe ce schiste, on en met partout ! Ma

fille s'en plaint tous les jours, mais avec ce mauvais temps, l'entreprise a pris du retard. Ils doivent compacter et damer avant de macadamiser l'allée.

Vic baissa à nouveau le regard vers le sol et compara son empreinte à celle de l'auteur des faits. Elles étaient pratiquement identiques aussi bien sur le motif de la semelle que sur la longueur du pied.

À l'intérieur, le désordre dans le salon attestait d'une bagarre en règle. Visiblement, Sonia avait défendu chèrement sa peau. Mis à part les meubles en travers de la pièce, le guéridon renversé, le vase éclaté et les objets épars sur le sol, Victoire ne releva aucune trace de sang. Toutefois, un trophée sportif couché sur le carrelage piqua sa curiosité. En se gardant bien de le toucher, elle le fit pivoter du bout du pied. Lorsque madame Régeant aperçut la tache pourpre sur le socle en grès, elle ne put contenir son émoi :

— Mon Dieu !

— C'est toujours choquant mais peut-être pas grave pour autant, tenta-t-elle de la rassurer. Votre fille s'est bien défendue mais son agresseur a fini par prendre le dessus en l'assommant avec cette coupe.

En entendant sa version des faits, le mari déboula dans la pièce, la rage au ventre. Les babines retroussées, il incendia Victoire :

— Voilà ce qu'il en coûte de remuer la merde ! On vivait peinards depuis des années, on ne demandait rien à personne et vous êtes venue foutre le bordel avec vos Disparues de l'A9 ! Et comme par hasard, le lendemain de votre visite, ma femme se fait agresser ! Priez pour que rien ne lui soit arrivé sinon… Je peux vous certifier que vous aurez à répondre devant la justice !

— Oh ! Déjà vous allez baisser d'un ton ! l'invectiva la policière. Je vous rappelle que je suis flic, alors mon boulot est de suivre des pistes et d'interroger des témoins. Sonia en faisait partie. Je comprends que vous soyez dans l'affect, avec ce qu'il vient de se produire, mais je vous conseille de vous calmer. Et puis, rien ne prouve que cette agression a un lien de près ou de loin avec mon affaire, recadra Vic sur un ton ferme.

Renfrogné, le mari de Sonia sortit de la salle à manger en rasant les murs comme un chien effrayé. Victoire profita du calme revenu pour s'entretenir avec sa belle-mère afin de prendre connaissance des démarches entreprises par les gendarmes.

— Ni l'un ni l'autre n'a pris au sérieux cette disparition, regretta madame Régeant. Ils n'ont même pas prélevé le moindre indice…

Retranchés derrière l'âge mature de Sonia, les militaires étaient convaincus qu'il s'agissait d'une querelle conjugale. Son gendre avait bien essayé de leur faire entendre raison mais pour eux, le chaos ambiant révélait les signes caractéristiques d'une crise de nerfs de son épouse.

— Ils ont minimisé les faits, du style *« Tranquillisez-vous, on a l'habitude. Quand elle sera calmée, votre femme réintégrera le foyer familial comme si de rien n'était »,* avant de le laisser en plan, conclut madame Régeant, atterrée.

Victoire commença à lui poser des questions ciblées. Sonia n'avait pas reçu d'éventuelles menaces récemment et n'avait pas rencontré de difficultés particulières sur son lieu de travail, ni dispute avec un collègue, ni harcèlement avec un patron ou un chef de service… Pas de divergences d'opinions, de mésententes avec un voisin, ou dans son club de sport. Au contraire, sa fille semblait s'épanouir autant dans sa sphère privée que professionnelle. À court d'idées et impuissante devant le désarroi de madame Régeant, la policière chercha un moyen de répondre à ses attentes. Elle s'engagea :

— Vous êtes en zone Gendarmerie et je n'ai, hélas, aucune prérogative ici... En revanche, un de mes amis pourra enregistrer votre fille au FPR[28] à la première heure demain matin. Il me faudrait une photo récente de Sonia, demanda Vic, ainsi que le maximum de renseignements la concernant, y compris la description de ses vêtements.

Elle releva consciencieusement le signalement précis de la disparue, emprunta sa CNI, et nota les coordonnées de son mari afin que les forces de l'ordre puissent le joindre à tout moment...

Protégée par son parapluie, madame Régeant raccompagna la policière à l'entrée de la propriété. Au portail, remerciée chaleureusement, Victoire se sentit gênée de n'avoir pu répondre à ses attentes.

— Je vous en prie, je n'ai fait que mon boulot. J'espère que tout rentrera dans l'ordre très rapidement. On se tient au courant, la salua-t-elle à son tour.

En contournant sa Clio, elle remarqua la vapeur dégagée par la fraîcheur de la pluie au contact de la chaleur du capot. La porte ouverte, elle resta prostrée quelques secondes à observer le phénomène avec intérêt, sans réellement savoir pourquoi, l'esprit obnubilé par cette image donnant l'impression d'une voiture en feu qui s'apprêtait à exploser.

La déferlante de pluie terminée, Vic avait pris le risque de couper par Llauro pour rejoindre Trouillas, par la route escarpée. Au volant de sa voiture, assaillie par des questions arrivant de toutes parts, ses réflexions allaient bon train : Les gendarmes

28. Fichier des personnes recherchées.

auraient-ils flairé un réel problème conjugal ? Le mari serait-il tiraillé par sa conscience suite à un geste malvenu, ce qui expliquerait sa sensibilité à fleur de peau ? L'œil aguerri de la policière avait scruté la scène et n'avait rien relevé d'incohérent. Rien ne laissait supposer que quelqu'un ne l'ait maquillée. Si ce n'est lui, qui aurait pu intenter à la vie de Sonia ? Et pourquoi ? Malgré la véhémence du mari de Sonia, Victoire ne pouvait balayer d'un revers ses allégations ni négliger la concomitance de l'affaire des Disparues et l'agression de son épouse.

D'autant que...

Sans les solliciter, ni même influer sur leur degré d'importance, quelques images furtives arrivèrent par flashs successifs, imprimant tour à tour sa rétine. Toutes issues d'un passé proche, très récent. Et à travers ces instants particuliers, émanaient des observations anodines et des petits riens, qu'on avait souvent tendance à ignorer ou à négliger dans certaines affaires et qui se révélaient par la suite d'une importance ô combien capitale. Elle les replaça dans l'ordre de leur apparition.

La vapeur sur le capot du Range Rover à son arrivée

Les traces rouges sur le marbre du perron

La tenue moulante de couleur noire de la députée

Le contour rougeâtre des baskets et le schiste rouge résiduel de ses semelles crantées

Surtout que, assise dans le fauteuil et placée face à elle, j'ai largement eu le temps d'admirer le dessous de ses baskets quand elle tendait ses jambes ! Impossible que cela soit le fruit du hasard.

La chronologie des faits s'orchestrait d'elle-même. Il lui suffisait de tirer le fil ténu de la bobine et de la dérouler de manière à remonter le temps. La députée s'était rendue à Saint-Laurent-de-Cerdans, sans doute pour menacer Sonia ou tout du moins lui interdire de s'exprimer sur l'affaire des Disparues. La discussion avait dû s'enflammer, le ton monter, et les esprits s'échauffer. L'altercation s'était rapidement transformée en empoignade puis en échange de coups. La situation avait ensuite basculé dans l'horreur quand madame Gomez avait perdu le contrôle, subissant les assauts de Sonia, experte en sports de combat, et l'avait assommée violemment à l'aide d'un trophée sportif... Le calme revenu dans le pavillon, l'adrénaline et la colère redescendues, la députée avait réalisé les conséquences de ses actes irréfléchis. Face à l'urgence, elle devait réagir rapidement au risque de se voir condamnée pour violences volontaires avec arme par destination. L'expectative de sa fin de carrière politique l'avait poussée à maquiller les traces et indices pour faire croire à une tentative de cambriolage avortée.

Reste à savoir si Sonia est encore en vie. Et si elle est blessée, il faut la retrouver le plus vite possible afin de lui prodiguer les premiers soins. Mais où la députée aurait pu l'emmener ? Chez elle ? Non, impossible, trop risqué...

De fil en aiguille, sa théorie l'amenait à comprendre les raisons de son agressivité à peine arrivée à la propriété.

Je l'ai dérangée alors qu'elle venait à peine de rentrer au domicile. En atteste son capot hyper chaud et sa tenue décontractée. Me voyant débarquer avec ma plaque police, elle a dû prendre peur et a montré les crocs au principe que « la meilleure défense, c'est l'attaque ».

Victoire consulta l'horloge de son tableau de bord. 23 h 43. Il était bien trop tard pour entamer la moindre démarche à cette heure tardive.

Demain, à la première heure, je déclenche le plan ORSEC[29] !

29. Organisation de la Réponse de Sécurité Civile.

55

— Non, Rhéexas, inutile d'insister, vous ne m'entraînerez pas sur votre planche pourrie ! déclina le commissaire divisionnaire, chef de la circonscription de Perpignan.

Ce matin, après une nuit écourtée et agitée, peuplée d'images aussi insensées les unes que les autres, l'ayant emmenée parcourir les parcelles de vignes du Haut-Vallespir, puis entraînée au fin fond des contrées espagnoles, Victoire rencontrait des difficultés à garder les yeux en face des trous. Arrivée au service, elle avait volontairement ignoré le premier palier hiérarchique, à savoir Tintin, son chefaillon obséquieux devant l'autorité surtout vis-à-vis du sexe « faible », pour se rendre au bureau du grand patron. Il était souvent recommandé de s'adresser au Bon Dieu plutôt qu'à ses Saints. En théorie, car même après lui avoir décortiqué l'étendue de ses investigations et ses suspicions à l'égard de la députée, ce dernier rétropédalait en lui compliquant les choses. Jouant au jeune communiant effarouché, il fuyait ses responsabilités. Elle enfonça le clou un peu plus profondément :

— Les éléments que je viens de vous fournir ne laissent pourtant aucun doute sur l'incompétence de ce psychiatre à traiter ses patients ! insista Vic. On voit où sa thérapie les a conduits : à tuer leurs proches !

Elle observa un blanc avant de porter l'estocade :

— Utilisez ce levier pour obliger la députée à nous indiquer où se trouve Sonia ? Elle est sans doute en mauvaise posture et en ce moment même, pendant que nous perdons notre temps en balivernes, elle se bat peut-être pour sa survie. Allez faites l'effort de lui téléphoner, je vous en conjure, quémanda-t-elle en joignant les mains en signe de prière.

Au lieu de bondir sur son téléphone, le commissaire se rencogna dans son fauteuil en frappant si lourdement ses accoudoirs que les livres de la bibliothèque derrière lui tremblèrent.

— Rhéexas ! Une enquête criminelle ne se résolve pas à la vitesse ni avec la rudesse d'un combat de boxe ! Il faut du tact, du doigté, de la persévérance, doublée d'une pugnacité au long terme pour flairer le lièvre, le traquer et l'extirper de son terrier. Notre boulot s'apparente plus à un marathon, semé d'embûches, parcouru à la vitesse d'une tortue qu'à un 100 mètres en ligne droite. Et votre gros problème, c'est que vous agissez tel un éléphant dans un magasin de porcelaine qui défonce tout sur son passage… À croire que cette affaire vous touche personnellement !

Ben plutôt, oui. Je figure même dans le dossier !

Elle s'efforça de garder le contrôle, en expirant doucement par la bouche, sachant que si son énervement prenait le dessus, ses paroles dépasseraient ses pensées.

— Vous avez une fâcheuse tendance à n'écouter que vous-même. Votre fichue intuition féminine ! relança le commissaire en agitant une pochette devant lui comme pour chasser un insecte nuisible.

Victoire réalisa qu'il venait de réceptionner son dossier administratif envoyé par le SGAP de Paris, sur lequel l'inscription barrée « enquête administrative » était restée soulignée en rouge. Un procédé inadmissible vu son innocence reconnue. Mais une coutume récurrente au sein de l'administration car en laissant en évidence cette mention rayée – au même titre qu'un avertissement ou un blâme après leur délai d'expiration respectif d'un et trois ans – elle permettait de rappeler aux supérieurs à chaque consultation du dossier, les antécédents du fonctionnaire.

— Et je viens de découvrir que vous aviez été impliquée dans une sale affaire en région parisienne, attaqua le patron.

— J'ai été lavée de toute accusation, c'est stipulé dans le rapport de l'IGPN qui n'a pas sollicité de sanction à mon égard, balança Victoire sur un ton qui coupait court à toute relance.

Elle connaissait mal son chef de circonscription.

— Peut-être, mais au vu des faits, je doute que ce commandant ait été objectif... Bref, cela n'a fait que conforter ce que je pensais déjà. Vous êtes trop *borderline*, Rhéexas. Il va falloir vous contrôler, vous calmer et apprendre à vous adapter à la population de Perpignan. Vous n'êtes plus à Paris mais dans le Sud, ici. Je résume : au regard de vos allégations bien trop minces, je vous interdis, *primo*, de déranger le psychiatre Baixàs, et *secundo*, d'impliquer la députée-maire dans ce sac de nœuds !

Résignée, Vic ravala sa colère, quitta le bureau, la rage au ventre, non seulement de ne pas avoir eu gain de cause mais surtout frustrée de n'avoir pu exprimer ce qu'elle avait sur le cœur.

En déboulant dans le couloir, tête baissée, tel un taureau catalan, prête à foncer sur la première muleta rouge sang, elle stoppa net devant la porte entrouverte du bureau du psychologue de service. Elle toqua sur le chambranle et inséra sa tête dans l'entrebâillement. Ce professionnel de la santé mentale effectuait des permanences au sein du service afin de répondre aux attentes des policiers, de rester à leur écoute et de les aider à surmonter une intervention particulièrement difficile. Un soutien psychologique permettait parfois de ne pas sombrer… mais encore fallait-il franchir le pas et passer la porte du cabinet. Certains redoutaient que ce genre de consultations n'entraîne des répercussions négatives sur leurs états de service, alors que d'autres les considéraient comme un aveu de faiblesse, convaincus qu'un flic ne pouvait se permettre de craquer et devait se forger une carapace pour rester opérationnel en toute circonstance.

— Désolé de vous déranger, je voudrais avoir votre avis sur ce dossier, avança-t-elle en sortant le tas de feuilles agrafées de son sac.

Après l'avoir saluée et invitée à entrer, Vic déposa devant lui, sur le bureau, le document dont la première page présentait le tableau de suivi avec les colonnes de médicaments administrés. Le psychologue se hâta de le consulter et après l'avoir parcouru dans son intégralité, se prononça enfin :

— Il s'agit d'une matrice relative aux principales conceptualisations de la psychothérapie entreprise sur différents patients, complétées par une étude des manifestations comportementales structurée en fonction des traitements apportés. Si j'en crois les doses prescrites, je pense que ce spécialiste s'est servi de ses patients pour faire des essais cliniques…

Le psychologue détailla les moyens légaux mis à la disposition des professionnels pour effectuer des investigations cliniques faisant l'objet d'un examen scientifique et éthique, en accord avec le règlement de l'Union européenne.

— Vous laissez sous-entendre qu'il a utilisé ses patients comme des rats de laboratoire ? s'interrogea la policière.

— Si on se fie à sa manière de procéder, à tâtons, ses tests et les réactions démesurées de certains malades, j'en ai bien peur. Ce qui est contraire à la déontologie et surtout interdit par l'État, qui prévoit un cadre bien réglementé pour éviter toute dérive et risques encourus aux patients.

— Et nous sommes d'accord, même si je n'y comprends pas grand-chose, ce tableau… pardon, se reprit-elle… cette matrice nous indique que la seule patiente qui a réussi à surmonter ses troubles est Prescillia Rodriguez ?

Le spécialiste évita de répondre à brûle-pourpoint. Il s'autorisa une brève réflexion, à la recherche de mots simples, dans un souci de compréhension pour la policière néophyte. Il expliqua entre autres que selon Freud, un psychopathe ne guérissait jamais. En matière de criminalité psychopathique, nombreux spécialistes continuaient d'adhérer à ce dogme consistant à penser à l'impossibilité de soigner ce type de patient. Que ce soit Robert Martinson en 1975, Lygia Négrier Dormont en 1990 ou récemment Thierry Hoang Pham qui a dressé un bilan accablant des résultats obtenus suite à des thérapies entreprises aux USA et au Canada de 1983 à 1993…

— Je pense que le terme stabilité émotionnelle serait plus adéquate, se permit de rectifier le psychologue. En sachant, précisa-t-il, que son état reste comparable à un équilibriste qui avance sur un fil en altitude. Vous visualisez l'image. Elle est parlante et vous fait prendre conscience que rien n'est acquis et que cette quête de stabilité est un travail journalier, un fil ténu qu'il ne faut surtout pas rompre au risque de voir notre patient tomber et ne plus se relever.

— Ce qui est arrivé aux trois derniers patients du programme, Aguilar, Perrera et Piérota. Pourquoi auraient-ils basculé dans l'horreur et non Prescillia ?

— Je vous citerai Meloy qui a déclaré en 2001 : *« Les patients à personnalité antisociale avec psychopathie sévère ne devraient pas être orientés vers un dispositif thérapeutique car ils placeraient le personnel et les malades mentaux avérés dans une situation de risque et toute amélioration clinique doit être considérée avec le plus grand scepticisme. »*

Pendant que Victoire intégrait ses propos, il feuilleta le dossier afin de vérifier ses doutes. Quelques minutes d'observation et il reprit où il s'était arrêté :

— Alors, concernant cette matrice, il semblerait effectivement que ce soit la seule « réussite somme toute relative » de cette expérience. Mais ce ne serait peut-être pas dû au hasard puisqu'elle aurait bénéficié d'une vigilance particulière. Sans doute la patiente préférée du psychiatre, se permit-il de stipuler avec un sourire carnassier en travers du visage.

Les yeux de Vic se mirent à rouler de stupéfaction. Cette analyse ne faisait que conforter Victoire sur la connivence, voire la complicité, des frères Baixàs avec la famille Rodriguez, due à la proximité de Claudia avec l'un des deux médecins... La tête en appui sur sa main, elle regarda le spécialiste d'un air dubitatif avant de lui poser sa question :

— Et sur quoi vous basez-vous pour en déduire cela ?

— Regardez, l'invita-t-il à consulter les colonnes. Vous voyez ces dates. Elles prouvent que le médecin prescrivait les médicaments à Prescillia uniquement après les avoir testés sur ses autres patients. Et en regardant de plus près les statistiques élaborées en fonction des essais cliniques, on se rend vite compte qu'elle ne figure jamais dans les premières colonnes de résultats, mais toujours dans les dernières.

— Et qu'est-ce qui pourrait expliquer le changement brutal de comportement des trois autres patients, pourtant apaisés et non stabilisés ?

— L'absorption du Héboïdol, un nouveau médicament sur le marché, mais dont les dosages moléculaires nécessitent encore des batteries de tests bien spécifiques en fonction de la pathologie des malades. Le médecin a préféré les effectuer lui-même sans se soucier des risques encourus... en espérant que ses résultats puissent bénéficier à sa protégée Prescillia, si j'en crois encore une fois la lecture de sa matrice.

Une idée prégnante en tête, Victoire posa une dernière question avant de quitter le bureau :

— Est-ce que cette pathologie est génétique ? Si un membre de la famille est atteint de ce trouble psychotique, est-ce que les autres le seront également ? Je pense aux frères et sœurs en particulier…

— Il est toujours difficile de se prononcer mais si j'en crois les statistiques en matière de schizophrénie, la pathologie est d'origine génétique et environnementale. Ce qui veut dire que la maladie est plurifactorielle, à savoir qu'elle résulterait d'une interaction voire d'une vulnérabilité génétique en fonction des facteurs environnementaux. À l'heure d'aujourd'hui, on estime que les risques qu'un enfant développe la maladie d'un parent schizophrène sont de 10 %.

— Est-ce que ces troubles psychotiques peuvent se déclencher au cours de la vie chez une personne somme toute normale ?

— La schizophrénie peut effectivement être latente, à savoir que rien ne laisse apparaître, dans son comportement, un quelconque déséquilibre psychologique, alors qu'en réalité les signaux internes sont défectueux...

Désireuse d'apporter de la crédibilité à son hypothèse, Victoire s'obligea à aller au bout de son raisonnement.

— Et cette psychose latente pourrait se manifester à la suite d'un traumatisme crânien ou d'un choc émotionnel ?

— Bien évidemment !

Une fois le psychologue remercié pour ses éclaircissements, Victoire dévala quatre à quatre les marches de l'escalier permettant l'accès au sous-sol. Isolée dans un secteur où elle ne risquait pas d'être dérangée, ni entendue, elle s'empara de son téléphone portable et composa le numéro de téléphone privé du psychiatre Baixàs. En entendant la première sonnerie, elle ferma les yeux et inspira une grande bouffée d'oxygène, se promettant de garder son *self-control* pendant toute la conversation téléphonique.

Il y va de la vie de Sonia. Interdiction de s'énerver et de lui rentrer dans la gueule, même si ça te démange !

Le médecin, qui venait de raccrocher après une très longue conversation, décrocha à la seconde sonnerie sans même vérifier l'origine de l'appel, persuadé que sa patiente avait oublié de lui mentionner un point important. Surpris d'entendre la voix de la policière, il la laissa expliquer les tenants et les aboutissants de sa démarche, précisant l'urgence de retrouver Sonia.

— Comprenez que la pauvre a été assommée avec un objet lourd et que sa vie est sans doute en danger, insista Victoire. Avez-vous une idée où Prescillia aurait pu l'emmener... J'ai déjà vérifié à la cabane chez Sanchez, elle ne s'y trouvait pas.

Baixàs ne s'était toujours pas prononcé. Il trancha net :

— Déjà, je ne sais pas en quoi cela vous regarde mademoiselle. Il me semble que l'enquête des Disparues de l'A9 est terminée… Le dossier est classé !

— Par le pôle *Cold case* de Nanterre, le coupa Vic. Oui, je sais. Mais là, je vous parle d'une agression caractérisée qui s'est déroulée conjointement à cette affaire. Et comme vous suivez madame Gomez depuis la mort de sa soeur Angels, vous êtes le mieux placé pour répondre à mes interrogations !

Victoire sentit d'emblée que son recadrage ne lui avait pas plu. Le médecin n'était pas du genre à se laisser dicter sa conduite, encore moins de répondre à des injonctions. Consciente que la conversation tournait au vinaigre, elle attendait sa contre-attaque, prête à sortir son atout le moment venu, pressée de l'acculer dans les cordes.

— Je ne sais pas où vous avez été chercher une telle aberration. La députée n'a aucun problème psychique, alors foutez-moi la paix ! lâcha-t-il.

Dans les starting-blocks, la policière réagit sur le fil, juste avant qu'il ne lui raccroche au nez.

— Si vous le prenez ainsi, je me ferai un plaisir de balancer à la presse tous les documents en ma possession !

— Vous bluffez. Il n'existe aucun dossier qui mentionnerait l'identité de Prescillia, ni même un quelconque traitement qui lui aurait été prescrit.

— Ce que vous croyez ! persista Vic. J'ai même entre les mains la matrice de vos essais cliniques, que vous avez mis en place avec certains de vos patients, à commencer par votre frère Stéphane, Aguilar, Perrera, Piérota…

Entendre la policière énumérer leurs identités lui rappela le meuble de son cabinet de toilette qui paraissait avoir été manipulé. Pensée rejetée vu que rien n'avait disparu. Et pour cause, cette fouineuse avait dû faire des copies…

— Si je comprends bien, vous vous êtes introduite frauduleusement dans mon bureau et avez subtilisé les dossiers de mes patients, en violant ainsi le secret médical ! s'offusqua Baixàs. Vous ne savez vraiment pas à qui vous avez affaire et vous ne connaissez pas l'étendue de mes relations. Je vais vous briser ! À tel point que quand j'en aurai fini avec vous, vous serez juste bonne à faire la manche dans la rue pour bouffer, petite con…

— Stop ! éructa Victoire, excédée. Puisque tu veux jouer à ça, gros connard, je vais me mettre à ton niveau. J'ai la preuve que tu t'es servi de tes patients comme des rats de laboratoire, ce qui est formellement interdit par l'État mais aussi par la règlementation européenne. Et comme par hasard, trois de ces malades qui figurent sur cette matrice et tes essais cliniques viennent d'assassiner leur mère dans des circonstances effroyables… Alors dis-toi bien que les médias vont te mettre à genoux, toubib de mes deux ! Non seulement ta carrière est finie, mais je vais aussi torpiller la réputation de ta famille en divulguant à la presse toutes les falsifications de ton frangin réalisées lors des décès de Sanchez, Rodriguez et même Angels. Vous êtes finis !

Ses accusations eurent l'effet dévastateur d'un Scud qui non seulement venait de percuter sa cible de plein fouet, mais risquait aussi de détruire tout sur des centaines de mètres à la ronde. Baixàs analysa rapidement la situation et en conclut que la policière avait assez de documents en sa possession pour ruiner leurs carrières. Son ton hautain déclina de deux octaves et se voulut soudain beaucoup plus coopératif.

— Bien. Qu'est-ce que vous voulez en échange de ces documents ?

— Le lieu où est séquestrée Sonia ! répondit-elle. Et vite !

— Je n'en sais fichtre rien.

— Alors magnez-vous de contacter Prescillia !

— Je vous rappelle…

56

Maman m'a laissée. Je me retrouve seule… dans cette cellule capitonnée, immaculée, démunie de tout mobilier.

Tu n'es jamais seule. Je suis toujours à tes côtés. Et fais-moi confiance, je vais mettre de la couleur ici... bien rouge ! Rouge-sang !

Tu me diras, c'est normal que cette salle soit si triste, dépourvue de vie. On est dans un centre médico-psychologique, là où on enferme les détraqués comme moi.

Non, comme nous ! Je fais partie du lot. Et je compte bien nous sortir de là. Par tous les moyens !

D'ailleurs, je suis persuadée que ces spécialistes m'attendent avec impatience pour me coller une ceinture de contention et me jeter dans une chambre immaculée et aseptisée, sans fenêtre, avec des protections murales pour empêcher toute blessure…

T'inquiète, je suis là et je les en empêcherai. Ils vont essayer de nous séparer, mais je suis assez forte pour nous défendre toutes les deux !

Je sais déjà que ce sera la pire épreuve de ma vie, mais je dois la surmonter si je veux vivre… au moins essayer. En étant comme tout le monde, en devenant « normale ».

Tu y es déjà arrivée, grâce à tes efforts. Et ton parcours est une réussite sur toute la ligne. Ton apparence est si parfaite que personne ne peut imaginer ta folie intérieure. Crois-moi. Il n'y a plus que moi qui suis gênante pour toi ! Mais nous sommes indissociables. Personne ne réussira jamais à nous séparer. Si je meurs, tu meurs...

Soudain, alors que la voix résonnait en boucle dans ma tête, qu'elle s'incrustait dans mon cerveau avec la force d'un piolet acéré, la porte s'ouvrit et je vis pour la première fois le docteur Baixàs. Mon psychiatre. La petite fille que je suis ne pouvait encore le savoir mais à partir de cet instant, un lien inextricable allait nous unir pour la vie. Il sera toujours là pour moi et m'accompagnera de jour comme de nuit pendant mon long périple, mes longues thérapies. Jusqu'à ce matin, quand, affolée par la visite de cette policière, la veille à mon domicile, je l'ai contacté à la première heure.

La sonnerie de son téléphone portable l'extirpa de son sommeil sophro-liminal. Prescillia décrocha, l'esprit perturbé. Si troublée par ses pensées, qu'elle découvrit son environnement avec un étonnement non dissimulé, abasourdie de se trouver en ce lieu.

— Lors de ton dernier appel, tu ne m'as pas tout dit, débuta calmement Baixàs. Pourquoi m'as-tu caché que tu avais agressé et enlevé Sonia Chemarin ?

— Je... euh... je ne me... balbutia la députée, en essayant de remettre de l'ordre dans ses idées.

Abattue, elle vacilla. Se retenant aux murs de la pièce, elle avança dans le couloir tel un automate et aperçut la présence d'une femme, assise face à une fenêtre démunie de rideaux. Bâillonnée, les mains entravées dans le dos et les chevilles enserrés aux pieds de la chaise, un bandeau recouvrait ses yeux. Sa tête inclinée vers l'avant indiquait sa perte de connaissance, aggravée par une trace pourpre presque sèche au niveau de sa tempe.

— Je la vois... elle est devant moi, se décida-t-elle à annoncer sur un ton glacial, détaché.

— Mais pourquoi as-tu fait ça ? s'interrogea le psychiatre. Qu'est-ce qui a dérapé pour que tu en arrives à la frapper et à la séquestrer ?

Prescillia réfléchissait mais aucune raison ni motif valable ne venait à son secours ni n'éclairait le long tunnel sombre de son incompréhension. Nauséeuse, elle se réfugia dans les toilettes, se mit à genoux devant la cuvette W.-C. et vomit le contenu de son estomac. Le téléphone posé au sol, elle força l'évacuation en plaçant ses doigts au fond de sa bouche, avec autant de virulence qu'une anorexique souhaitant rejeter le peu d'aliments avalés.

Baixàs assistait à la scène par procuration, ne ratant rien des éructations, des soubresauts et autres remontées gastriques, par saccades, en gerbe intempestive ou en filet mignon. Cette pause impromptue lui permit d'analyser la situation. L'arrêt intempestif de ses médicaments ne pouvant la plonger dans un tel état de somnolence, mais provoquer une grave rechute de ses troubles psychiques, il affina son diagnostic en se demandant si l'alcool ne serait pas l'élément aggravant. Quelques minutes d'attente, le temps de s'asperger au lavabo, et elle reprit le portable en main. Il s'empressa de l'interroger :

— Tu as bu, c'est ça ? s'enquit le psychiatre.

— Oui, pour me détendre. J'avais besoin de m'aérer l'esprit avec ces foutues contraintes politiques. Je suis stressée et épuisée par mes allers-retours à Paris et les soirées de discussions interminables à l'Assemblée Nationale. Je me suis accordée une pause.

Le spécialiste connaissait les répercussions engendrées par une surconsommation d'alcool. Sa patiente allait non seulement dérailler mais ses tourments psychiques la conduiraient inévitablement dans le mur. Il réfléchissait aux accusations précédentes de la policière. Si Prescillia n'était pas en mesure d'apporter du crédit à ses allégations, l'affaire en resterait au point mort. Quant aux documents en sa possession, la situation se retournerait contre elle puisqu'elle devrait en justifier la provenance… Une alternative se dessina dans son esprit manichéen, sachant les dégâts causés par la prise d'un neuroleptique combinée à une consommation excessive d'alcool, en particulier des troubles du rythme cardiaque avec des torsades de pointes.

— Tu as du Héboïdol sur toi ?

— Toujours.

— Alors au lieu d'en prendre un, tu vas en prendre trois, pour compenser ta posologie insuffisante de ces derniers jours, intima-t-il sur un ton ferme.

Sa réflexion continuait d'assombrir son esprit retors.

— Mais… je ne risque pas des effets secondaires avec mes problèmes de tachycardie ? contesta la députée, traversée par un éclair de lucidité.

— Il n'y a pas de « mais » qui tienne. Tu préfères être enfermée en HP ? Alors, continua-t-il sans lui laisser le temps de répondre, tu m'avales ça d'un trait, et on en parle plus.

Prescillia abdiqua. Après tout, elle avait confiance en son médecin. Il l'avait soutenue depuis son enfance et sortie d'un nombre inimaginable de galères. Elle plaça trois comprimés sur la langue, se baissa au lavabo et la bouche au contact du robinet, ingurgita une lampée d'eau pour avaler la dose.

— Bien, maintenant tu vas me dire où tu te trouves.

— Et pourquoi ça ? répondit froidement Prescillia.

Son ton avait changé. La députée avait repris du poil de la bête. Au sens propre comme au figuré. Baixàs savait qu'il devait conserver le lien, maintenir l'emprise sur elle au risque de la perdre définitivement. La rage et la colère s'empareraient d'elle et elle deviendrait vite incontrôlable. Il insista :

— Parce que je vais venir te chercher, mentit le psychiatre. Avant que la flic ne te retrouve… Cette fouineuse a tendance à mettre son nez partout et risque de nous faire du mal. À-Toi-comme-à-Moi ! insista-t-il en marquant chaque syllabe.

— Qu'elle ne se pointe pas ici, sinon, je lui fais sa fête !

Ce que souhaitait le psychiatre. Il l'encouragea :

— Dans ces conditions, ne la rate surtout pas car elle, par contre, ne te fera pas de cadeau…

— Ne t'inquiète pas, comme toujours, je gère la situation… interrompit-elle la conversation en mettant fin à la communication.

Dans la foulée, elle ouvrit le clapet arrière de son smartphone, récupéra la carte SIM et l'écrasa entre ses doigts.

Ses appels successifs avérés inopérants, Baixàs se décida à contacter le mari.

— Patrick ? C'est moi, s'annonça-t-il. Je viens de parler avec Prescillia. Je t'avoue qu'elle ne va pas bien. Elle a consommé de l'alcool et risque de faire des conneries…

— Oui, je sais, j'ai vu les bouteilles vides…

— Elle s'est planquée quelque part. Tu aurais une idée où elle pourrait se trouver ?

L'époux se tritura les méninges, frottant énergiquement son cuir chevelu en espérant que jaillisse une idée providentielle.

— Oui… peut-être, finit-il par lâcher, repensant à un appel intercepté à leur domicile. Elle ne m'avait parlé de rien, et voulait sans doute me faire la surprise, mais j'ai reçu un coup de fil d'un notaire à la maison. Ça remonte à trois semaines. Il lui manquait un document pour l'achat d'une petite maison dans le vieux village de Prats-de-Mollo-la-Preste.

— Sans autre indication ? Pas d'adresse, pas de numéro ni même un nom de rue ?

— Non, désolé…

— Merci quand même, c'est déjà ça.

À peine raccroché, Baixàs rappela la policière et lui transmit le peu d'informations recueillies auprès du mari de Prescillia. Déjà installée au volant de son véhicule, Victoire démarra sur les chapeaux de roue en quittant Trouillas, direction le Haut-Vallespir, dans ce village où tout avait commencé… lors de cette satanée fête de l'ours.

57

Après 52 kilomètres de trajet et de lacets dans la vallée du Tech, réalisés en une heure et cinq minutes, la Clio pénétra enfin sur la commune de Prats-de-Mollo-la-Preste, capitale du Haut-Vallespir. Son véhicule stationné à proximité de la place du Foiral, à l'ombre des platanes, Victoire se dirigea vers la Porte de France, encadrée par deux drapeaux catalans. Elle franchit le porche d'entrée permettant l'accès à la ville médiévale fortifiée, cernée de remparts et dominée par le Fort Lagarde édifié par Vauban au XVIIe siècle afin de contrôler la nouvelle frontière du traité des Pyrénées.

Arpentant les allées étroites recouvertes de pavés, la policière scrutait les ruelles à la recherche de magasins ouverts. Convaincue que l'achat d'une maison de village par la députée Gomez avait dû se répandre comme une trainée de poudre, elle s'engouffrait dans les petits kiosques ou boutiques susceptibles de la renseigner. Mais hélas, personne ne semblait informé par une vente récente dans le secteur. Elle cherchait un autre moyen de trouver l'adresse quand l'image de l'accident lors de la fête de l'ours lui traversa l'esprit. Elle rebroussa chemin et pénétra de nouveau dans le magasin. La dame, âgée d'une cinquantaine d'années, avait sûrement entendu parler de cet accident. Elle lui confirma :

— Je me souviens très bien. La mère et sa fille ont basculé du parapet et ont chuté au moins quatre mètres en contrebas. Après ce drame, la commune a rehaussé le muret pour éviter que ce genre d'accident ne se reproduise. Venez, je vais vous montrer, proposa-t-elle en sortant devant sa vitrine. Là-bas, vous voyez la ruelle qui monte, eh bien vous la prenez, et ce sera sur la gauche. C'est juste devant l'église Saint-Juste-et-Sainte-Ruffine…

Victoire accéléra le rythme en montant l'allée en pavés, le regard fixant l'objectif à atteindre. Elle tentait de chasser les pensées parasitaires qui s'immisçaient en elle, et par la même occasion de faire taire cette petite voix intérieure qui lui murmurait des paroles presque inaudibles, la mettant en garde sur la plus belle erreur de sa carrière qu'elle s'apprêtait à commettre…

Oui, je le pense aussi. Mais si je ne viens pas en aide à Sonia, qui le fera ? Je lui dois bien ça vu que je suis à l'origine de son agression !

Son instinct de flic lui dictant d'observer la plus grande prudence, elle se rassura en touchant son arme, bien au chaud sous son blouson. Elle avança ainsi jusqu'au secteur indiqué par la vendeuse, mais se retrouva de nouveau dans une impasse, devant toutes ces façades identiques. Le fait d'être accolées et construites selon le même style rendait impossible tout moyen de déterminer celle de la députée. Soudain, la configuration des lieux lui rappela son flash au moment où sa main avait touché le bras de la députée. Elle ferma les yeux et se remémora la vision furtive.

L'angle, le candélabre d'un autre temps, la rue en pente, pavée de cailloux... Une seule et même habitation derrière, juste face au vide.

Remarquant l'absence de rideaux aux deux fenêtres, Victoire dégaina son Sig Sauer du *holster*, et la crosse ancrée dans sa main, le bras le long du corps, progressa vers l'entrée de la maison. La vieille porte en bois, fermée, ne résista pas longtemps à la pression exercée par son épaule. Une fois à l'intérieur, elle progressa en position contact, les bras fléchis et le canon de son arme juste en dessous de l'axe visuel, le regard à l'affût au cas où la députée surgirait de nulle part.

Arrivée à l'étage, après une ouverture d'angle, permettant de scanner la pièce et de la sécuriser avant d'y pénétrer, Victoire repéra Sonia, inconsciente, ligotée sur une chaise. Un contrôle rapide dans le sillon carotidien lui indiqua un pouls. Néanmoins, il était préférable de ne pas s'éterniser, car ses fonctions vitales risquaient de défaillir dans les minutes à venir. D'une main, elle s'empara de son téléphone portable et commençait à composer le numéro des urgences quand une ombre s'avança, longeant les murs aussi subrepticement qu'un félin en chasse. Au moment où la communication s'établit, elle sauta sur Victoire avec la vivacité et l'agilité d'un fauve sur sa proie. Sous la force de l'impact, la policière chuta lourdement au sol, son arme et son téléphone portable lui échappèrent des mains. S'ensuivit une empoignade où rapidement la députée, surexcitée, prit le dessus sur Vic. Montée à califourchon sur elle, Prescillia lui asséna une pluie de coups de poing qu'elle esquivait tant bien que mal en adoptant la technique du hérisson, en se protégeant le visage avec ses coudes.

Sachant que dans cette position de vulnérabilité, elle risquait rapidement de s'épuiser, il était urgent de se relever pour renouer avec son domaine de prédilection. Malgré la pénombre de la pièce, Victoire perçut la haine dans les yeux de son adversaire et l'écume à la commissure de ses lèvres attestait de sa rage. Instant précis où elle réalisa qu'elle se défendait non plus contre une femme perturbée psychologiquement mais contre une véritable Bête.

Lors d'un direct porté avec le poids du buste, Vic sentit le déplacement de son centre de gravité et en profita pour effectuer un pontage en creusant énergiquement la cambrure de son dos, poussant simultanément sur ses jambes fléchies. Déséquilibrée vers l'avant, la députée bascula tête la première, moment où Victoire vrilla son corps pour se soustraire à elle et se rétablir sur ses appuis, en enchaînant par une frappe du pied en pleine tête qui la terrassa.

Le temps de chercher son arme ainsi que son téléphone, Prescillia était déjà revenue à elle. Positionnée juste derrière la chaise où Sonia se trouvait toujours inconsciente, elle dévisagea la policière, les babines retroussées et les crocs acérés. Son regard noir, terrifiant, lui remua les tripes. Vic ne se souvenait pas avoir ressenti une telle frayeur face à un criminel.

— C'était la dernière. Qu'elle aille les rejoindre en Enfer ! éructa la Bête en balançant un coup de pied frontal dans la chaise, d'une telle force qu'il défenestra Sonia dans un fracas de verre.

— Non ! hurla Victoire en se jetant sur le dossier de la chaise, alors qu'un des pieds, coincé dans l'encadrement, avait interrompu la bascule totale à l'extérieur.

Sous l'impact du choc et de la douleur provoquée par les éclats de verre lui ayant lacéré le visage, Sonia reprit connaissance. Terrorisée en ouvrant les yeux sur le vide en dessous d'elle, à environ quatre mètres, qui semblait la happer, elle réalisa la gravité de la situation en voyant la policière derrière elle retenir la chaise de toutes ses forces. Moment où, en bas, elle reconnut Prescillia Gomez sortir de la maison et prendre la fuite dans la ruelle.

Luttant de toutes ses forces, Victoire n'arrivait pas à ramener la chaise dans la pièce. Elle maintenait un équilibre instable mais pour combien de temps ? À bout de bras, ses pieds ancrés contre le mur, elle sentait ses muscles se tétaniser… et redoutait de devoir lâcher prise.

Ameutant le quartier, en hurlant à tue-tête, Vic finit par attirer l'attention de deux passants. Montés à l'étage, ils lui apportèrent l'aide et l'assistance nécessaires à réintégrer Sonia dans la pièce. Victoire la libéra de ses liens et s'empressa de retrouver son portable pour prévenir les secours. Dans l'urgence, elle avait opté *in extremis* pour se jeter sur la chaise au lieu de ramasser son arme et son téléphone. Un balayage visuel de la pièce lui suffit pour comprendre que Prescillia lui avait subtilisé l'ensemble… Grâce à un des deux bons samaritains, les sapeurs-pompiers débarquèrent sur place dix minutes plus tard pour prodiguer les premiers soins à la blessée.

Prise en charge, Sonia se trouvait allongée dans le fourgon quand Victoire prit le temps de la saluer avant qu'elle ne soit acheminée à l'hôpital le plus proche. Elle en profita pour lui poser une question qui lui taraudait l'esprit depuis son arrivée à Prats-de-Mollo-la-Preste :

— J'ai du mal à comprendre pourquoi Prescillia vous en veut à ce point ? Dans quel but, après tant d'années et la disparition de ses proches ? Juste pour récupérer ce courrier envoyé en 2015 et vous empêcher de parler ? Ça ne tient pas la route !

— Vous n'y êtes pas du tout ! J'étais la dernière du groupe à avoir assisté à l'accident, et la seule encore capable de l'identifier… car on ne peut oublier son regard une fois qu'il vous a terrifié comme je l'ai été. Même en le modifiant avec des lentilles de contact colorées. Ce n'est pas Prescillia qui vient de m'agresser, mais Angels !

58

Je ne me supporte plus. À chaque fois, j'ai le même sentiment de honte quand je mélange l'alcool à mon traitement. J'ai d'abord l'impression d'aller mieux, avec cette sensation d'euphorie puis, dans un second temps, c'est la descente aux enfers quand j'ouvre les yeux sur ma vraie nature. Je me dégoûte. Et là, je me rends compte que c'est une utopie de croire, grâce aux médicaments, que je vais bien. En réalité, je me voile la face. J'évite de voir qui je suis. Un monstre détraqué et sanguinaire qui a tué ses semblables. Même ses proches ! Qui peut agir ainsi à part une bête immonde ? Je ne mérite plus de vivre. Je dois en finir.

Décidée à profiter de cette lucidité, elle estima qu'il était temps de rejoindre sa famille, dont elle avait éliminé les membres un par un. Pour la simple raison qu'ils avaient, à un moment ou à un autre, fomenté ou intenté à sa vie.

Mon cher père ! Celui qui m'aimait tant et qui, au fil des années, avait préféré ma sœur qui le rendait fier avec ses bons résultats scolaires, ses prouesses en gymnastique et ses dons en clarinette à l'harmonie municipale. Pitoyable ! Alors quand je me suis retrouvée bloquée à l'arrière de notre voiture, conduite par mon paternel, grâce à l'avertissement de ma mère, je me suis jetée sur lui, l'ai griffé à la gorge pour le forcer à avouer son plan.

Angels avait ensuite saucissonné son cou sur l'appui-tête à l'aide de la ceinture de sécurité, puis s'était projetée sur le siège passager afin de pouvoir appuyer sur l'accélérateur. Pendant que son père s'étranglait de plus belle en essayant de se dégager, elle avait donné un coup de volant provoquant une sortie de route. Le temps de s'éjecter, elle avait assisté au long trajet en ligne droite du véhicule qui avait fini sa course folle dans le Tech.

Ma chère sœur ! Un amour de petite fille modèle. La petite fille chérie de nos parents. Elle à qui tout réussissait. Belle, intelligente, sensible et si empreinte de gentillesse. Tout l'inverse de moi !

Tu es dure avec toi-même ! l'attisa le spectre de Prescillia qui l'accompagnait depuis vingt-sept ans, de jour comme de nuit. *Regarde ce que tu es devenue. Tu es devenue une belle femme.*

Tu parles, aboya Angels. Après les sommes dépensées en chirurgie esthétique, ç'aurait été quand même dommage !

Et tu es même devenue intelligente et tu as réussi à t'élever dans la société. Une belle revanche !

Pour le coup, il est vrai que j'ai bien manœuvré. Depuis notre accident, maman déraillait assez régulièrement. Ses idées pas toujours en place, je l'ai aidée, ce qui m'a permis de prendre progressivement l'ascendant sur elle... et d'orchestrer ma vendetta envers toutes ces lauréates qui étaient responsables de notre chute et avaient osé se moquer de nous. Grâce à mon emprise, maman m'a toujours défendue bec et ongles, y compris contre papa. Sauf quand je m'en suis pris à toi... Là, elle a douté, ne sachant plus à quel saint se vouer. J'ai vu que son cœur balançait entre toi et moi alors que j'étais en train de te martyriser. Alors je lui ai vite rappelé qui était le maître à bord : Moi ! Et quelques traumatismes ont suffi à la rendre docile et à lui faire reprendre le chemin de la raison. Le cœur serré, elle m'a même aidée à t'étrangler de ses mains. Si elle pleurait en serrant ton cou, de mon côté, je n'ai eu aucun remords à te tuer, j'éprouvais une telle répulsion à ton égard... Au contraire, ta mort m'a procuré un réel soulagement. Une fois débarrassée de toi, j'ai fait pression sur Baixàs qui croyait beaucoup en mes capacités et m'a aidée à échanger nos identités. Tu as pris ma place sous le macadam de l'aire d'arrêt d'urgence de l'A9 et j'ai pris la tienne. Mais dans un premier temps, il fallait cacher ma présence et donc « te » déscolariser sinon tout le monde aurait découvert le pot aux roses !

Prétextant des troubles psychologiques importants à la suite du décès du père et du faux enlèvement d'Angels, le docteur Baixàs, amant de Claudia Gomez, avait délivré de nombreux certificats médicaux recommandant le repos absolu. « Prescillia », décrochée du système scolaire sans difficulté, sa mère avait bénéficié d'un congé longue maladie accordé par le ministère de la Jeunesse et des Sports. Terrorisée depuis la mort de son mari, puis de sa cadette, totalement sous l'emprise d'Angels, et sur les conseils de son amant, elle avait été contrainte de suivre les instructions de l'éducation nationale prescrivant des cours par correspondance puisque l'école était obligatoire jusqu'aux seize ans de l'enfant. Angels avait donc bénéficié de ses cours à domicile prévus administrativement pour « Prescillia ». Plusieurs années à rester cloîtrée dans le pavillon, à étudier, aidée par sa mère qui recevait uniquement la visite de

Baixàs, qui les approvisionnait en denrées alimentaires. Il profitait de ses visites dominicales pour entretenir de bonnes relations avec ses deux patientes. Un rapprochement inéluctable, dû en partie à leur passé carentiel qui avait transformé leur relation privilégiée, intime, en passion. Un transfert positif estimé nécessaire par le thérapeute pour obtenir une avancée significative de leurs traumatismes, en modifiant leurs sentiments en amour aveugle.

Pendant que Baixàs leur rendait visite et continuait d'entretenir sa relation d'adultère avec Claudia, il en profitait pour suivre sa patiente… qui, au fil des années, avait fini par apprendre l'origine de leur rencontre. Sa mère, jeune mariée, souffrant d'une dépression suite à son incapacité à procréer, avait entamé une psychothérapie à l'hôpital de Thuir avec le docteur Baixàs. Au fil des séances, une proximité plus intime s'était nouée entre eux et Claudia était tombée enceinte de son premier enfant. Angels avait rapidement compris que Baixàs était en réalité son père biologique.

Le temps s'était écoulé, Angels/« Prescillia », toujours sous influence médicamenteuse, avait progressé et tout en continuant sa relation étroite avec le patricien, avait réussi, grâce à son soutien, à accéder à des études universitaires en Suisse, le plus loin possible du pays Catalan. Un master en poche, elle était devenue chef d'entreprise dans l'industrie du parfum. Mais hélas, un jour de février 2014, alors que sa campagne pour les municipales de sa commune se déroulaient dans des conditions optimales et que la victoire était presque acquise, sa mère s'était rappelée à son bon souvenir. L'éloignement avait aidé Claudia à reprendre confiance en elle et elle l'avait menacée de révéler sa réelle identité.

Moi qui avais tout fait pour elle. Quel toupet ! Alors un soir où j'avais arrosé plus que de raison, en compagnie de mon groupe, les résultats me plaçant en tête des sondages pour l'accession à la mairie, et que j'avais omis de prendre mes médicaments, je n'ai pas hésité une seule minute en rentrant au domicile. J'ai assassiné ma mère en l'étranglant dans son sommeil et je l'ai pendue au bout d'une corde dans le jardin. Le suicide, acté par le légiste Baixàs, avait mis fin à toute interrogation dérangeante de la gendarmerie…

Installée dans un petit appartement dans le centre-ville de sa commune, elle en avait profité pour vendre le pavillon familial, en répondant à une offre alléchante d'une société Agro-Voltaïque, pour faire l'acquisition de son mas et entreprendre des travaux importants. Tout allait pour le mieux, quand Sonia Chemarin était réapparue dans les P.O., un an plus tard…

Marre de me battre ainsi, tout le temps. Contre tout le monde. À devoir m'imposer. Je n'en peux plus de cette vie de mensonge, de duperie… De devoir mentir continuellement, de faire attention à mes actes ou à la moindre parole prononcée. À force de mentir à tout le monde, on finit par se mentir à soi-même ! Il faut en finir…

Un bruit de moteur interrompit sa réflexion. Le regard sombre, à l'affût, elle monta au dernier étage de la cabane et aperçut la vieille Clio de la policière qui se stationnait devant l'ancienne propriété de Sanchez.

Tu tombes bien, ma grande. Tu n'étais pas prévue au programme mais tu vas regretter d'avoir fourré ton nez dans ma vie. Approche, viens dans ma tanière… Tu feras partie de mon dernier voyage !

59

Une fois Sonia en sécurité, prise en charge par les Sapeurs-Pompiers, Victoire s'était décidée à retrouver au plus vite Prescillia… enfin Angels. D'abord et avant tout, parce qu'elle détenait son arme de service, mais aussi pour éviter que cette faute professionnelle ne lui soit imputée par sa hiérarchie.

Tu n'as vraiment pas besoin de ça ! Quand tu fais le bilan de tes actions borderline depuis ton arrivée, ton patron peut te coller sur le dos « non-respect des consignes, insubordination, impulsivité et perte de contrôle lors des missions », bref, bien assez de motifs pour entamer une procédure de sanction ou pire, de radiation !

Arrivée devant son véhicule, Vic était restée pensive un bon moment, adossée à sa portière, en repensant aux propos de Sonia. Tout devenait limpide au vu de sa révélation. Elle comprenait dès lors pourquoi le légiste avait falsifié l'autopsie d'Angels en 1999, pour la simple et bonne raison que la défunte se prénommait Prescillia et que son corps présentait des fractures et des traces de griffures.

Même son âge avait été rectifié ! Quand j'y pense, les enquêteurs de l'époque n'avaient vraiment aucune chance de résoudre cette affaire vu le nombre d'erreurs et de falsifications inhérentes aux pièces du dossier.

Après ce constat amer, Victoire devait retrouver Angels au plus vite. La savoir dans la nature, avec son Sig Sauer, la terrorisait. Mais où aurait-elle pu se terrer après sa tentative de meurtre contre Sonia à Prats-de-Mollo ?

Décidée à prendre le volant, elle circulait sur la départementale en direction de Perpignan, quand le déroulement de l'enquête défila dans son esprit. De sa découverte du premier corps sur l'autoroute A9 aux premiers éléments recueillis dans la cabane, jusqu'au dénouement avec la liste des victimes, lauréates d'un challenge scolaire… Tout en suivant les panneaux directionnels, elle laissait son cerveau s'abreuver des différentes étapes et des théories élaborées en fonction des indices, révélations et allégations formulées… Ce long cheminement chaotique n'aurait jamais pu voir le jour si elle n'avait pas franchi la porte à moitié dégondée de la cabane. Elle se souvenait de l'atmosphère étrange, même pesante, qui régnait encore dans ce lieu après trente ans.

Et si Angels y revenait encore parfois ?

En repensant à ce qu'avait vécu Angels, seule, isolée, dans cette cabane, Victoire comprit les raisons de son mausolée. Du haut de sa tour, l'adolescente avait observé, avec un regard extérieur, pendant des mois, voire des années, sa famille vivre, rire, profiter de la vie, en se sentant de jour en jour de plus en plus exclue de ce cercle familial. Son ressenti, sa peine et sa détresse ne s'étaient que renforcés au fil du temps et avaient nourri sa haine de l'autre. Victoire imaginait très bien cette pauvre gamine qui avait dû subir l'isolement et s'était tournée vers la croyance, comme beaucoup de gens en perte de repère, se sentant en marge. Le seul moyen de se raccrocher à quelque chose avant de sombrer définitivement. Ce levier dont se servent souvent les gourous des sectes ou les mouvances religieuses radicales pour endoctriner les brebis égarées… Angels, traumatisée par sa chute en compagnie de sa mère à l'occasion de la fête traditionnelle, était sans doute tombée en adoration de ce Dieu mi-homme mi-ours. Celui qui lui donnerait la force, grâce à ses prières, de continuer à vivre avec sa mère, seules contre tous. Et petit à petit, les cibles s'étaient précisées en prenant forme dans son esprit vérolé : les lauréates du centenaire de la Révolution, mises sur un piédestal, qui représentaient le « savoir » et la « réussite », valeurs dont elle-même avait été privée. Elles qui étaient responsables de leur accident et avaient osé se moquer d'elles... Une déflagration s'était alors produite dans son esprit dérangé et elle avait décidé d'entrer en guerre contre la société en distillant le Mal dans les contrées. En enlevant chaque lauréate, et en semant le trouble, puis la terreur dans la région… Pour qui, pour quoi ? Sans doute pour attirer l'attention sur elle, comme lorsque des parents, trop concentrés par l'arrivée du nouveau-né dans la famille, ne comprennent pas les crises de leur aîné qui se sent délaissé.

À travers ses enlèvements, Angels voulait démontrer l'étendue de ses prouesses, et ce dont elle était capable, dans le seul but que l'on s'intéresse enfin à elle. Le reste, que ce soit les tortures, les sacrifices et les offrandes, j'imagine qu'ils n'étaient que le reflet de sa haine engrangée face à l'indifférence générale…

Victoire en avait déduit que la cabane représentait son lieu sacré. Un refuge où Angels s'était toujours sentie à l'abri, et en sécurité. Et à l'heure d'aujourd'hui, au regard de la gravité des faits, la logique voulait qu'elle se retranche dans cet endroit.

Une fois sa Clio stationnée devant l'ancienne clôture de Sanchez, la policière s'était aventurée dans les grandes herbes du terrain en friche. Certaines couchées au sol lui indiquèrent des traces récentes de passage. Angels était bien là. Dès lors, Vic avait ralenti sa progression. Méfiante, le regard à l'affût, en alerte du moindre bruit, elle s'attendait à ce que la sauvageonne surgisse à tout moment. Elle avait pu apprécier son agilité lors de leur bref échange de coups mais se sentait capable de l'affronter. Pour la simple et bonne raison que, malgré sa force physique supérieure, Angels n'avait jamais eu de réel adversaire. Un mental d'acier se forgeait à la répétition des coups reçus et à la sueur des reprises qui obligeait le boxeur à puiser dans ses ultimes ressources pour arriver au terme de son combat. En ça résidait l'avantage indéniable de Vic.

Démunie d'arme, sur ses gardes, la policière avançait prudemment jusqu'à la cabane, se demandant comment elle réussirait à maîtriser cette Bête déchainée, quand, à l'approche de la porte d'accès, elle reçut un poids énorme sur le corps. Plus de son. Plus d'image. À quatre pattes sur elle, tel un félin, Angels esquissa un sourire carnassier. Elle exultait et dans ses yeux brillait la folie.

Vingt minutes plus tard, Victoire décrocha une grimace en ouvrant les yeux. Un scan rapide de l'environnement lui permit de reconnaitre les lieux. Elle se trouvait au dernier palier de la cabane à environ six mètres de hauteur. Les poignets attachés dans le dos, une corde avec un nœud coulant entourait son cou. Elle suivit du regard l'extrémité de la corde attachée au tronc, là où attendait Angels, son Sig Sauer dans la main droite.

— Ça y est, madame s'est enfin réveillée, cracha-t-elle. Écoute, on ne va pas s'éterniser. Tu voulais avoir des réponses à tes questions, savoir comment elles étaient toutes mortes. Tu vas en faire l'expérience.

— Je sais déjà tout ça. Les tortures, les griffes et les lacérations… Une telle barbarie. Et si simple, si facile… à la hauteur de n'importe quel gosse ! tenta-t-elle de l'atteindre, espérant toucher son amour-propre.

— Qu'entends-tu par « si facile » ?

Vic savourait. Sa provocation avait réussi à susciter son intérêt. Il fallait poursuivre et l'amener sur son terrain.

— Ces pauvres gamines, moins âgées que toi, étaient attachées, terrorisées et si vulnérables. C'est comme si moi, championne de boxe, je mettais une branlée à un type menotté, au commissariat. Rien de plus facile ! Par contre, affronter quelqu'un en face à face, d'égal à égal, c'est bien plus difficile… Car tu peux toujours tomber sur un os et te ramasser.

Voyant son visage se déformer par la colère, elle lui laissa le temps de ruminer puis continua :

— Ce qui t'est arrivé à Prats-de-Mollo ! Comme la situation t'échappait, tu as préféré prendre la tangente. Il est clair que moi, je n'ai rien d'une petite gamine apeurée, et tu es loin de m'impressionner !

— Ferme-la ! Et d'abord, ces filles étaient loin d'être innocentes ! rectifia Angels en haussant le ton. Elles étaient TOUTES responsables de notre chute…

Elle se mit à débiter ses propos en rafale, avec une telle hargne que de nouveau l'écume se forma à la commissure de ses lèvres. La Bête enrageait. Angels expliquait que lorsque l'ours s'était approché du groupe, il s'était d'abord jeté sur les gamines. Effrayées, elles s'étaient toutes reculées en la poussant contre sa mère. Et son propre déséquilibre avait fait basculer sa mère au-dessus du parapet, les propulsant dans le vide.

— Ce sont elles, les responsables ! De son coma, de ma peur

de perdre ma mère, mon seul et unique soutien... et de son handicap... Et non satisfaites de nous voir quatre mètres plus bas, de constater l'inconscience de ma mère, ces pestes se sont moquées de nous ! Salopes ! Elles devaient payer…

Angels ferma les yeux. Ses paupières battaient la chamade comme si elle se repassait le film de cette tragédie qui l'avait marquée pour la vie, à en croire son comportement. Soudain, son regard noir réapparut, avec cette froideur qui le caractérisait. Sonia avait raison, impossible de l'oublier…

— Bon, il faut en terminer, maintenant. Tu as bien fait de me rejoindre, on partira ensemble !

— Non ! Tu n'es pas obligée d'en arriver là. Ce serait du gâchis, après toutes ces années à essayer de te soigner...

La députée leva son bras avec, dans son prolongement, le Sig Sauer pointé en direction de Victoire.

— Saute ! ordonna-t-elle sur un ton glacial.

— Non. Trop facile. Affronte-moi, en combat singulier ! Tu te crois forte et tu le revendiques. C'est le moment de le prouver.

— Je n'ai aucune envie de me battre. Je me suis battue toute ma vie et je suis fatiguée. Je dois en finir…

— J'entends, acquiesça la policière. Dans ces conditions, casse-toi… mais seule ! Oublie-moi ! Je n'ai rien à voir là-dedans ! s'insurgea-t-elle, des trémolos dans la voix, sentant la situation lui échapper.

Le regard inquiet, elle scrutait les alentours, mais dans ce coin aussi paumé qu'un désert agricole, personne ne risquait de venir lui porter secours. Et avec cette corde menaçante autour du cou, ses chances de bouger se réduisaient comme peau de chagrin.

— Tu plaisantes, j'espère ! Si on en est là, aujourd'hui, c'est à cause de toi. Toi qui as retrouvé toutes ces gamines, allant jusqu'à déterrer tous nos secrets enfouis depuis trente ans. À force de remuer la merde, tu as tout éclaboussé sur ton passage ! Alors maintenant, tu dois payer !

Arborant un visage de marbre, d'une froideur impitoyable, Angels braqua le canon du Sig Sauer sur les hauteurs de la cabane et aligna les appareils de visée sur Victoire.

— Saute ! Ou sinon, je t'oblige à le faire…

Utilisant le peu d'espace à sa disposition, Vic se décala légèrement sur la droite, retardant l'échéance. Mais la députée avait suivi son déplacement en contournant l'énorme tronc.

Bang

La balle avait effleuré son épaule et s'était fichée dans la cloison. Sous le coup de la déflagration, Victoire avait eu le malheur d'anticiper en vrillant le buste. Soucieuse de se rétablir, elle avait posé le pied sur l'avant, mais le bout de planche pourrie s'effrita sous son poids. Son déséquilibre la propulsa dans le vide. Espérant amoindrir l'impact, elle rentra le menton et contracta au maximum ses muscles sterno-cléido-mastoïdiens mais lorsque la corde se raidit sous son poids, la pression au niveau du cou fut dévastatrice… Malgré la douleur excessive, elle se débattit quelques instants, le temps que son corps oscille et que l'étreinte se resserre sur ses carotides. La constriction effective, coupant l'afflux sanguin et provoquant l'asphyxie, Victoire comprit qu'il était inutile de lutter. Elle ferma les yeux, en attente que la mort l'emporte… en éprouvant deux regrets : le premier, de n'avoir pu retrouver son père, si près du but, et le second d'avoir négligé Jérôme alors qu'ils auraient formé un beau couple…

Bang

La seconde déflagration déchira le silence assourdissant de la nature. Angels avait respecté sa parole, elle venait de quitter ce bas monde. Moment ultime où Victoire se laissa enivrer par ce fluide qui s'immisçait dans chaque parcelle de son corps. Elle sentait son cœur résonner à tout rompre à travers ses tempes, prêtes à exploser. L'asphyxie proche lui indiquait que l'instant fatidique approchait. Dressée devant elle, la Grande Faucheuse attendait sereinement pour frapper. Vic traversa un long tunnel noir, immense et glacial, avec une lueur ténue à l'autre extrémité. Une silhouette, non identifiable s'agitait, et à travers ses gestes, lui signifiait de ne pas avancer. Malgré ses recommandations, Vic continuait de progresser. Ses pas lui semblaient lents, hyper lents, comme si les semelles de ses chaussures étaient plombées… Petit à petit, les contours de la personne se dessinèrent et elle crut se reconnaître… Non, en réalité, il s'agissait de Maria, sa mère, qui s'évertuait à la convaincre de ne pas la rejoindre…

Trop tard, maman ! Je suis désolée… me voilà.

60

Vincent avait roulé comme un fou furieux en apprenant la nouvelle. Gyrophare enclenché, sirène hurlante, il avait brûlé tous les feux rouges et toutes les priorités sur le trajet l'amenant à Saint-Jean-Lasseille. Ses souvenirs avec Victoire défilaient devant lui à la vitesse d'un éclair. Leur enfance au rugby, leur complicité et leur amitié renforcées au fil des années. La respiration haletante, les larmes embuaient ses yeux alors qu'il s'évertuait à accélérer encore et encore…

Les pneus de son véhicule crissèrent lorsqu'il pila dans l'ancienne rue de la famille Rodriguez. Avant de couper le contact, la boule au ventre, il aperçut le véhicule rouge des sapeurs-pompiers, refusant de voir l'évidence.

À peine éjecté de sa voiture, il avait déboulé sur la scène de crime, déjà matérialisée par la rubalise installée par ses collègues gendarmes de Banyuls-dels-Aspres. Là, il vit le corps d'une femme gisant dans une mare de sang, au pied du chêne, le visage défiguré. Malgré ses craintes, il tentait de se persuader que cette silhouette ne correspondait pas à celle de Vic.

Non, impossible, elle est plus mince, plus musclée !

Affolé, le souffle court, son regard balayait les lieux à une vitesse aussi effrénée que son cerveau analysait. Il repéra d'abord une corde sur le sol, dont l'extrémité se terminait en nœud de pendu, avant de se poser sur un individu de dos, les poignets menottés et sous bonne garde. Il s'avança, surpris de se retrouver en présence de Rigaud, le voisin de Sanchez.

— Mais qu'est-ce que vous faites là ? Que s'est-il passé, ici ?

— J'étais tranquille chez moi en train de regarder la télévision quand un coup de feu a retenti. Si proche, que je suis sorti, armé de mon fusil de chasse. En m'avançant, j'ai tout de suite remarqué la petite fliquette en train de se balancer au bout d'une corde, et juste en dessous se trouvait une femme, un flingue à la main…

Le vieil homme expliqua que dans un premier temps, il l'avait sommée de lâcher son arme. Quand elle lui avait fait face, il avait tout de suite reconnu le regard terrifiant d'Angels, la fille des Rodriguez.

— En me voyant, elle s'est mise à rire, à gorge déployée. Et elle m'a avoué ce qui était arrivé à ma femme…

La fameuse nuit de sa disparition, lorsque son amie l'avait déposée en rentrant de sa séance de gym, madame Rigaud avait entendu du bruit près de l'étang, au fond du terrain de Sanchez. En éclairant avec sa lampe, elle avait cru apercevoir une forme oblongue sur le sol. Vu les soupçons du couple sur l'implication des Rodriguez dans les enlèvements, elle s'était approchée pour en avoir la confirmation, horrifiée de constater la mort d'une pauvre gamine, revêtue d'une aube souillée.

— Quand elle a vu mon épouse, cette folle l'a sauvagement étranglée, et une fois son corps lesté, elle l'a balancé au fond de l'étang… Alors je ne sais pas comment c'est arrivé mais sans le vouloir, mon doigt a appuyé sur la détente. Je n'ai même pas tremblé. Et en m'avançant pour secourir la petite flic, je me suis rendu compte que cette dingue respirait encore. Elle m'observait avec un sourire démoniaque. Alors j'ai pressé une deuxième fois sur la détente, en visant cette fois la tête. Ne dit-on pas que lorsqu'un animal est blessé, il faut l'achever ? Eh bien j'ai rendu service à la société, Angels a enfin expiré son dernier souffle… et la Bête est morte !

Monsieur Rigaud raconta que dès lors, il s'était empressé de détacher la corde pour descendre la policière et la libérer. Mais son pouls ne battait plus, elle était décédée. Il avait tout de même prévenu les secours et tenté un massage cardiaque.

— Avec mes vieux souvenirs de secourisme qui remontent à trente ans, j'ai fait ce que j'ai pu !

— Et alors ? s'enquit Vincent, les tripes en vrac.

— Les pompiers, arrivés sur place dans les dix minutes, ont pris le relais avec leur matériel, mais je suis incapable de vous en dire plus, vu le comportement inadmissible de vos collègues. Ils m'ont sauté dessus et m'ont traité comme une vulgaire crapule ! Voilà comment on remercie les honnêtes citoyens de nos jours !

L'image d'une civière réapparut dans l'esprit du capitaine. Il se souvenait avoir vu, en arrivant, la porte du fourgon se refermer sur un corps recouvert d'un drap blanc. Signe caractéristique du décès de la victime. Mais en son for intérieur, il savait que tant qu'il ne l'aurait pas constaté de visu, il n'y croirait pas. L'esprit en train de dérailler, les larmes roulant sur ses joues, Vincent remonta le terrain en grandes enjambées et stoppa de la main le camion rouge au moment où il démarrait. La vitre baissée côté passager lui permit de s'adresser au chef de bord :

— Je vous demande une minute. Juste une. Pour lui dire au revoir… c'était mon amie !

Le fourgon arrêté, les portes arrière s'ouvrirent et Vincent put accéder à la civière où siégeait le corps inerte de Victoire…

61

Au final, Victoire n'avait pas saisi la main tendue par Maria. À cause d'un flash intense, une lumière si vive et éblouissante qu'elle lui avait brûlé la rétine… Un grand sursaut lui avait permis de revenir à la vie, entourée d'appareils qui s'étaient mis à retentir dans un tintamarre assourdissant, comme si son retour les avait mis en joie. Les yeux rivés sur le plafond, Vic avait ouvert la bouche et la poitrine gonflée au maximum, avait inspiré une énorme bouffée d'oxygène, arrachant par la même occasion le masque et les sondes sur son visage.

Revenue d'outre-tombe, Vic avait échappé de justesse à la mort en remportant sa plus belle victoire, son combat de la dernière chance, déjouant les pronostics du corps médical qui, au vu de son pronostic vital engagé, lui accordait une chance infime de s'en sortir. Nul doute que ses qualités physiques et physiologiques avaient pesé dans la balance et contribué à son retour parmi les vivants.

Dès que l'annonce s'était propagée sur les ondes de *France Bleu Roussillon*, Vincent avait accouru, trop heureux de revoir son amie. Sur le trajet, l'image de son corps inanimé, sur la civière et sous oxygénothérapie, l'avait tellement secoué, qu'elle venait le hanter depuis cette dramatique journée. Trois nuits de cauchemars. Il n'y croyait plus.

Arrivé dans la chambre, son sourire s'éclaira en la voyant en chair et en os, assise dans son lit. Il reçut un choc en voyant la pâleur de son visage qui, d'ordinaire, respirait la santé. Aujourd'hui, Victoire ressemblait à s'y méprendre à une malade en phase terminale.

— Alors, ce voyage ? Bien rentrée ? essaya-t-il de détendre l'atmosphère, soudain pesante.

— On peut le dire... articula-t-elle difficilement. Désolée, je ne peux pas encore m'exprimer correctement désigna-t-elle son cou.

Une trace bleutée en forme de collier se dessinait sur sa peau diaphane. Connaissant les répercussions psychologiques engendrées par une pendaison, il s'enquit de son état :

— Et comment te sens-tu ?

— Abattue, mais bien. J'ai même le sentiment de me sentir mieux qu'avant. Cette mort cérébrale m'a apporté la sérénité de l'esprit. Je vois la vie sous un autre angle. Et je peux t'assurer qu'à partir de maintenant, je ne perdrai plus mon temps avec des broutilles, à tergiverser, ou à me battre contre des moulins à vent ! Je vais profiter un max de la chance que la vie m'a offerte.

De bonnes résolutions qui mettaient Vincent en joie, si tant est que son amie tienne ses engagements. Déterminée, Victoire poursuivit sur sa lancée en dressant un bilan peu reluisant de sa vie, de ses implications et ses prises de position ayant monopolisé la majeure partie de son existence.

— Je me souviens d'un documentaire sur les œuvres innombrables de Victor Hugo. Je veux bien croire qu'elles représentaient le fruit de sa passion, que son talent était prolifique, mais imagine le temps qu'il a consacré à écrire, seul, sur son bureau, au prorata des années de son existence. Cet homme a vécu par procuration en voyageant à travers ses lignes et ses pages alors qu'il aurait pu partager ses heures d'écriture avec ses proches...

Victoire se força à déglutir. Ses problèmes d'élocution desséchaient sa bouche, la salive se raréfiait. Elle se versa un verre d'eau et l'absorba difficilement par petites gorgées, avant d'exprimer son ressenti en traçant un parallèle avec l'enquête des Disparues de l'A9. Un constat affligeant.

— Je me suis posé la question, que sans doute beaucoup d'écrivains doivent se poser : est-ce que ça en vaut vraiment la peine ? Consacrer autant de temps sur un livre, équivaut à mon acharnement à démêler les fils d'une affaire. Quand je vois que je suis restée en alerte maximale presque 24 heures sur 24 et 7 jours sur 7 depuis trois voire quatre semaines sur cette enquête, à courir dans tous les sens, à me faire jeter par ma hiérarchie, à me faire démonter la tronche et à négliger ma propre vie amoureuse... et là, j'ai même failli y rester ! Et tout ça pour quoi ? Pour si peu de résultat...

— Tu exagères, se permit de recadrer Vincent. Grâce à toi, on a retrouvé les Disparues.

— Admettons. Mais mis à part les sépultures, que ce soit toi, la cellule DiANE ou même moi, il faut reconnaître que notre bilan est peu reluisant et bien en deçà de ce que nous étions en droit d'espérer. Tu te rends compte que nos belles théories et nos superbes hypothèses se sont avérées pour la plupart totalement fausses !

Résigné, les yeux fermés, son ami haussa les épaules et opina de la tête, exprimant ainsi leur sentiment d'impuissance face à la fatalité. Une affaire criminelle ne se résolvait jamais d'une manière rectiligne mais s'assimilait souvent à des montagnes russes, en fonction des avancées et des complications, voire des désillusions quand une belle piste finissait en impasse. Souvent, la pugnacité payait, ou parfois, la chance leur souriait…

— On s'est grave plantés et sur toute la ligne ! Preuve d'un gâchis en règle, se lamenta-t-elle sur un ton ô combien péjoratif.

Un retour d'expérience et une autocritique qui avaient miné la policière au point d'envisager un virage à 180°. À partir de maintenant, elle avait décidé de définir ses priorités et de laisser de côté les futilités pour optimiser au maximum ses plages horaires et profiter de chaque instant.

— J'ai l'impression désagréable de vivre mon existence par procuration, en gérant celle des autres, avec leurs aléas et leurs turbulences. J'ai décidé de ne plus regarder ma vie défiler comme un film, en simple spectatrice, mais d'en être l'actrice principale. Tu vois, quand j'ai réalisé que c'était fini, que j'allais mourir, deux regrets m'ont traversé l'esprit : Le premier de n'avoir pas eu le temps de rencontrer mon père et le second de n'avoir pas approfondi ma relation avec Jérôme. Mes deux prochains objectifs… sans compter quelques petits secrets de famille que je me ferai un plaisir d'approfondir, juste par acquit de conscience, et que je t'expliquerai le moment venu ! Dans tous les cas, l'horloge tourne et le temps presse, conclut-elle en arrachant ses cathéters tout en se relevant du lit.

Elle qui d'ordinaire aurait fait un salto arrière suivi d'un triple lutz en règle, s'était rétablie sur ses pieds à la vitesse d'un paresseux, après avoir été piqué par une mouche tsé-tsé… Vincent en resta bouche bée.

— Oh, ramasse ta mâchoire et donne-moi un coup de main, au lieu de me regarder bêtement comme si tu venais d'assister à une apparition. Aide-moi à rejoindre la salle de bains que je puisse me changer !

Le capitaine la stoppa de ses mains en signe de réprobation.

— Il est hors de question de m'embarquer dans ton plan merdique ! Quitter l'hosto dans ton état est de la pure folie.

Le temps que Vic chausse difficilement ses pantoufles et s'accroche au lit pour avancer, il tenta de la raisonner :

— Allez, arrête de jouer les dures à cuire et écoute-moi pour une fois. On est amis depuis assez longtemps pour que tu puisses me faire confiance, non ? Alors crois-moi, c'est une…

— Te croire ? le coupa-t-elle en plantant son regard assassin dans celui du gendarme. Du style, gober tout ce qui sort de ta bouche, les yeux fermés ?

Sa réplique, aussi fracassante qu'un uppercut, plomba l'atmosphère à la vitesse où les nuages noircissaient le massif du Canigou par temps d'orage. Pendant que Vincent encaissait, sonné, Vic remonta à l'assaut sur le ring, bien décidée à ne pas rester dans les cordes. Elle fonça sur son objectif comme elle savait si bien le faire, la rage aux dents.

— Tout ? Y compris ta version concernant Joan ? Celle où tu m'avais juré qu'il n'y avait plus rien à faire et qui t'avait motivé à le balancer à la mer…

Depuis le temps que Victoire désirait crever l'abcès, le trop-plein avait largement débordé. Accablé, Vincent releva la tête avec des yeux de cocker, implorant la pitié.

— Ben oui. C'est la vérité, osa-t-il déclarer du bout des lèvres.

Victoire se déplaça à la vitesse d'une limace mais finit par atteindre l'armoire. La porte coulissante ouverte, elle extirpa son téléphone portable d'une des poches de son blouson. Ses doigts dansèrent une gigue sur l'écran et une fois obtenu ce qu'elle cherchait, présenta la photographie sous le nez de son ami. Depuis le temps que ce dilemme macérait entre eux, elle était décidée à trancher dans le vif :

— Ça, tu vois, c'est le rapport médico-légal de l'autopsie de Joan Montesa, en date du 16 août 2011, le lendemain du drame qui lui a coûté la vie, lâcha-t-elle en le laissant en prendre connaissance. Et comme tu peux le voir, la présence de traces pétéchiales au niveau des yeux prouve que Joan est décédé d'une asphyxie. Pas d'une commotion cérébrale, ni d'une quelconque hémorragie et encore moins d'une noyade… NON ! D'une asphy-xie ! décomposa-t-elle les syllabes pour insister sur la gravité de ses propos. Ce qui veut dire, vu que tu étais le seul à ses côtés à cet instant précis, que c'est toi qui l'as étouffé !

Cette fois, Vic venait de lui porter le coup de grâce. K.O., Vincent conservait les yeux ouverts, rivés sur le carrelage, cherchant ses mots pour tenter de se justifier, même si l'attitude de Victoire ne l'encourageait pas à trouver la meilleure formule.

— Quand je suis descendu, Joan souffrait de plusieurs fractures et surtout d'une grave blessure à la tête. Je te l'ai dit, et je te le répète, il était face contre terre et ne respirait plus.

La policière visualisa l'instant où elle était perchée sur la crête, voyant Vincent en contrebas, agenouillé auprès de Joan, allongé au bord du précipice.

— As-tu au moins vérifié si son pouls battait encore ?

Embarrassé, Vincent prit une grande inspiration avant de répondre :

— J'avoue que non… À ma décharge, Joan venait de m'agresser, de m'insulter, alors j'avais la haine en moi…

— Assez de haine pour lui plaquer ta main sur la bouche et l'empêcher de proférer ses insanités ? Cela sous-entend que tu étais en train de le tuer pendant que je te questionnais sur son état ? Mon Dieu ! s'écria-t-elle, horrifiée par l'image qui lui traversa l'esprit. Ça veut dire que Joan a entendu ma voix avant de mourir…

La mine décomposée, le gendarme s'insurgea :

— Non ! Je te jure que je ne l'ai pas touché ! Sauf au moment de le pousser…

En proie au doute, Victoire le fustigea du regard. Assis devant elle, sa tête se trouvait presque à hauteur de ses épaules. Si elle en avait eu la force, elle lui aurait asséné un direct dont il se serait souvenu pour le restant de sa vie. Mais là, tout de suite, sa déception l'emportait sur sa colère. Elle ressentait une douleur intense au niveau de la poitrine, comme si une dague acérée venait de lui perforer le myocarde.

Elle récupéra ses affaires personnelles dans l'armoire et se dirigea, les jambes aussi lourdes que du plomb, dans le cabinet de toilette. Quelques minutes plus tard, elle réapparaissait habillée et chaussée. Un contrôle rapide de la chambre lui confirma qu'elle n'avait rien oublié et sortit dans le couloir sans même se préoccuper de Vincent… consciente que beaucoup d'eau devra couler sous les ponts avant qu'elle ne réussisse à *digérer* son manque de franchise lors de ce drame.

62

Je fais ce que je dis et je dis ce que je fais !

Une maxime qui la suivait depuis son plus jeune âge. Victoire avait à cœur de réaliser ses deux objectifs le plus rapidement possible, surtout après ce qui venait de se produire.

C'est dingue comment on peut modifier ses ordres de priorité après avoir frôlé la mort... Comme si, du jour au lendemain, on redistribuait les cartes différemment parce que le temps est compté. Je ferai tout ce qui sera en mon pouvoir pour concrétiser avec Jérôme et ensuite, je retrouverai mon père ! Seul moyen de dénouer les fils de mon histoire familiale et mon lien avec le domaine Dejesùs... Mais avant d'entamer la moindre démarche, il faut que je me remette sur pied et que je fasse un lifting. Et vite !

Motivée comme jamais, sa détermination lui avait permis, en quelques jours, de récupérer l'essentiel de ses capacités, en tentant même un jogging et le lendemain, une sortie VTT. Pendant sa convalescence, le délégué syndical l'avait informée d'une mesure disciplinaire engagée à son encontre pour manquement injustifié à l'obligation d'obéissance hiérarchique. Au pire, elle écoperait d'un blâme, ce qui n'allait pas lui ruiner l'existence.

Si elle n'éprouvait aucun regret, elle restait tout de même chagrinée que son acharnement à stopper une criminelle n'avait pas joué en sa faveur…

Une fois son visage redevenu présentable, elle avait renoué avec Jérôme mais l'avait trouvé sur la réserve, voire distant. Pour contrecarrer leurs retrouvailles en demi-teinte, elle avait décidé de brusquer les choses en faisant le premier pas, en débarquant à l'improviste…

Le jour suivant, en début de soirée, elle stationna son véhicule à quelques pâtés de maisons de l'appartement de Jérôme. Contrairement à d'habitude, vu sa tenue affriolante, elle descendit les jambes serrées pour éviter les regards indiscrets. En passant devant un commerce, elle observa son reflet dans la vitrine, s'ébouriffa la tignasse et en profita pour tirer quelque peu sur sa jupe, un peu trop courte à son goût. Mais l'ensemble était assez sexy pour émoustiller le beau géomètre et si cela ne suffisait pas, elle avait amené une liqueur de Coscoll…

Faut parfois anticiper pour mettre toutes les chances de son côté !

Arrivée à l'entrée, elle se faufila dans le bâtiment en emboitant le pas d'un locataire puis, une fois devant la porte de l'appartement, prit une grande respiration avant de sonner. La surprise de sa visite effacée aussi rapidement que les politesses habituelles, Victoire rentra dans le vif du sujet en lui volant un premier et tendre baiser. Les lèvres aimantées, tous deux apprécièrent ce rapprochement langoureux qui se mua vite en moment fougueux et passionné. Dans l'espoir de combler la perte de temps accumulée depuis leur rencontre. Leurs corps frétillaient au rythme imprimé par leurs langues, avec une telle intensité survoltée, que les mains commencèrent à s'aventurer sur leur peau, fleuretant parfois avec l'intimité. Tant est que les premiers vêtements virevoltèrent un à un dans la salle, puis dans le couloir pour finir l'effeuillage des sous-vêtements sur le sol de la chambre. Instant magique de frénésie où Vic se laissa enivrée par l'excitation au summum de son apogée, abandonnant son corps nu tel un serpent sous l'influence de son charmeur. Soulevée et déposée délicatement sur les draps soyeux, ses sens en alerte maximale, elle sentit des myriades de papillons grouiller dans son ventre. Sur le dos, les yeux toujours fermés, elle réalisa que le moment était venu de s'offrir à Jérôme. Les jambes légèrement écartées, elle s'abandonna à son initiative quand elle sentit son sexe turgescent frotter l'intérieur de sa cuisse juste avant de s'immiscer en elle…

Entrelacés dans des courbes et des positions au-delà du raisonnable, leurs corps s'étaient enchevêtrés laissant libre cours à leur passion dévorante. Un moment d'extase et de communion parfaite… suivi quelques minutes plus tard d'un second orgasme… puis d'un troisième ébat charnel… Avec à chaque fois le même feu d'artifice indéfinissable, des fourmillements dans tout le corps et des étincelles plein les yeux.

Côte à côte, adossés sur leur oreiller respectif à la tête de lit, Victoire n'en revenait pas. Cela faisait une éternité qu'elle ne s'était pas sentie aussi bien en compagnie d'un homme. Même si elle avait été somme toute satisfaite de ses précédentes relations, elle avait toujours éprouvé un manque. Aujourd'hui, l'esprit apaisé, elle était comblée par cet incroyable sentiment de plénitude. Preuve qu'elle ne s'était pas trompée. Jérôme serait l'homme de sa vie et elle était prête, pour la première fois, à entrevoir l'avenir à ses côtés, à concevoir des projets ensemble et pourquoi pas… à fonder un foyer.

— Il faut absolument que tu déménages et que tu viennes vivre avec moi, murmura-t-il dans le creux de son oreille.

Vic sourit tout en lui jetant un regard en coin, malicieux.

— Ça va un peu vite là, non ? Tu n'as pas peur de brusquer les choses et de le regretter par la suite ?

— Oh que non ! rétorqua-t-il sur un ton décidé. Je te le dis texto. Je ne supporterai pas de vivre loin de toi. J'ai besoin de savoir où se trouve ma femme, ce qu'elle fait et surtout de partager avec elle le plus clair de mon temps.

Sa manière d'idéaliser leur relation écorcha quelque peu ses tympans, mais Vic fit abstraction, concentrée sur l'essentiel. Jérôme tenait à elle !

— Normal si on décide de vivre ensemble. Mais tu sais qu'avec mon boulot, je n'ai pas toujours le choix et mes horaires sont parfois élastiques…

— Hummm. On verra par la suite. Je suis sûr que les policières, mères de famille, arrivent à obtenir des horaires de travail en corrélation avec les rythmes de vie de leurs enfants.

Cette fois, la remarque de Jérôme venait de tomber comme un couperet. Si tranchant que Victoire aurait pu croire que son laïus avait été préparé et murement réfléchi.

— Oui, mais ne brûlons pas les étapes, hein ! Pour le moment, on parle d'emménagement, on est loin de papa et maman qui conduisent leurs mouflets à l'école primaire ? le rembarra-t-elle pour clarifier la situation.

Et cloisonner son territoire par la même occasion. Car son métier représentait à ses yeux ce qu'elle avait de plus cher. Hors de question d'envisager une mutation dans un service administratif où elle serait cantonnée aux mêmes tâches journalières. Si cela pouvait convenir à certains policiers, Vic ne le supporterait pas. Elle avait trop besoin d'action. Ce qui lui plaisait dans ses missions était l'inconnu, la surprise des interventions, avec en prime l'adrénaline d'une traque ou d'une interpellation musclée.

Alors même si je suis favorable à faire des efforts pour que ça fonctionne entre nous, faudra me laisser un minimum de liberté et surtout, accepter mon boulot et ses contraintes...

La voyant réfléchir, perdue dans ses pensées, Jérôme la récupéra au vol.

— Oh ! Reste avec moi. C'est ma conception de la vie de couple qui te fait gamberger. Jamais l'un sans l'autre, c'est pourtant un bon principe, non ? Si tu es disposée à t'engager et à me suivre, je marche aussi... sinon...

Victoire avait consenti à ses exigences, même si ce terme lui déplaisait au plus haut point, autant que le « sinon » resté coincé au fond de sa gorge. Elle avait tout de même posé ses jalons, en expliquant qu'avant de préparer son déménagement, elle devait réaliser deux objectifs.

Oui, j'en ai ajouté un. Celui que j'avais mis entre parenthèses en attendant de récupérer mon bras blessé et de mettre de l'ordre dans ma vie...

Elle souhaitait fortement retrouver son père car lui seul la conduirait à l'autel le jour de son mariage. Son second rêve consistait à unifier les ceintures de championne du monde des quatre fédérations de boxe confondues.

Vic avait repris les entraînements avec son coach qui ne lui avait fait aucun cadeau. La reprise avait été catastrophique mais comme à son habitude, avec son mental décuplé, et sa force physique, elle avait su faire front. La date fatidique de février, son premier grand rendez-vous sur le ring, approcherait à vitesse grand V et elle devait mettre les bouchées doubles si elle comptait franchir cette première étape vers le titre…

Suspendue à la suite de sa sanction disciplinaire, Victoire avait trouvé comment occuper son temps libre entre ses entraînements et ses rendez-vous amoureux avec Jérôme. Soucieuse de recueillir des informations complémentaires sur sa famille, elle était retournée dans le Haut-Vallespir interroger Jacqueline, la sœur de Rosy. La porte de sa maison était restée close et ne s'ouvrirait plus jamais. Des voisins, un peu éloignés, avaient découvert la vieille dame gisant sur le sol, décédée d'une mauvaise chute ou d'un arrêt cardiaque… Quant à sa sœur Rosy, elle se serait laissé « glisser » selon le jargon médical, à l'annonce de la mort de Jacqueline. Deux décès aussi brutaux que suspicieux aux yeux de Victoire qui comptait bien éclaircir cette zone d'ombre à son retour d'Espagne.

Pour le moment, son objectif était de franchir la frontière. Ses recherches se focaliseraient dans le secteur d'Oropesa-del-Mar, située le long du littoral, au cœur de la Côte d'Azahar, dans la province de Castellòn, mais aussi le vieux village dans lequel Manuel avait vécu son enfance. En utilisant les renseignements fournis par Jacqueline, Vic comptait sur la chance de retrouver un ancien ami de son père capable de l'orienter.

Le grand jour était enfin arrivé. Après avoir sorti son matériel de camping, bourré le coffre, et fait grimper Mec à l'arrière, Victoire était prête à faire le grand saut. Elle espérait que ce bond en arrière lui permette d'alléger ce poids du passé et à cicatriser ses blessures d'aujourd'hui.

Dans les *starting-block*, moteur en marche, elle ouvrit son portail quand un motard, tout de noir vêtu, posté devant la clôture, fit rugir son monstre d'acier. Si le casque empêchait toute identification, la policière reconnut formellement l'individu qui semblait l'avoir pistée à plusieurs reprises… L'homme donna un coup d'accélérateur, avança de quelques mètres pour freiner juste devant elle, d'une manière frimeuse à souhait. Là, il souleva sa visière, elle reconnut Enric.

— Toi ? s'étonna Victoire avant de s'énerver et monter le ton. C'est toi qui me file le train depuis deux semaines ! Tu fais une fixette sur moi ou quoi ?

Au lieu de renchérir et de monter dans les tours, le brigadier décala sereinement sa béquille et descendit de sa monture, tout en retirant son casque. D'un geste rapide, il redonna forme à sa mèche rebelle, puis d'un air désolé, lui sourit. Son attitude apaisante produisit l'effet escompté en désamorçant la tension bouillonnante.

— Oui, j'avoue… J'avais juste peur qu'il t'arrive des problèmes.

— Et de quel genre ?

Enric lui raconta que tout avait démarré suite à leur différend dans la salle de sport. Il s'en voulait de cette méprise et comptait non seulement s'excuser mais crever l'abcès en lui déclarant sa flamme.

— J'ai de réels sentiments pour toi, Vic. Dès que tu es arrivée au Ciat, j'ai flashé sur toi. Et ne sachant pas comment m'y prendre pour effacer ce mauvais quiproquo, j'avais trouvé l'idée plus séduisante de venir chez toi au lieu de régler ça au boulot…

Ce jour en question, se trouvant devant son portail, cherchant la meilleure manière de procéder, Enric avait aperçu un bel homme sortir de la propriété. Déçu de réaliser que Victoire était en couple, il avait cru le reconnaitre en le croisant ensuite au volant de son véhicule.

— Son visage m'avait semblé familier…

Désireux d'approfondir, dès son retour au poste de police, Enric avait entré l'immatriculation du véhicule dans les fichiers afin d'obtenir de plus amples informations sur le propriétaire. Et en consultant l'identité, suivi de son lieu de naissance à Mont-de-Marsan dans les Landes, ses souvenirs avaient resurgi comme par enchantement.

— Mon flair ne m'avait pas trahi, je connaissais bien ce type. À l'époque, je faisais partie de la CDI de Bordeaux et ce jour en question, nous étions chargés d'assurer la sécurité du Tribunal Judiciaire. Et ce Jérôme Calluzac, demeurant à Saint-Aubin-de-Médoc comparaissait pour violences conjugales. Il avait fracassé son épouse, à en juger l'énumération des blessures par le procureur général.

Victoire écarquilla les yeux de stupeur. Aucun son n'arrivait à sortir de sa gorge tant elle était estomaquée.

— De mémoire, il la frappait mais la terrorisait également, lui faisant vivre un véritable enfer. D'ailleurs il a écopé d'une condamnation de six mois de prison pour harcèlement moral et psychologique, et coups et blessures volontaires ayant entraîné une ITT de plus de huit jours, assujetti d'une injonction de quitter le département. C'est notifié sur son pedigree au TAJ… Tu pourras vérifier par toi-même.

Après s'être subitement assombri au-dessus de Victoire, le ciel s'écroula d'un bloc sur sa nuque. Le genre de coup bas interdit en boxe, mais qui laissait des traces inéluctables. En l'occurrence, cette révélation, lourde de conséquences, venait d'anéantir tous ses espoirs fondés aux côtés de Jérôme. À croire que le destin s'acharnait contre elle en lui interdisant un jour d'être heureuse, sereine et apaisée. Abattue, l'ensemble de son corps se mit à frissonner et ses jambes l'abandonnèrent lâchement, refusant de la porter. Le sol se déroba sous ses pieds et elle s'écroula de tout son poids devant Enric. Les yeux fermés, elle se laissa glisser dans les profondeurs abyssales… loin, très loin…

Épilogue

Au final, Vic avait différé son départ pour l'Espagne. Une fois remise de ses émotions, elle avait pris la route le lendemain matin à l'aube. À la fraîche. Équipée d'un blouson, et d'un bonnet, elle avait enfin quitté la France, non sans un petit pincement au cœur en longeant l'aire de repos du Village Catalan. En repensant aux prémices de cette affaire et à son issue.

Quel chemin parcouru !

Elle partait vers l'inconnu, le plexus comprimé, à la fois par l'impatience de rencontrer son père et déçue de laisser derrière elle sa vie de nouveau en morceaux. *Persona non grata* au commissariat, son amitié avec Vincent en *stand by*, et sa relation d'avec Jérôme largement compromise… En quelque sorte, cette virée en Espagne ne pouvait mieux tomber après les vérifications faites concernant l'affaire judiciaire de Bordeaux.

L'esprit chamboulé, Vic avait effectué le trajet en repensant à toutes les zones d'ombre restées en suspens dans cette enquête qui nécessiteraient d'être approfondies dès son retour. La culpabilité engagée du docteur Baixàs dans l'expérimentation des médicaments envers ses patients, et celle de son frère légiste dans la falsification des documents, mais aussi leur responsabilité dans l'évacuation des déchets toxiques de la clinique entreprise par ses deux ex-amis Xavier et Antonin… La concernant, elle espérait obtenir des réponses auprès de Manuel, sur son lien avec le domaine Dejesùs. Et bien entendu, elle aurait deux grands rendez-vous et des conversations très animées avec Jérôme et Vincent…

Un programme encore chargé ! Ça promet…

Après quatre heures trente de route, Victoire débarqua enfin à Oropesa-del-Mar. Le temps de laisser Mec s'agiter, la truffe au ras du sol, à la recherche d'odeurs de congénères, elle laissa volontairement l'affluence côtière pour se diriger au vieux village pittoresque. Là, elle arpenta les ruelles, en pente, à la recherche de renseignements, la photo de Manuel et Maria en main. En moins d'une heure, dans un bistrot au long comptoir interminable, un monsieur d'une cinquantaine d'années fut en mesure de lui apporter des indications sur son ancien camarade de classe de l'école primaire. L'homme s'exprimait dans sa langue natale mais par le biais du Catalan, Vic arriva à en capter l'essentiel. Aux dernières nouvelles, Manuel vivait en marge de la société, une habitude ancrée en lui et conservée depuis son affaire de 1988. Il se déplaçait régulièrement et se nourrissait grâce à des petits boulots, au gré des saisons, là où la main-d'œuvre s'avérait nécessaire. Mais il avait beau se déplacer au gré de ses opportunités, il finissait toujours par revenir sur ses terres natales en s'installant sur les hauteurs de l'arrière-pays, en squattant dans un ancien monastère abandonné…

L'emplacement localisé sur une carte IGN par l'espagnol, Victoire reprit la route en quatrième vitesse. Elle suivait l'itinéraire enregistré sur son GPS du téléphone portable, les yeux rivés sur le pare-brise, l'esprit toujours tourmenté par cette terrible nouvelle concernant Jérôme. Depuis sa nuit blanche et son réveil, des pensées noires ne faisaient que tourner en boucle dans sa tête. Avec la même question qui la taraudait :

Alors que tu exècres au plus haut point les auteurs de violences conjugales, comment as-tu pu tomber entre les bras d'un mâle Alpha et te faire berner ainsi ? L'amour rend-il si aveugle ?

Surtout qu'une petite musique tintait au fond de son cerveau. Les réminiscences des paroles de Jérôme résonnaient encore mais cette fois avec beaucoup moins d'indulgence. Elle avait bien perçu un ton dominateur dans ses propos concernant leur vie future... Ses émotions entrechoquaient ses pensées, à la fois déçue et effondrée à l'idée d'être tombée dans les mailles du filet d'un auteur de violences conjugales. Elle qui s'évertuait à défendre les femmes battues contre ce genre de criminels, en les mettant en garde sur leur personnalité machiavélique et leurs méthodes sournoises, s'en voulait terriblement.

Le cordonnier est toujours le plus mal chaussé !

Obnubilée par sa réflexion, Victoire avait négligé sa vigilance de l'itinéraire. Soudain la Clio se fit percuter côté conducteur. Un choc latéral si puissant que le corps de Vic fut projeté, malgré la ceinture, sur la portière passager, tête la première dans la vitre qui explosa sous l'impact. Elle perdit connaissance avant que le véhicule ne finisse dans le ravin en réalisant plusieurs tonneaux sur un dévers d'environ trente mètres...

Les aboiements de Mec la firent sursauter. Elle sentit son corps glisser sur le tissu du plafonnier de la voiture, alors qu'elle ne disposait d'aucune force. Son centre nerveux ne semblait plus commander le moindre de ses gestes. Pourtant elle bougeait ! Les yeux aussi embrumés que son esprit, elle s'aperçut que le feu gagnait l'intérieur de la voiture. Le temps de mettre de l'ordre dans ses idées, elle réalisa que la Clio était retournée et que Mec, après l'avoir agrippée par la manche, la tractait en dehors du véhicule en feu. Les flammes au bout de ses pieds léchaient déjà le fauteuil passager. Lorsque son buste fut en dehors de l'habitacle, elle facilita la traction de son chien en ripant sur le sol en s'aidant de ses coudes. Dans un effort surhumain, elle donna un tour de clé pour couper le contact, rampa jusqu'au coffre et actionna son ouverture. Le contenu avec la totalité de son matériel de camping se déversa sur l'herbe jaunie par la sécheresse. L'extincteur en main, elle le déverrouilla en tirant sur la goupille et réussit à circonscrire le feu qui risquait de se propager sur des centaines de mètres carrés. L'esprit soulagé d'avoir évité le pire et ayant puisé dans ses dernières ressources, elle enlaça Mec et s'effondra de nouveau.

Quelques heures plus tard, avec l'aide de son berger allemand, Victoire avait réussi à escalader à quatre pattes, et avec bien des difficultés, le dévers pour accéder à la route sinueuse. Épuisée, dans un état second, la vision floue, elle faillit sombrer en arrivant sur les hauteurs. Là, elle entendit un aigle dans les airs, tournoyant au-dessus d'elle. Sur le côté, elle aperçut Mec qui longeait la départementale… à l'identique de ses visions. Preuve qu'elle se trouvait sur le bon chemin. Réunissant ses ultimes forces, elle se releva. Il fallait maintenant choisir une direction. Elle laissa les Pyrénées derrière elle, et avec la mer Méditerranée sur la gauche, avança d'un pas hésitant. Harassée, blessée, elle allait devoir forcer le destin, car impossible de baisser les bras si près du but. Des bonnes résolutions mais son corps l'abandonna deux cents mètres plus loin. Elle chuta de tout son long sur le bas-côté sous les aboiements de son chien…

Quelques minutes à rester la tête tournée vers le ciel, à observer l'aigle au-dessus d'elle qui décrivait toujours des cercles, tel un vautour en attente de se repaître de ses chairs, quand soudain le bruit d'un moteur se fit entendre, puis celui d'une portière et de pas qui se rapprochaient. Sa vision trouble l'empêchait d'identifier l'individu et d'apprécier un éventuel danger… mais le fait que Mec n'aboyait pas, la rassura. De près, quand l'homme lui tendit le bras, elle aperçut son visage et crut, l'espace d'un instant, qu'il lui souriait. Moment propice où elle reconnut ses traits, sa mâchoire carrée. Malgré les années, aucun doute possible, il était fidèle à celui de la photographie… Elle tendit la main en s'écriant :

— Papa !

Quand la réalité dépasse la fiction.
Brèves journalistiques relatant certains faits de ce récit…

LINFO.RE - Le 16/06/2009
« L'homme qui a tué sa mère a été déclaré irresponsable »
L'affaire date du 30 septembre 2007 : Roberto Moello – un homme de 39 ans – a poignardé sa mère avant de lui arracher le coeur et de lui transpercer les yeux car il voyait en elle, Satan. Jugé irresponsable pénalement, il sera interné dans un hôpital psychiatrique et non incarcéré en prison.

Le Figaro - Le 06/09/2016
« Courbevoie : un homme décapite sa mère »
Un homme de 25 ans « apparemment en pleine crise de démence », a été interpellé hier soir à Courbevoie (Hauts-de-Seine), la tête de sa mère décapitée entre les mains, selon une source proche de l'enquête.

France Bleu Gascogne - 23/05/19 - Fanette Hourt
«Drame de Laurède : deux ans après avoir tué et démembré sa mère, il est déclaré irresponsable»
« Les circonstances de ce meurtre étaient particulièrement atroces. En effet, selon les témoins, des voisins qui avaient retrouvé

le corps, la scène était abominable : Hugo Mazé avait poignardé sa mère, puis avait découpé sa dépouille en plusieurs morceaux avant d'essayer de les brûler dans le four de la maison. »

La Dépêche du midi - Le 18/02/20

«Il aurait tué sa mère avant de la découper en morceaux»

« Quand les forces de l'ordre entrent dans l'appartement, elles découvrent le corps de la quinquagénaire découpé et placé dans des sachets plastiques entreposés dans plusieurs zones du logement, dont le frigo, le four et le congélateur. L'homme aurait pu vouloir manger leur contenu, souligne *La Provence*, s'appuyant sur les déclarations du parquet d'Aix-en-Provence… »

France Info - Le 22/01/2022 mis à jour le 29/01/2022

« Cannibale des Pyrénées »

L'homme, qui avait mangé le coeur et la langue d'un agriculteur de 90 ans en 2013, s'était évadé mercredi d'un hôpital toulousain avant d'agresser une retraitée…

Europe 1 - Le 15/03/2024 - Christophe Hondelatte

« Nicolas Cocaign, le cannibale de Rouen »

2007 à la maison d'arrêt de Rouen. Nicolas Cocaign tue son compagnon de cellule, Thierry Baudry, car il ne se lave pas les mains après être allé aux toilettes. Ensuite, il lui ouvre le thorax et lui arrache le coeur qu'il fait revenir à la poêle avec des oignons et du riz…

L'Indépendant - Le 01/07/2016

« Violences et dérapages à Saint-Laurent-de-Cerdans : deux frères condamnés et interdits de fête de l'Ours ».

Les membres de Boutifarrons ont été condamnés, hier (jeudi), pour avoir brutalisé une jeune femme en 2015 à Saint-Laurent-de-Cerdans.

Paris Match - Le 01/12/2017 mis à jour le 05/06/2023

Suspecté d'avoir violé des cadavres de femmes dans un funérarium municipal, le septuagénaire mis en examen dans cette affaire a été retrouvé mort à son domicile.

La Dépêche Louviers - Le 01/07/2021

Un embaumeur condamné pour tentative de viol sur une défunte : « un pervers conscient de ses actes », selon la petite-fille.

Le Figaro - Le 18/04/2024 par Nicolas Farmine – « Ça va laisser des traces » : à Marseille, une directrice d'école agressée par une mère de famille et sa fille pour une sortie scolaire.

Remerciements

Je remercie mon épouse Christine, ainsi que mes amies bêta-lectrices, Julie, Jessica, Stéphanie et Fanny pour leur soutien et leurs précieux conseils.

Merci à Thérèse pour les traductions en Catalan, à Véronique de la Médiathèque de Ria-Sirach pour la documentation et à Cécilia pour ses anecdotes des années 90 dans les P.-O.

Merci à Bernard, médecin-légiste, pour ses éclaircissements sur les corps momifiés et à Mathias, radiologue, pour ses informations sur les déchets radioactifs en milieu hospitalier.

Merci aux lecteurs et et blogueurs, toujours plus nombreux sur les salons, et les réseaux sociaux, ainsi que les librairies, bibliothèques et médiathèques, qui sont toujours au rendez-vous à chaque nouvelle publication. Une marque de confiance qui me va droit au cœur et m'encourage à continuer dans cette voie. Gageons que *Les Disparues de l'A9* vous séduise autant que *La Catalane*...

Pour terminer, je remercie Romain Champagne pour m'avoir intégré dans sa team des éditions TDO. Un nouveau challenge, une nouvelle aventure !

Bibliographie

L'Indépendant - Le 24/10/2012 par Denis Dupont – « *Le Village Catalan bien plus connu en dehors du département qu'ici* »

Ministère de la Justice. Pôle des crimes sériels ou non élucidés : missions et premier bilan à deux ans - Publié le 07 mars 2024, mis à jour le 11 mars 2024

Hominidés.com Les évolutions de l'Homme, de Toumaï à Homo sapiens - Dossiers/Momie, momification naturelle. 2008-2023.

Site police-scientifique.science / Autopsie et Autopsies - juin 2015

Le Parisien - En région Pyrénées-orientales - *Sécheresse, grêle... : la production viticole dans les Pyrénées-Orientales est en chute libre* - Par Christian Goutorbe 8 novembre 2023

Métropolitain - « CHU de Montpellier : incursion dans l'unité des morts vivants » - par Jean-Marc Aubert - publié le 19 octobre 2017

La Gazette du Laboratoire - Archives N° 37 - Le Dr Patrice Josset - Avril 1999.

Oh ! Mymag - Astro : Voici ce que signifie de rêver des corbeaux - Le 21 juillet 2020 par Inès Gerbe

Blog Ours - Adopte un ours - Rêver d'ours signification - 10 juin 2020

TERRE DES LOUPS - Interprétation et signification du Rêve de Loup - 17 septembre 2020

SARDANE - LIGUE 66/FOL66 - USEP - La danse traditionnelle catalane

Libération - Blog « Les 400 culs » La nécrophilie n'est pas condamnée par la loi française - Agnès Giard le 3 décembre 2012 (mis à jour le 21 janvier 2015)

IRSN - Savoir et comprendre - Comment évacuer une source radioactive inutilisée ? Du 14/02/2014

VENERE - La signification et l'histoire du nom Manureva - 2024-2025

ScienceDirect - Annales Médico-psychologiques, revue psychiatrique - Volume 159, Issue 4, May 2001, Pages 285-293 - « Le point sur le traitement des psychopathes » par T.Fillieux

ANSM - Dispositifs médicaux - Demander une autorisation pour une investigation clinique - le 12/06/2024

TOPIQUE 2007/2 (N°99) Pages 61 à 78 - Peut-on guérir le psychopathe ? Par Jean-Pierre Chartier

Fêtes de l'Ours en Vallespir - Texte de Robert Bosch - Photos de Noël Hautemanière - Editions Trabucaire

Lieux et Légendes du Roussillon et des Pyrénées Catalanes par Jean Abélanet - Editions Trabucaire

Guide des Pyrénées mystérieuses par Bernard Duhourcau - Editions Tchou, Les Guides Noirs

T.D.O Éditions, SARL

Composition, mise en page : TDO Éditions
ISBN : 978-2-36652-511-3
Réimpression mars 2025
sur les presses de Présence Graphique
Dépôt légal décembre 2024